El Elixir de La Verdad

Un Viaje por el Camino Sufi

Musa Muhaiyaddeen

Deseo expresar mis especiales agradecimientos a Sharon Marcus mi Editora, a Amy Wilson mi Coordinadora de Producción, a mi Diseñador Gráfico Lawrence Didona y a mi Fotógrafo Lou Wilson.

Versiones de Audio en ingles están disponibles en
www.thewitnesswithin.com

Library of Congress Control Number: 2018903628

Muhaiyaddeen, Musa

El Elixir de la Verdad: Un Viaje por el Camino Sufi,
Volúmen 1/ Musa Muhaiyaddeen (E. L. Levin)
Atlantic City, NJ: The Witness Within, Inc., 2013
p. cm.

Trade paperback: 978-0-9965655-7-8
También disponible en formatos iPad, Kindle, y Epub.

1.El Sufismo. 2. Dios. 3. La Verdad. 4. La Sabiduría. 5. La Realidad.
7. La Vida Eterna. 8. Transformación. I. Título

Impreso en Los Estados Unidos de América
Primera Edición

Este libro está dedicado

a mi Maestro

Muhammad Raheem Bawa Muhaiyaddeen,

a mi esposa Asiya

y

a mis padres.

Tabla de Contenido

	Introducción	vii
	El Viaje	xi
1.	Entender el Amor	13
2.	Desbloquear la realidad	21
3.	El Sendero Hacia la Transformación	29
4.	Mantener los Ojos Abiertos	39
5.	Conflictos Elementales	47
6.	Los Requisitos de la Sabiduría	55
7.	La Vida Interior	63
8.	Salvar al Mundo	73
9.	Manejar lo Ilusorio	79
10.	Domesticar Nuestras Características Animales	87
11.	El Drama del Mundo	95
12.	El Ego y la Realidad	103
13.	Disturbios Elementales	111
14.	Dependencia e Independencia	121
15.	Escapar de la Mente	129
16.	El Karma	137
17.	El Actor y la Audiencia	145
18.	La Paradoja de la Liberación	153
19.	El temor y el Deseo	161

20. Muhaiyaddeen 169

21. Dejarlas Ir 179

22. El Ánimo de Lucro 187

23. Más Allá de la Mente 195

24. La Hermandad 203

25. La Hipocresía 209

26. La Creación de Adán 217

27. Examinar el Ego 225

28. La Libertad 233

29. Entender la Ilusión 241

30. Niveles de Comprensión 251

31. El Ego y la Emoción 257

32. Enfermedades del Corazón 263

33. Entender la Comunidad Espiritual 271

34. Observarnos a Nosotros Mismos 279

35. La Física Quántica y el Libre Albedrío 287

36. Un Código de Conducta 295

37. Resonancia y Luz 303

38. Más Allá de lo Accesorio 315

39. La Historia de Dios, Nuestra Historia 323

40. El Octavo Mundo 333

Introducción

En el nombre de Dios, el Misericordioso, el Compasivo. Fui criado en una granja de una pequeña comunidad al sur de Nueva Jersey. Hice lo que toda persona joven en América. Jugué béisbol y fútbol, vi la televisión, escuché al rock and roll y asistí a la escuela. Después de la secundaria fui a la universidad y luego a la escuela de postgrado.

Entonces la juventud estaba en plena erupción de la llamada revolución cultural americana. Las ideas sobre lo que era importante y las actitudes frente a la vida comenzaban a cambiar. Me sentía intrigado por todas esas tendencias. Empecé a cuestionar las razones de la existencia. La gente hacía marchas en defensa de las libertades civiles y contra la guerra. Yo estaba en medio de constantes estallidos de los pensamientos e ideas que parecían amenazar el centro mismo de lo que se consideraba la estabilidad.

Para mí cada díaera más evidente que la mayoría de las personas no entendía la naturaleza de la existencia. A pesar de no saber de qué estaban hablando, creían tener todas las respuestas, sin que eso significara que trataran de mentirme. Respondían a mis interrogantes de acuerdo con su propio nivel de comprensión más, en esencia, hacían lo mejor que podían, pero eso no era satisfactorio para mí.

Así que comencé a buscar el camino hacia las respuestas verdaderas a mis interrogantes. Me inquietaban preguntas como ¿por qué estoy aquí? ¿Cuál es el propósito de mi creación? ¿Cuál es mi relación con mi Creador? ¿Cuál es nuestra verdadera relación con el resto de la humanidad? ¿Cómo se supone que debemos de actuar? ¿Cuál es mi destino?

Buscaba a alguien que me dijera la verdad. Y me preguntaba ¿Cómo será un ser humano que entienda las respuestas a estas preguntas? ¿Cuál es la esencia de aquel que tiene la capacidad de absolver esas inquietudes? Yo buscaba la verdad basada en la verdad, no apoyada en imaginaciones ficticias de la gente con la cual alternaba. Empecé a leer profusamente y encontré una frase que se aplicaría a mí: "Cuando estés listo para tener un maestro, un maestro aparecerá para ti".

En marzo de 1972, viviendo cerca de Filadelfia, Pennsylvania, me enteré que había llegado un maestro. Fui a verlo. Era un hombre pequeño, de tez oscura, oriundo de Sri Lanka, que hablaba una lengua llamada tamil. La primera vez que estuve ante él sentí que algo era diferente. No podía expresarlo con palabras, pero lo sabía. Tenía frente a mí a un ser que no era común, diferente a cualquiera otra persona que hubiera conocido jamás. Y aunque tenía preguntas para formularle no pude hacerlo porque quedé mudo en su presencia. Los interrogantes que nunca me habían sido respondidos, llegarían a ser contestados por él. Supe que había encontrado a mi maestro y estaba sediento por todo lo que él tenía que ofrecer. Un nuevo nivel de energía y emoción invadió mi ser. Nunca me había encontrado en una situación tan intensa, de la cual hubiera podido derivar tantos beneficios.

Fue muy importante para mí estar cerca de él, en su presencia, rodeado por su esencia. Entonces no había ningún otro lugar donde yo quisiera ir o estar. Era evidente que me encontraba en el centro del universo, protegido, y bien cuidado. Yo era un niño de nuevo y alguien me estaba instruyendo, esta vez sobre la naturaleza de la verdad y la realidad.

Esta relación duró catorce años, hasta diciembre de 1986 cuando mi maestro partió de este mundo. Durante ese lapso me enseñó todo lo que una persona ha de hacer para llegar a la condición de verdadero ser humano. Él me mostró lo que es ser un ser humano auténtico. Se convirtió en un espejo donde yo podía ver lo que se suponía que debía ser.

Su nombre era Muhammad Raheem Bawa Muhaiyaddeen. Era el amor, la misericordia, y la compasión personificados. Me dijo que podría llegar a ser como él, que debería ser como él. Me permitió acercarme a él y durante las semanas siguientes a nuestro encuentro me dio instrucciones en el sentido de que debía transmitir a otros lo que me había sido enseñado. Comencé a hacerlo casi de inmediato.

Lo que él le entregó a este mundo es muy especial. Dios, en Su misericordia, envía al mundo emisarios que poseen el conocimiento acerca de su Creador, para que lo transmitan a los hombres , les muestren la ruta que conduce a la verdad y les permitan convertirse en verdaderos seres humanos. El hombre es la penúltima creación de Dios y sin embargo ha perdido su camino por lo cual necesita ser reorientado hacia su derecho natural.

Mi maestro fue uno de esos enviados para predicar acerca de ese derecho, que pretende permitirnos ascender, de la conciencia animal inferior, a la conciencia elevada y a la sabiduría, y llegar a conocer a nuestro Señor y a la verdad.

Las opiniones y experiencias contenidas en este libro se refieren a todas las transformaciones que deben ocurrir para que lleguemos a ser seres humanos verdaderos, relacionadas con la purificación y el tránsito por el camino que Dios nos ha señalado. Es mi intención que estas palabras sean útiles para la humanidad. Pido entonces las bendiciones de mi Maestro, de los amigos, de Dios y de los profetas para este esfuerzo.

Musa Muhaiyaddeen

El Viaje

El destino del hombre está relacionado, en forma directa, con su estado de conciencia. A medida que se mueve de su conciencia egocéntrica hacia los niveles más elevados de la sabiduría, trasciende sus ilusorias circunstancias mundanas y se encamina hacia su verdadero destino en la verdad. La tarea del hombre en este mundo es conseguir la transformación de su conciencia, emergiendo de las características puramente animales a la sabiduría llena de luz, libre de influencias elementales, que reside en la gracia plena de las cualidades de Dios.

CAPITULO UNO

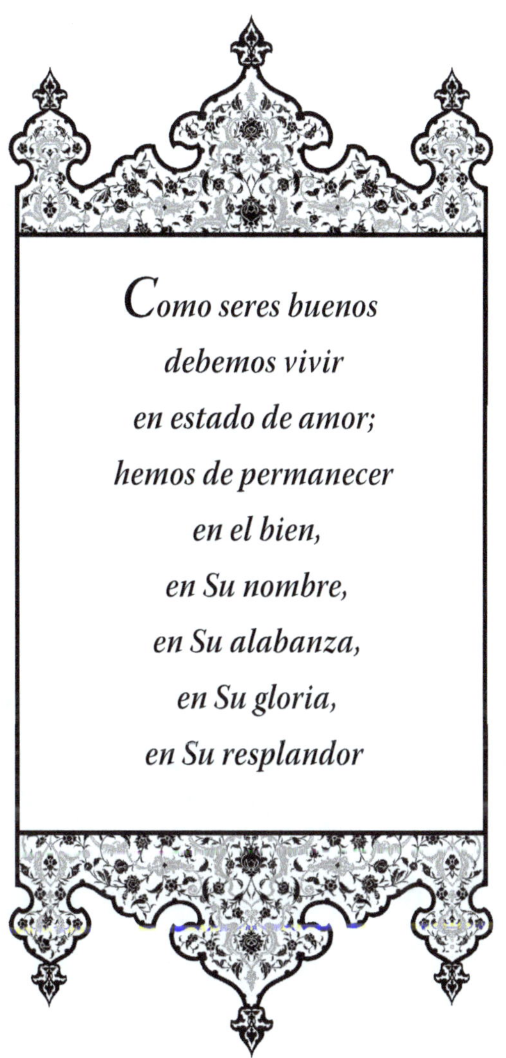

Como seres buenos
debemos vivir
en estado de amor;
hemos de permanecer
en el bien,
en Su nombre,
en Su alabanza,
en Su gloria,
en Su resplandor

CAPITULO UNO

Entender el Amor

Cuando iniciamos este camino hacia la verdad tenemos que hacernos ciertas preguntas fundamentales: ¿quién soy yo, por qué estoy aquí, cuál es el propósito de la creación, por qué fui creado, cuál es el propósito de la existencia y de esta vida? Las respuestas son fáciles, pero seguirlas es muy difícil. Estamos aquí por el amor de Dios, fuimos creados a través de su amor, existimos por amor, venimos del amor, somos amor y nuestro objetivo es volver al amor.

El amor, del cual hablamos, es una poderosa pero elusiva cualidad. Todos hemos usado la palabra amor, todos hemos estado en el amor, todos nos hemos enamorado del amor, todos hemos tenido alguna experiencia de amor en nuestra vida, pero ¿nos hemos centrado en el amor como razón de la existencia, como su fundamento, como la fuerza que mantiene los electrones en los átomos, donde deben estar? ¿Qué es el amor, cómo llegamos a ser parte de él, qué hace por nosotros, a través de nosotros? ¿Cómo entramos en contacto con él, cómo lo entendemos, qué significa?

Cuando contemplamos un campo de flores a la distancia, en un día brillante y soleado, vemos en el horizonte los diferentes colores de las flores y de la llanura, el suave movimiento de las plantas y los animales pequeños y experimentamos una sensación de paz, de serenidad. Si esa placidez crece y se vuelve luminosa nos sentimos integrados en una expresión de la serenidad misma, como parte de una fuerza que nos conduce a ella. Esa es una prueba de amor.

Cuando vemos la risa alegre de un bebé y sonreímos de manera automática, solo en razón de la belleza de su existencia, ese es el aroma del amor.

Cuando observamos un acto de gracia espontáneo, entendemos que está ocurriendo en ese momento en el nombre de nuestro Creador, por el bien de Su creación, cumplido por una persona que entiende la conexión entre ÉL y la creación, recibimos una revelación de amor.

Si recordamos que Dios nos ha creado para conocerlo, que Él nos ha dado el don de la comprensión, la capacidad de entender sus atributos de compasión y misericordia, aspiraremos la fragancia del amor. Al sentarnos frente a un gran santo que nos mira con placer, una chispa vuela a través de la habitación con una sonrisa que acelera nuestro corazón; ese es un reconocimiento del amor. Cuando dejamos atrás las ataduras, cuando borramos nuestras preocupaciones y nos liberamos de las cargas de la ansiedad, en el momento en que nos sentimos libres, estamos inmersos en el amor.

El amor es lo que vivimos y para lo cual vivimos. Las fachadas que creamos son como armaduras que nos cubren el cuerpo y nos alejan del amor; tenemos que eliminarlas. Dios envía de manera constante Su vibración, su Resonancia de amor al mundo, que se vigoriza con él cada nanosegundo y sin embargo la humanidad se alza en armas en contra de ese amor. No tenemos la paciencia necesaria para sentarnos y aspirar serenamente el aroma del amor; para quedarnos quietos y presenciar el amor, para ser testigos del amor. En cambio empuñamos las armas para defender lo que hemos creado, creyendo que es más valioso que el amor. Las cosas que juzgamos más importantes que el amor difieren en el mundo, de acuerdo con la cultura particular en que nacemos, el lugar donde vivimos y la calidad de vida de ese lugar.

En medio de ese santo amor, que es enviado de manera constante, solemos cometer actos viles. Nuestra capacidad para ignorar la verdad y vivir en nuestras propias elucubraciones es abrumadora y les hace derramar lágrimas a quienes si viven en ese santo amor; nuestra capacidad para hacer un infierno del cielo es tan marcada que hace prosternar a los que sí son santos. Algunos de ellos se aíslan en oración para pedirle al resto de la humanidad que vea lo que ellos ven, que comprenda lo que ellos comprenden y que sienta las vibraciones que ellos captan.

La perfección existe alrededor nuestro, pero insistimos en buscar la imperfección. Si la paciencia interna y la satisfacción absoluta llegaran a residir en el corazón de los seres humanos, cambiaría el mundo de manera tan radical que no tendríamos los problemas que ahora nos rodean; si tuviéramos la paciencia para sentarnos a meditar durante una semana todo cambiaría, pero no nos quedamos quietos ni siquiera un minuto. La mente, que nunca se detiene, crea la ilusión de una verdad a la cual respondemos. Cuando la gente se pregunta cómo puede dejar de escuchar su mente, la respuesta está implícita en su pregunta: dejando de oírla. Sabemos que está ahí, que nos está volviendo locos diciendo que somos tontos, instándonos a hacer ciertas cosas que no deberíamos, y sin embargo no nos importa y las hacemos.

La respuesta final parece muy simple, más la raíz de todo está en que no sabemos cómo amar a una escala mayor, ni cómo amar por la gracia de Dios. Nos amamos a nosotros mismos, con un amor egoísta, en virtud de las cosas que creemos necesitar, que consideramos importantes en nuestra vida y que creemos que nos sostienen así que las cargamos día a día.

La gente que ha pensado un poco en su vida y se ha enfocado en ello, entiende que los únicos momentos realmente vividos son los trascendentales, cuando está alineada con la verdad, cuando mora en la verdad; nos pasamos la vida temerosos, pensando en rendirle culto a las cosas sin importancia porque no sabemos cómo parar. Y parar sólo significa eso, parar. No hay opciones diferentes para lo que tenemos que dejar de hacer y cambiar. Mientras creamos que existen alternativas en contrario y no elijamos hacer lo correcto y adecuado para nuestra vida, no encontraremos el espacio necesario para que ello ocurra.

Hacer lo correcto significa convertirnos en seres en estado de amor, en Su causa, en Su nombre, en Su alabanza, en Su gloria, en Su resplandor. Cuando entendamos esto y lo adoptemos como nuestra razón de existir, estaremos haciendo lo correcto, nuestros actos serán también correctos, nuestra esencia será correcta y entonces viviremos en la realidad. Mientras ello no suceda no existirá la realidad.

Existen sociedades o grupos que no van a permitirnos ingresar a ellos a menos que hayamos alcanzado ciertos niveles de conocimiento. Algunas han establecido primero, segundo y tercer grado de membresía. Se dice que el mundo tiene setenta y tres grupos o tribus y que sólo una es aceptable a Dios. La única grata a los ojos de Dios es aquella que se refugia en Él, y nosotros necesitamos alcanzar ese estado de aceptación. ¿Cómo hacerlo entonces? Recibiéndolo a ÉL en nuestra vida de tal manera que cuando le brindemos algo a Él y nos lo retorne, seamos aceptables para Él.

Lo seremos cuando Dios camine con nosotros, cuando Su resonancia se escuche dentro de nosotros. Necesitamos reconocer esto en nosotros y en nuestros amigos y compañeros y fomentarlo tanto en ellos como en nosotros mismos, elogiando lo que es digno de alabanza y permaneciendo al margen de lo que no la merece. Debemos identificar lo que es digno y tomar las medidas adecuadas, en el momento adecuado, para que todo lo correcto venga a vivir dentro de nosotros.

Esa es la tarea de este camino, la tarea de quienes eligen ir hacia la realidad. Hay muchas cosas que podemos mirar en este mundo; si vamos en pos de la realidad, la llave de su significado es vivir en ella. El gran misterio de este camino es que tenemos que convertirnos en esa llave que no se nos da y no se encuentra ni nos será entregada en otra parte. Porque somos esa llave -cuando cambiamos abrimos la puerta y todo parece igual desde del exterior - pero todo es entonces distinto. La diferencia es que vivimos la realidad. No vemos a los demás diferentes de nosotros, el hambre no es algo que los demás padecen y yo no, el dolor no es algo que los demás tengan que sufrir y yo no. En la realidad existe la unidad; si estamos en ella habrá bienestar y unidad entre nosotros y aquellos con los que Dios nos ha puesto.

Los lugares donde hemos sido puestos, la gente que conocemos, que nos ha sido dada, las relaciones en las cuales nos involucramos, son las que se supone que debemos tener y tratar de manera adecuada en la realidad. A medida que esa verdad se incrementa, cuanto más cerca estemos de ella percibiremos la diferencia, el aire será distinto, lo que veremos será distinto, a quienes vemos y cómo los vemos serán diferentes porque en la realidad estaremos inmersos en el amor, ese amor que apreciamos en la mirada de los que aman como Dios ama, es decir como ama un ser sagrado y nos amamos como amantes de Dios. Las cosas transcurren más despacio, no hay prisa, no hay otro lugar donde estar, porque ya estamos ahí. El mundo existe y nosotros somos parte de el en el más auténtico de los sentidos.

Que el amor que nos convierte en la llave para alcanzar la verdad de nuestro estado, nos transforme a nivel celular, que toque nuestro verdadero espíritu y a cada átomo de nuestra existencia. Que nos enaltezca, que entendamos su calidez, su alimento, su inherente bondad y que la bondad llegue a ser lo que nosotros somos.

Tanto el proceso
de transformación
como el de la comprensión
de este camino,
presuponen la necesidad
de distinguir
entre la ilusión y la verdad.
Debemos identificar
la diferencia
entre ellas.

CAPITULO DOS

Desbloquear la Realidad

Tenemos un acervo de creencias que han moldeado nuestra vida y pueden haber echado raíces profundas o estar listas para ser modificadas. Pero el solo hecho de haber mantenido esa estructura, ese conjunto de creencias, no les confiere validez. Pero cambiar lo que creemos, modificarlo o descartarlo para aceptar un camino nuevo es difícil porque fue adquirido cuando éramos muy jóvenes. Lo que aprendimos está profundamente grabado en nosotros. Nos fue impreso de manera profunda pero ahora es el momento de preguntarnos si fue apropiado o no. Si no lo fue, podríamos haber aceptado creencias que van en contravía de nuestro propio bienestar o de nuestra comprensión de la realidad.

Cuando creemos que algo es cierto no vemos nada negativo en ello. Lo que aceptamos como cierto es una especie de punto ciego, al cual nos aferramos. Los procesos de transformación y comprensión de este camino implican distinguir entre ilusión y verdad y entender la diferencia entre ellas. Algunos saben lo que no deben hacer pero se niegan a aceptarlo. Explican sus actos para adecuarlos a lo que han asumido como su satisfacción emocional. Se niegan a alterar lo que les fue dado en la niñez.

La clave para abrir las puertas de la realidad es querer hacerlo, y podría serlo pero no lo es porque se trata de querer a Dios de verdad, de amar Su verdad, estando listos a renunciar a las ilusiones con las que crecimos, a la fascinación ilusoria del mundo, al magnetismo que todo lo atrae hacia nosotros y de veras eso es muy difícil. Las palabras son fáciles de expresar: la clave para entrar a la verdad nos espera más la dificultad radica en entender lo que la verdad significa y proceder en consecuencia de acuerdo con nuestro leal saber y entender. Para dejar atrás la dualidad de nuestra existencia y superar el clamor de las voces interiores hay que decir yo lo siento, yo lo quiero, yo lo deseo, yo debo hacerlo, mas no puedo sin dejar atrás esas voces y enfocarme en la razón de la existencia, que es el camino para conocer a Dios. Si nos enfocamos en eso, estableciendo que nuestra verdad es lo que tenemos que hallar encontraremos la base de la transformación.

Hay un camino diferente para cada uno de nosotros, aunque curiosamente es el mismo para todos. Hasta cierto punto vemos las mismas cosas, con tonalidades ligeramente distintas y medimos las distancias con pequeñas diferencias. Unas veces con más claridad que otras, pero de todas maneras necesitamos hacer pequeñas correcciones que posiblemente nos indiquen un par de cosas. Pero si hemos de decir cómo se ve una mesa, todos estaremos de acuerdo. Si se trata de cómo n vemos la mesa, en nuestro propio contexto, en relación con nosotros mismos o en el interior de nuestra propia mente, las respuestas podrían no tener nada que ver con la mesa misma, ni con lo que pasa afuera; podrían depender de la amplitud, de lo largo y ancho de nuestra experiencia, de nuestras interacciones con los demás y de cómo los manejamos o nos asimilamos a ellos. Podrían también depender de lo que consideremos importante, de nuestras prioridades, de nuestras cualidades. Tal vez sea una historia diferente para cada uno de nosotros, alguna ni siquiera comprensible. Se podría requerir un largo tiempo para explicar la forma como realmente las vemos y entendemos.

Y si es tan difícil de revelarlo a otra persona, todavía pensamos que lo entendemos, que reconocemos lo que ocurre dentro de nosotros y llegamos a conclusiones razonables o deducimos lo que sucede de acuerdo con nuestras prioridades establecidas. ¿Tener el inmediato control de las influencias que nos han traído tan lejos y están tan arraigadas nos causan problemas para alejarnos de ellas? ¿Cuándo tomamos una decisión revisamos la lista de prioridades o lo hacemos de manera automática, sin referencia a su efecto posterior? Cada acción es precursora de la siguiente, cada pensamiento precede al que le sigue, cada emoción, cada situación, cada actitud se anticipan a la que les sigue. Encendemos nuestros propios fuegos no los extinguimos. Si acumulamos una cierta cantidad de ira estamos atizándole el fuego a alguien. ¿Podría a ser nosotros mismos, a nuestra esposa, a alguien que vemos en la calle, a la siguiente persona que encontremos, sin importar de quién se trata? Hemos acumulado esa ira que debe ser liberada o eliminada. Las relaciones con otra gente pueden no tener que ver con ellas y a lo mejor se deben a lo que hemos permitido se fermente en nuestro interior.

Somos nuestro propio laboratorio de química, donde hacemos mezclas que resultan en nosotros mismos, en quienes somos y en lo que seremos. Nos auto creamos con nuestras propias acciones y en cada momento se nos presenta la oportunidad de recrearnos, de darle paso a la verdadera intención de llegar a conocer la verdad. Cada momento es una oportunidad para admirar la misericordia, el perdón, la compasión la generosidad. Pensar en la oportunidad de renovarnos con cada respiración, como una oportunidad para llegar a la verdad. ¿Cuál es la clave? Es la intención de ir allí, con el ferviente deseo de llegar. Hemos aprendido sobre el deseo, la lujuria y la codicia. Sabemos los lugares a donde nos pueden llevar, sabemos lo que se siente. Transformar estos deseos en amar a Dios. ¿Cuál es la clave? La clave es la intención de ir allí, el ferviente deseo de llegar. Hemos aprendido sobre el deseo, la lujuria y la codicia. Conocemos a que lugares nos pueden conducir, sabemos lo que se siente. Debemos reemplazar esos deseos por el anhelo ferviente de llegar Dios. Solemos identificar ese anhelo y reaccionar a él y sin entenderlo de manera apropiada; no nos hemos puesto a trabajar en el camino correcto, a pesar de que poseemos las herramientas, con las cuales hemos jugado toda nuestra vida y que ahora podemos utilizar de manera apropiada. Esto significa renunciar a ese conjunto equivocado.

Hay algo que jamás hemos experimentado, más allá de la puerta que estamos a punto de cruzar, algo que no conocemos, que no podemos imaginar y ni siquiera hemos llegado a intuir, para caer de nuevo en la ilusión, creando nosotros el momento, sin permitir que Dios lo haga para nosotros. Si pensamos que hemos entrado en una ilusión, si imaginamos lo que sucederá después, estaremos creando una ilusión, creando una realidad en lugar de aceptar la verdadera. Si dejamos de pensar que todo lo sabemos, esa es la rendición. Si le pedimos a Dios que nos muestre la realidad, que no tenemos ideas preconcebidas sobre ella, habremos vaciado nuestra copa ya que no habrá espacio si la tenemos llena. Si pretendemos saber lo que va a ocurrir estaremos bloqueando la puerta y nada podrá ser añadido puesto que creemos saberlo ya. Todo ello va internamente, no se puede fingir, se autorregula. O se vacía la copa o no se vacía; es simple: si está llena nada nuevo podrá agregarse. Una vez que comprendamos esto nos daremos cuenta que estamos obstruyendo nuestro propio camino y que es necesario dejar de hacerlo.

¿Qué hacer entonces con tales formas de pensar que nos detienen? O cavar y lentamente hasta encontrar nuestro camino, o arrancarlas de raíz, eliminarlas. Podríamos pensar que al hacerlo desperdiciamos ciertas cosas que nos parecían buenas, pero no serán muchas. A propósito un sabio maestro nos aconseja sacarlas, tirarlas, descartarlas. Para librarnos de ellas tenemos que entender la naturaleza abrumadora de nuestra arrogancia y de nuestro auto engaño. Para muchos de nosotros la arrogancia es nuestra espina dorsal; si la dejamos ir nos caeremos, ya que ella nos sostiene. Entender que no la necesitamos es mucho más importante que todas las creencias que nos constriñen, y supuestamente nos sirven de soporte. Mientras no aceptemos esta verdad, la arrogancia seguirá siendo nuestra columna vertebral, y nos inmovilizará sin dejarnos una vía de escape. Cuando tal situación cambie lo haremos nosotros y nuestro fundamento ya no será la arrogancia, sino la fe absoluta, la certeza y la aceptación de que Dios es Uno, que Él es real, que mora dentro de nosotros, que nos sostiene y que nuestras acciones van a través de Él, por Él, a causa de Él.

Esto es transformación, modificación, el verdadero cambio, la salvación que cada momento nos es ofrecida. Se nos ha dado para destrabar el camino hacia la verdad. Si ello no ocurre en el momento en ese habremos desperdiciado la oportunidad para introducir una nueva creencia que sostenga nuestro camino a la verdad. Que sea fácil para nosotros.

CAPITULO TRES

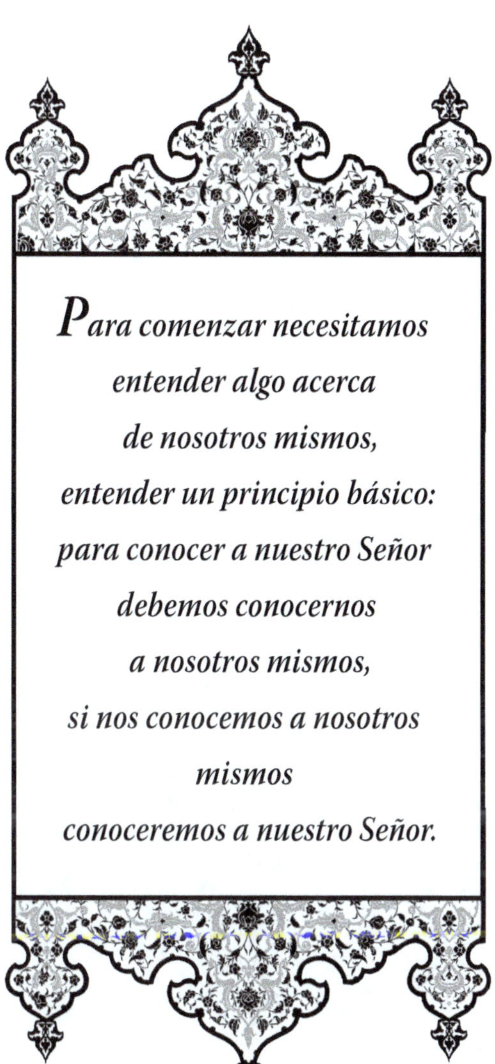

Para comenzar necesitamos
entender algo acerca
de nosotros mismos,
entender un principio básico:
para conocer a nuestro Señor
debemos conocernos
a nosotros mismos,
si nos conocemos a nosotros
mismos
conoceremos a nuestro Señor.

CAPITULO TRES

El Sendero Hacia la Transformación

Este es un camino hacia la transformación, para transitarlo sin hablar, una ruta genuina, lo que debemos hacer y lo que no debemos hacer. Más que hablar, es algo que hay que asumir. La palabra transformación significa entender para donde vamos, adonde nos conduce, qué hay que cambiar y lo más importante, cómo lograrla, cómo y por qué nos comprometemos a conseguirla, para qué sirve el proceso, por qué debemos emprenderlo.

Para empezar hemos de entender algo acerca de nosotros y saber que existe un principio básico: para conocer a nuestro Señor debemos conocernos a nosotros mismos; si nos conocemos a nosotros mismos vamos a conocer a nuestro Señor. Iniciamos esta tarea de manera voluntaria, nadie nos la impone. Puede parecerle extraña a algunas personas la afirmación de que no nos conocemos a nosotros mismos; podrían pensar que esa afirmación no tiene sentido, que no se requiere una investigación al respecto, pero la popularidad del psicoanálisis nos recuerda que existe la necesidad fundamental de entender qué nos motiva. Cuando nos entendemos a nosotros mismos llegamos a reconocer que no siempre sabemos por qué hacemos las cosas que hacemos; a menudo no hay una explicación simple para nosotros ni para cualquiera otra persona. Entender a los demás es una cosa diferente. Como punto de partida, habrá que abordar la comprensión de nosotros mismos.

Las Escrituras, los profetas, los grandes, los seres sagrados nos han suministrado información para saber quiénes somos. Esencialmente dicen que tenemos dos aspectos, el alma indivisible conectada a Dios, que se nos da en el momento de nacer, y una porción separada, la parte animal de nuestro ser. Debemos aprender algo acerca de esta última, porque el animal y el no animal actúan de forma diferente, albergan distintas intenciones, acciones y razones para existir.

Cuando nos conocemos a nosotros mismos descubrimos que la esencia verdadera de lo que somos radica en la parte eterna, la indivisible, el alma. La otra no es nuestro verdadero yo, aunque hemos llegado a creer que ese aspecto individualizado, egocéntrico y las cualidades animales que lo animan constituyen lo que somos. ¿Por qué hacemos esta identificación del aspecto animal con el individuo egocéntrico y no con la parte de Dios? Eso tiene que ver con la forma como se nos educa, con las cosas que nos enseñan cuando jóvenes. Si no se nos insta a centrarnos en Dios, a descubrir nuestra verdadera naturaleza, limitaremos nuestra existencia con una agenda estrecha de cosas que necesitamos cumplir. Hemos de alimentarnos, vestirnos, encontrar refugio y apoyo para nosotros y nuestra familia.

Estos instintos básicos no son diferentes de los que impulsan a un animal. Los osos procrean, buscan refugio y alimento. Hemos visto imágenes de cómo se sientan a la orilla de un río a atrapar los salmones. Ese proceso involucra su intelecto que les permite encontrar la manera de apresar las cosas, de saber cómo pescar y dónde están los peces. No se limitan a pararse ahí, con la boca abierta a la espera de ser alimentados. En ese aspecto somos como los animales, sí sentimos que necesitamos algo buscamos la forma de conseguirlo. Aprendemos a satisfacer necesidades con actividades apoyadas en lo que llamamos inteligencia. Estamos orgullosos de ella, porque somos mucho más avanzados que los animales. Sin embargo también a ellos la inteligencia les sirve para satisfacer sus necesidades.

Esa iniciativa para responder de manera instintiva a nuestras necesidades es absolutamente básica, a un nivel que implica la satisfacción propia, no las necesidades de los demás, porque no las consideramos importantes, ni lo son para nosotros si las comparamos. Si vemos un oso que pesca no apreciamos que atrapa el salmón y nos desentendemos de ello, pero no ocurre igual cuando se trata de nuestra sobrevivencia, instintivamente importante. Integrarse con los demás seres, sentir sus dificultades estar en su lugar donde corra riesgos nuestra propia integridad no es una actitud común. Debemos tratar de entender por qué ocurre así.

Cuando fuimos creados, el universo entero fue puesto en nuestro corazón. Poseemos todo lo que existe en nosotros mismos: todos los animales, todas sus tendencias, sus características y cualidades animales. Este ser animal, egocéntrico, no tiene interés en aprender acerca de su relación con Dios. Su moral no está centrada en comprender a Dios. Si una serpiente se siente amenazada matará a cualquiera que se le cruce en su camino. Cada animal tiene propiedades específicas. Un ciervo huirá presuroso, un toro atacará usando su cornamenta. Y además tienen distintas formas de actuar, con el mismo propósito, la autodefensa y su sobrevivencia, sin importar los riesgos que tengan que afrontar. ¿Cree usted que un toro se preocupa por sus propias cornadas? que a un león le importa la vida de su presa, o que la hiena teme robar su comida a un león? El hambre es soberana porque obliga a actuar sin que importen las consecuencias.

Criados sin una comprensión del alma, nos resulta difícil entender que hay algo más en nosotros que esa simple naturaleza animal, ese yo animal. Aún más, para entenderlo hemos de identificar a los animales que se han apoderado de nosotros. Muchos no parecen ser peligrosos, como los conejos, a menos que invadan el huerto en perjuicio de nuestro suministro de alimentos y los ciervos no lucirán dañinos mientras no se les ocurra destruir nuestros cultivos.

Entender que el alma indivisible es el cultivo de nuestro propio sustento, es el punto donde la eternidad se pone a disposición nuestra, a través de la conexión con Dios y a menos que la establezcamos seguiremos con todos esos animales rondando dentro de nosotros; y nuestra conciencia será la de ellos.

Cuando estemos interesados solo en los alimentos, en la

necesidad de conseguirlos y en la forma de hacerlo; cuando solo nos interese el sexo, cuando el foco de nuestro interés estará fuera de control. Hagamos un paralelo con la excitación sexual de los animales en celo, que son salvajes y descontrolados. Cuando nuestra naturaleza instintiva nos empuja con tanta fuerza, que no nos cabe un pensamiento distinto, somos como los animales.

Somos un poco diferentes unos de otros, quizás como animales diferentes, el ciervo y el toro, o podemos ser arrogantes como el elefante y el cocodrilo. ¿Estarán dispuestos estos dos últimos a retroceder? No, nada los detiene. También están los tímidos, los que huyen pero buscan lo que necesitan solo en los rincones ocultos, nunca a campo abierto. Esa otra manera de cumplir con las necesidades individuales vitales. Esa conciencia animal se fortalece cuando se lo permitimos dándole el espacio para que se convierta en el centro focal de nuestra conciencia. Si tratamos de desalojar a ese animal nos morderá, pues no quiere morir sino continuar ejerciendo su dominio sobre nuestra conciencia para tenernos bajo su férreo control. El sendero a la transformación implica por lo tanto la comprensión previa de nosotros mismos, es decir la identificación de los animales que nos controlan y la participación en la lucha contra ellos.

Imaginemos lo que significa luchar contra un enorme oso Kodiak; sería una batalla de particular rudeza, pero como sería si en cambio fuera contra un conejo. Nos parecería que no requeriríamos protección, porque con solo levantar una cerca lo atajaríamos, para evitar su mordisqueo constante. Además es alguien que no requiere comidas muy grandes, pero que está activo durante todo el día y podría ganar el mismo peso que ese que come raciones abundantes. Si ese es nuestro problema tendremos que atajar también al conejo. Es decir tenemos que desenmascarar a nuestros animales internos que nos hincan sus colmillos como las bestias salvajes. No importa cuán pequeños sean. Pensemos por ejemplo en una rata o en un tejón. Ellos están asustados, no quieren dar marcha atrás, buscan sobrevivir, tratando de impedir que los maten, pero no retroceden, no están dispuestos a dejarse eliminar.

Necesitamos cierto grado de coraje para encarar a esos

animales internos; o los dejamos que dominen nuestra conciencia o aceptamos el desafío. Pretender arrebatarle un salmón al oso Kodiak es como tratar de expulsar de nuestra conciencia al oso interior, al león o a la hiena. Esta confrontación nos conducirá a nuestra transformación. Si no creemos tener esa capacidad, habremos perdido la batalla.

Si no vamos en busca de esas tendencias, también la habremos perdido.

Hemos visto como hasta los animales más salvajes pueden ser domesticados. Tenemos que ser amistosos con ellos y amarlos porque a pesar de haber sido sometidos, pueden volver fácilmente a su estado salvaje. Esto significa que es necesario confrontar nuestros animales interiores, reconocerlos, mirarlos a la cara y ofrecerles amor, a pesar de que son nuestros enemigos declarados. Puesto que ellos quieren vivir, no quieren que existamos. Esa parte de nosotros, verdaderamente quienes somos, la parte que estamos buscando y queremos llegar a ser, no tiene nada que ver con los animales, radica muy lejos de ellos.

Esa parte de nosotros es alguien que da antes que pedir, ama en lugar de pelear, utiliza la sabiduría en lugar de la inteligencia. No trata de calcular lo que necesito para mí, ya que entiende la naturaleza inseparable de todos nosotros. Si queremos entrar en ese estado, que es Su gloria, Su esplendor y Su verdad, debemos alejarnos de cualquiera otro apego al mundo. Nuestras cualidades animales nos atan a él. A menos que hagamos el esfuerzo de identificarlas y enfrentarnos a ellas, nos seguirán manteniendo bajo su control.

Cuando vivimos en una selva y necesitamos comer para sostenernos, tenemos primero que conocer las criaturas que viven en ella, si no queremos convertirnos en su alimento. Tenemos conocer los peligros que nos acechan, saber dónde podemos y donde no y que podemos y no podemos hacer, o estaremos en serios problemas. Vivimos todos en una selva, la selva de la mente donde existe toda clase de animales. Si queremos escapar de ellos y salir a un espacio abierto escapar abierto y claro, habremos de saber cómo manejarlos, cómo lidiar con ellos. Cuando ocupan nuestra conciencia pensamos que somos ellos, y estaremos perdidos, seremos leones, nos volveremos mentirosos o falsos profetas. Dado que seremos eso, sólo podemos ofrecer la motivación animal sólo podemos dar lo que tenemos. Una serpiente venenosa sólo puede ofrecer su veneno, si hemos adquirido las cualidades de una serpiente venenosa lo único que podemos llevar en cualquier situación es veneno; si hemos adquirido las cualidades de una hiena todo lo que podemos aportar es el engaño. Seremos deshonestos porque los animales no tienen concepto de la honestidad Para ellos no tiene ningún significado para ellos, es irrelevante. Un zorro carece de moralidad porque la moral no existe para los animales. Necesitan comer, todo lo demás es secundario. Nosotros también necesitamos satisfacer la necesidad de comer, pero de una manera que incluya alguna consideración por los demás. Hemos de proveernos de lo necesario, pero de una manera honesta, moral. El camino que conduce a la selva comienza al entender que las normas son diferentes para el hombre y para los animales. Una vez que aceptemos las reglas animales para nosotros mismos comenzaremos nuestro descenso a una forma animal.

Debemos aprender la disciplina del comportamiento y la actitud, como primeros pasos en nuestro camino. La conciencia no se desarrolla de inmediato. Esa que nos dice lo que está bien y qué está mal, llega a ese nivel, cuando entiende que hay más que vivir vida que el deseo y su satisfacción. Una vez que sepamos esto, podremos aprender la diferencia entre lo correcto y lo incorrecto e integrar esa sabiduría a nuestra conciencia y se convertirá en lo que es correcto. La conciencia no puede ser algo sobre lo cual se nos habla, sino que tiene que ser tan instintivo como las cualidades animales son para ellos. Conciencia significa que hacemos lo que es correcto de manera espontánea. Estamos conectados a lo correcto, porque ahí encontramos nuestro verdadero tesoro, aquí en que, esa alma eterna e indivisible.

La existencia de un animal está atada sus necesidades inmediatas. Cuando vamos más allá de esos niveles de conciencia que sólo entienden el deseo, reconocemos que hay algo más, pero eso no es suficiente. Tenemos que ir más allá. Debemos entrar en el estado en que el alma indivisible entiende la gracia y la gloria del amor, entiende lo que puede hacer, el lugar adonde nos puede llevar, donde se necesita ser transformados para poder ingresar. Ese lugar donde reina el amor que se convierte en la razón de nuestra existencia, y en la razón por la que existe la creación y por la que Dios nos ha creado, el lugar donde Dios nos permite saborear su esencia, Él nos permite saborear Su compasión, Sus santos nombres de gracia. Si, podemos conocer esos nombres de gracia. Él nos permite saborear su compasión, su paciencia, su mansedumbre, su tolerancia y su justicia. Podemos ser esas cualidades y probar el sabor de su gloria. Podemos desarrollar una sed por ella entendiendo que existen otras virtudes otras cualidades son y dónde nos llevarán.

Podremos utilizar algunos aspectos de las cualidades que hemos utilizado como animales en nuestro camino hacia Dios, hacer nuestro el deseo de Dios. Algunas de las herramientas que se nos muestran en el mundo se pueden utilizar de una manera admisible de búsqueda de Dios. Pueden esas herramientas ser nuestras manos, nuestros ojos, la boca y los oídos, correctamente empleadas en su servicio y para su gloria.

Sí somos controlados por
nuestra confortable
Vida familiar, si somos atraídos
por las cosas que entendemos o
creemos entender,
nuestros ojos estarán cerrados
a otras posibilidades.
Necesitamos reconocer que
tendemos
a cerrar los ojos, por querer
estar tranquilos, que nada
nos incomodc, quc nada nos
produzca un cambio.

CAPITULO CUATRO

Mantener los Ojos Abiertos

Jesús dijo buscad y hallaréis. Para buscar algo que nuestros ojos tienen que estar abiertos, o no seremos capaces de encontrar lo que estamos buscando porque no será visible. Del mismo modo que es necesario que buscar en el exterior, también tenemos que mirar hacia adentro, para ver lo que allí dentro mora

¿Qué significa entonces ver? Se nos ha dicho que debemos ver con un ojo interior, el ojo dentro del ojo, y escuchar con el oído interno, el oído dentro oído. Tenemos que ser conscientes de ello, nuestra sabiduría ha de saber mirar más allá de la superficie de las cosas. Primero vemos lo superficial, lo externo, pero si nos tomamos el tiempo para estudiar, para observar más al fondo, entenderemos más de la verdad. Este proceso incluye en principio la suposición de que podemos aprender más, porque todo lo que necesitamos saber no fue revelado de una vez. Cuando se le preguntó al profeta Mahoma por qué le tomó tanto tiempo para asumir sus virtudes de visionario, respondió: un roble no se convierte en un roble durante la noche. Dijo también dijo que cuando se nos pide que tomemos una decisión, es una buena idea esperar durante tres días, porque eso nos da la oportunidad de reflexionar sobre nuestras decisiones y mirar profundamente una situación antes de dar una respuesta

Estos ejemplos significan que tenemos que mirar correctamente para encontrar algo. Luego hay que analizar qué buscamos, porque si no vamos en pos de lo correcto, nada encontraremos nada importante, aunque se larga la búsqueda. ¿Cuál es realmente el fin de nuestra búsqueda y que tan abiertos estamos a nuestra búsqueda?

Dios nos presenta la verdad en paquetes diferentes, pero si intentamos llegar a ella, en cierta forma podríamos ser el objeto que la bloquea. En 1972, cuando conocí a Bawa Muhaiyaddeen, un hombre menudo, originario de una pequeña isla que yo conocía como Ceilán, gracias a mi colección de sellos postales, fue evidente para mí que se trataba de alguien extraordinario, procedente de fuera de mi propia cultura, al margen de cualquier religión que yo hubiera conocido. No hablaba un idioma que yo entendiera, no se parecía a nadie que yo conociera; era diferente a cualquiera persona con la que hubiera hablado. La situación era completamente extraña, porque él venía de un lugar que no me esperaba. Sin embargo comprendí de inmediato que allí había algo importante. Tuve que tomar una decisión: ¿quería quedarme en mi condición actual o ir a un lugar del cual nada sabía, poner toda mi energía en aprender algo nuevo, en una situación diferente o regresar a lo rutinario?

Es pertinente mantener los ojos abiertos. Si somos controlados por nuestra rutina familiar, si estamos cercados por las cosas que ya entendemos o no entendemos, nuestros ojos estarán cerrados a otras posibilidades. Es necesario reconocer que tenemos la tendencia a cerrar los ojos porque queremos estar tranquilos, que nada cambie, que nada nos haga sentir incómodos, que nada provoque el cambio, porque este implica renunciar a las cosas que nos gustan, con las cuales nos encontramos cómodos, las cosas que sabemos y a las cuales habíamos de renuncia renunciar para irrumpir en un espacio abierto con el cual no estamos familiarizados con, un espacio que nos haga recordar momentos de malestar. Una sensación como la que experimentamos el primer día en una nueva escuela, o en la universidad donde a nadie conocemos. Cuando vivimos en una forma que nos mantiene en el borde, del cual nos negamos a alejarnos para ir más allá de nuestra zona de segura a lugares donde nunca hemos estado, cuando decidimos salir de ella de manera voluntaria porque entendemos que ese malestar nos impulsa a progresar, aprendemos algo importante sobre caminar sobre el borde. Debemos mirar bien por donde vamos y adónde vamos, para no caer. Mantener los ojos bien abiertos significa que veremos bien para dónde vamos. Si así lo hacemos, tendremos miedo de lo que podríamos llegar a ver. Si el miedo nos abruma, si vemos algo incómodo y cerramos los ojos, nos damos la vuelta, nos alejamos de allí.

Hay cosas inaceptables ante las cuales debemos cerrar los ojos, pero no causan desazón Hay diferencia entre ellas. Hay ver lo que lo que es aceptable y lo que está al borde de nuestra zona de rutina, sobre todo cuando a esta se la identifica define y define como la base del éxito, sin que lo sea. No tener que hacer nada, tumbado en una playa sin pensar, entregándose al placer del sol y el agua, se define como la esencia del buen éxito. Pero eso significa alejarse de todo lo que pasa en realidad, sin llegar de verdad a integrarse con la existencia, renunciar a estar completamente vivo, a entender el ciclo real la vida. Cuando nuestros ojos están abiertos vemos que ese confort no es más que una mentira publicitaria. Y la publicidad se empeña en que mantengamos los ojos cerrados, para enriquecer a quienes la hacen sin que nosotros lo veamos. Una vez lo entendemos, nos damos cuenta de la manipulación.

Cuando pensamos en la palabra pecado lo entendemos como una violación de la ley de Dios, que va en contravía de los Diez Mandamientos que lo contienen. Nos olvidamos de los dos primeros y consideramos sólo los que nos conminan a no dar falso testimonio, a no codiciar la mujer de nuestro prójimo, a no matar. Al primero de ellos, que nos dice que hay un solo Dios y que debemos adorarlo solo a Él y a ninguno otro usualmente lo olvidamos. Cualquier cosa que no sea Dios, todo lo que se interponga delante de Dios, es una distracción. Creemos ajustamos a los mandamientos, porque no robamos, no cometemos adulterio, no codiciamos la mujer de nuestro prójimo, pero estamos distraídos. Esa distracción viola el primer mandamiento. Si no estuviéramos así nunca se nos ocurriría cometer cualquiera de los actos inaceptables que se derivan de nuestras distracciones. Las cosas prohibidas se nos presentan porque sucumbimos al poder del mundo.

¿Cómo lograremos mantener nuestros ojos abiertos? Podemos empezar por fijarlos en nosotros mismos, para observar como actuamos, y ver lo que influye y es bueno o es malo para nosotros. Luego debemos tener los ojos abiertos para lo bueno y cerrados para lo malo, manteniendo esta conducta de manera permanente, firme, sin distracciones. Si nos distraemos al caminar al borde del precipicio, caeremos. Muchos científicos hoy no creen en Dios e insisten en que sus teorías son verdaderas, probablemente. Hasta ahora científicos como Albert Einstein y Max Planck quienes han caminado por el borde, formularon teorías que muchos de sus colegas estudian todavía, pero se dieron cuenta que sabían muy poco, que solo estaban conjeturando, como mejor podían, dentro de los límites de su comprensión. Algunos pocos que siguen esas teorías de manera experimental, son diferentes de aquellos que se acercan a él pero to tienen ojos para verlo ya que sus ojos no se abren lo suficiente como para lograrlo.

Y como no lo ven, creen que no existe. Ellos piensan que saben, ellos piensan distinto a alguien que está en el borde y puede ver que no sabe, sus ojos bien están bien abiertos, él es un creyente como Einstein y Planck. Muchos que vinieron después han perdido la arrogancia, sus ojos están lo suficientemente abiertos como para ver más allá de su visión exterior que abarca todo, algo que ellos no logran entender. Cuando nuestra visión es limitada hacemos suposiciones basados en esa visión limitada. Debemos entonces ampliarla más allá de lo físico; si nos limitamos a la visión física por sí sola, sin abrir los ojos a lo interno, ponemos limitaciones sobre nosotros mismos. Tenemos decisiones que tomar, debemos decidir qué hacer con nuestra vida, quienes llegaremos a ser y cómo vamos a vivir.

Tenemos que abrir los ojos a lo que nuestra sociedad llama comportamiento normal, definido en términos de su propia idiosincrasia, su propia conducta incorrecta a la que califica como normal. Si vivimos en esta sociedad con los ojos abiertos a la verdad, podremos entender que algo podría ser políticamente correcto, aunque en el fondo no ser correcto ni verdadero. No podemos simplemente aceptar lo que los demás hacen, sin analizarlo. Hay muchas decisiones que tomar acerca de la realidad. En este país se permite tomar las decisiones necesarias, como escoger un lugar donde vivir. Allí donde no se permita tomar decisiones, existe un alto riesgo de que la verdad se ahogue; podríamos ser asesinados si franqueamos las puertas de la verdad.

La gratificación del placer no es el propósito de nuestra existencia, sino el llegar a conocer quiénes realmente somos, no solo seres de carne, sino seres de luz. Mientras no entendamos a este ser de luz no sabremos la verdad sobre nosotros mismos, y nos habremos limitado al conocimiento sensorial. Existimos más allá de los sentidos, el universo, todo lo que existe y todo lo que puede llegar a existir, estará dentro de nosotros. Una vez que lo entendamos así, tendremos una visión apropiada de quiénes somos y podremos mantener los ojos abiertos a esa realidad

Debemos mirar que nos dirige, nos habla, y darnos cuenta de donde viene y como llega a ser parte de nuestra vida viene, ver cómo ha llegado a ser parte de nuestra vida, de nuestro ser. Examinarlo, ver que hace por nosotros, cómo nos hace reaccionar. Si algo nos impulsa a actuar de manera inapropiada debemos rechazarlo. Cuando algo nos afecta para mal hemos de deshacernos de ello, recordando siempre que es muy difícil desechar esas cosas. Hay que saber que la lucha no es fácil, pero se nos han dado las herramientas, las armas para esta lucha, nuestra propia guerra interna. Que Dios nos dé el coraje para luchar y ganar esta batalla.

CAPITULO CINCO

*Mientras creamos que puede
haber enojo apropiado,
resentimiento apropiado,
celos apropiados
o una versión apropiada
de cualquier condición
inapropiada,
crearemos una inapropiada
situación.
La ira y el resentimiento,
nunca podrán justificarse.*

CAPITULO CINCO

Conflictos Elementales

A un hombre sabio se le preguntó una vez: "¿Cuándo tendremos paz?" y él respondió: " Un hombre estará en paz cuando se siente bajo sol y no tenga ningún deseo de sentarse a la sombra, y cuando se siente a la sombra no tendrá ningún deseo de sentarse bajo el sol"

La gente cree que la paz se encuentra ajustando las circunstancias para adaptarlas a su definición de la paz. Lo que sucede internamente durante este ajuste de circunstancias hace que sea imposible estar tranquilo: cuando nos sentimos incómodos en una cierta situación emocional, determinadas, perturbaciones emocionales elementales entran en erupción dentro de nosotros haciéndonos reaccionar; entonces creemos que depende de nosotros alterar las circunstancias, para ajustar las cosas para que podamos estar en paz.

Aquí está la confusión, hay circunstancias externas que a veces requieren ser alteradas y a veces no. Necesitamos saber cuándo debemos insistir y cuándo no es conveniente hacerlo; la mayor parte de las veces no hay necesidad de ello. Tenemos que aprender a ver la perfección, porque la incapacidad para identificarla dificulta descubrirla y es ahí donde radica nuestro conflicto, no en las circunstancias que nos rodean. Aunque pensamos que el problema estriba en esas circunstancias con las que lidiamos, pero la verdad es somos nosotros los que debemos cambiar desarrollando la capacidad de hacerles frente, sin explosiones internas. Esta es una manera diferente de ver las cosas, una comprensión importante de auto-descubrimiento, de entender que todo existe en nuestro interior. Si pensamos que es en el exterior, seguiremos tratando de ajustar lo que está fuera, pero generalmente no se puede ajustar, permanece en estado de convulsión o conflicto permanente.

Intente usted cambiar el tiempo, trate de adaptarlo a sus preferencias. Sabemos que es más calurosa la Florida que Alaska, por lo cual si queremos disfrutar del calor tendremos mejor oportunidad de hacerlo en la Florida que en Alaska. Si queremos estar calientes en Alaska vamos a tener dificultades para lograrlo, un conflicto interior. Hay también situaciones difíciles en la Florida también como los huracanes y violentas tormentas que pueden suceder tanto en un clima cálido como en uno frío, es decir dificultades climáticas. Reconocemos esos fenómenos naturales en los elementos, en esas formas exteriores que se mantienen en estado de flujo constante y en conmoción tales como los tornados, los huracanes, las inundaciones, las lluvias, los volcanes etc. Iguales cosas elementales ocurren dentro de nosotros. En el exterior las llamamos erupción de una montaña o de un volcán, en el interior la llamamos ira, explosión. Tenemos erupciones elementales internas a las que solemos culpar por lo que sucede afuera.

Pueden manifestarse como conflictos entre las personas físicas o como choques de ideas. La mayoría tienen más que ver con diferencias entre personas que en entre ideas, más con la búsqueda de una sensación de paz por parte de los individuos en conflicto. Donde hay amor, vemos una capacidad mayor para soportar las dificultades. Los bebés causan dificultades sin fin, gritan, lloran, tienen que ser limpiados, necesitan atención sin parar. ¿Qué pensamos acerca de un adulto que necesita ese mismo tipo de atenciones? Si se trata de alguien a quien amamos podemos manejar la situación por un tiempo, si es alguien que no amamos, lo que se pide es mayor que lo que estamos dispuestos a dar, es difícil involucrarse, es difícil estar en paz. La encontraremos mirando dentro de nosotros mismos, no tendremos que buscarla afuera. Esa es una clave para la paz. Cuanto más busquemos el reposo interior, mejor llegaremos a entender dónde existe la paz.

En la oración alteramos la naturaleza de nuestra interacción con el mundo, nos retiramos de los conflictos de la vida, para centrarnos en el Ser superior, rindiéndonos a ese Ser superior, a Su confianza y cuidado. La capacidad de liberarnos de interactuar con las cosas externas, dejando todo en manos de Dios, de cambiar nuestra naturaleza elemental. Al entregarnos estamos conectados con la perfección subyacente de todo, igualando nuestra vibración a esa vibración, y podemos encontrar la paz, y estaremos calmados. Cosas como la ansiedad, la ira, el resentimiento simplemente nos abandonarán

.Algunas personas pasan a través sus vidas sumidas en el caos, creyendo ello es justo, creyendo que se lo han ganado en noble lid, que es normal y que están creando de manera correcta una situación correcta. Pero somos lo que llevamos encima, la suma de nuestras cualidades; si andamos por ahí resentimientos, así creamos que es justo o no, seguirá siendo resentimiento. Cuando alguien nos ha ofendido profundamente y nos resentimos por ello, si nos aferramos a ese resentimiento, es todavía resentimiento; la ira justa es simplemente ira. Mientras que creemos que puede haber enojo justificado, resentimiento justificado, celos justificados o una versión justificada de cualquier calidad inapropiada, creamos una situación inadecuada; la ira y el resentimiento no se pueden justificar. Esto no significa que no podamos responder a ese tipo de situaciones, significa que la ira y el resentimiento nunca podrán justificarse.

¿Podemos actuar adecuadamente cuando hemos sido victimizados? En algunas situaciones, el agresor, el abusador, se cree víctima, por lo cual piensa que sus acciones son respuesta necesaria, protección adecuada y justificada para la criatura que lleva dentro de sí, y entonces se convierte en un ser terrible, en un abusador poderoso. Algunos de los mayores tiranos del mundo pensaban en sí mismos como víctimas. Dicen que muchas de las acciones de Hitler se basaban de la sensación de haber sido victimizado.

Cuando nos creemos víctimas nos concedemos licencia para hacer cosas terribles, y nos permitimos ciertas actitudes porque supuestamente somos las víctimas. Aunque hay situaciones en las que de hecho lo somos es peligroso identificarnos así. Lo que tomamos personalmente y nos rehusamos a olvidar, nos hace más daño a nosotros que cualquier cosa que nos hayan hecho, porque afectamos nuestro ser interno. Al final se trata de nuestro ser interior, de quiénes somos, quienes vamos a llegar a, de ser nuestra manera de actuar, de reaccionar, y de la razón por la cual reaccionamos y de nuestras características.

¿Significa esto que no podemos decirle a alguien que lo que está haciendo está mal? Por supuesto que podemos hacerlo pero sin estar enojados, sin sentirnos víctimas. ¿Podemos entender que la gente se comporta de acuerdo con los pedidos de su propia naturaleza y no por culpa nuestra? Que todo lo asume de manera personal, aunque casi nada lo es. Y trata de corregir lo que cree que está pasando en su vida, y para hacerlo más manejable empujan y halan todo a su alrededor. Si estamos en problemas, no necesitamos hacernos al margen de las personas, sino mantenernos fuera de la red que algunas tejen. Habremos de vigilar y tener cuidado, pero teniendo claro que las medidas adecuadas se pueden tomar sin recibir su carga emocional. Esa carga es nuestro propio problema que nos impide vivir en paz. Se convierte en un trasfondo oscuro, de influencias internas, ilusorias que siguen encontrando formas de destruir nuestra tranquilidad, haciendo que culpemos a algo o alguien más por nuestros conflictos, haciéndonos enojar y negándonos a aceptar nuestra situación. Estas fuerzas de la oscuridad y de la ilusión bastan para mantenernos insatisfechos e incapaces, para poder cumplir con su misión.

Nuestra misión es aprender a sentirnos satisfechos para ser lo agradecidos y decir: "¡Oh, Dios mío, tú me has dado más que suficiente:" Todos hemos estado en ese punto de la gratitud, en ese lugar de la aceptación en que a veces caemos. Tenemos entonces que aprender a estar allí y cómo pasar de un estado a la estación de deslumbrante de la realidad misma. En lugar de entrar y salir repetidamente, debemos saber cómo abrir la puerta, cruzar el umbral y entrar en vez de estar flotando en un punto intermedio. Podremos hacer este movimiento con la ayuda de la gracia de Dios, pero nos detenemos a nosotros mismos, nadie más lo hace.

La red interna de bajas condiciones y en las cuales nos basamos nos detiene y las fuerzas oscuras que viven en nosotros tenemos que atarlas y hacer caso omiso de ellas, para librarnos de su acción e impedir que se impongan sobre nuestra conciencia verdadera podremos tener paz; si tenemos fe de que lo correcto sucede en el momento adecuado, habrá paz; si tenemos fe de que el plan de Dios es correcto, ahí habrá paz. No podemos decir: "Dios, esta es la forma como te voy a acoger" No podemos oponernos a Dios, porque será una lid que lograremos llegar a ganar. Esa disputa será solo será una agitación rudimentaria, y una asociación con fuerzas no apropiadas para una batalla como esa.

Por lo general, nos asociamos con lo ilusorio y no con Dios. A medida que aprendemos a hacerlo con lo que es correcto, nuestra acción interior nos libera de eso, de lo equivocado. Cuando nos sentimos satisfechos de sentarnos al sol también nos sentiremos hacerlo a la sombra. Si nos damos cuenta de que no importa dónde nos encontramos, queremos estar en otro lugar, y al estar haciendo una cosa queremos hacer otra cosa, lo que sea, simplemente algo más, eso significa que no hemos encontrado la paz, no tendremos paz porque no hemos comprendido donde necesitamos estar.

Cuando descubramos que estamos luchando con nosotros mismos nos convendrá detener la pelea, pero para ello primero es necesario hacer antes ese descubrimiento. Las personas pueden estar atrapadas en la persecución de muchas cosas toda su vida y nunca llegar a alcanzar un objetivo ni a entender por qué persiguen lo que buscan. Eso se convierte en su vida, y por supuesto, se aferran a lo que consiguen pero no saben qué hacer con ello y empiezan perseguir algo más. De vez en cuando, al cumplirse algunos deseos nos damos cuenta de cuán insignificantes son y entendemos que era el deseo, lo que creíamos necesitar y no el objeto mismo. El mundo dice que el viaje es en persecución de algo, eso tiene sentido aunque en parte es cierto, pero es un engaño hacernos creer que derivamos algún beneficio de esos intentos repetidos e incesantes. Debemos detenernos y preguntarnos ¿Dónde estoy, quien soy, cuál es la verdad acerca de mí mismo? Esos momentos de identificación son también de oportunidad que son puestos a nuestra disposición para que accedamos a los niveles de conciencia que nos lleven a comprender que nuestros pensamientos y nuestros deseos son irrelevantes, que nuestra vida está llena de pequeñas cosas.

Ese reconocimiento es un regalo, puesto que minimizamos la importancia de cosas a las cuales solemos darles mucha importancia en nuestra vida, y podremos comenzar a entender la humildad y a concederle gran importancia a nuestra paz interior; como consecuencia algo cambiará dentro de nosotros.

Lo que somos comienza a cambiar, comenzaremos a interactuar de una manera diferente, responderemos de otra forma a las críticas y a las censuras, nos habremos liberado de aquellas cosas que nos mantenían bajo su control.

Podemos hacer algo egoísta en casi todo, alabándolo; sí lo atacamos nos destruirá. Tenemos muchos impulsos que nos llevan a reaccionar en determinada forma. Cuando los identificamos sabemos que nos divide, que nos lleva actuar y entonces nos permite centrarnos en la gracia de Dios. Ojalá descubramos nuestra capacidad de cambiar.

CAPITULO SEIS

Los pasos que nos llevan a la sabiduría son los de la auténtica reflexión y una adecuada acción externa, Sin esa combinación no podremos avanzar.

CAPITULO SEIS

Los Requisitos de la Sabiduría

Si no sabemos sumar ni restar, es probable que no podamos Multiplicar. Hay una cierta progresión en la mayoría de las cosas necesarias para ir adelante, pero muy a menudo, la ignorancia o la arrogancia se interponen en nuestro camino; ambas nos pueden llevar a terrenos que ni los ángeles se atreven a pisar. Debemos ser capaces de descubrir los límites de nuestros conocimientos y saber hasta dónde nos pueden llevar. Si estamos satisfechos con lo que sabemos no hay razón alguna para seguir adelante. Un libro reciente, explica que no podemos entrar en el mundo de los negocios sin saber álgebra porque ellos tienen que ver factores desconocidos que les marcan el futuro. Si no podemos hacer proyecciones hacer no estaremos en capacidad desarrollar un negocio, si somos ignorantes acerca de los números y cómo funcionan, sin darnos cuenta que se supone que debemos comprar barato y vender caro, tendremos múltiples dificultades.

Hay una historia acerca de un hombre que compró sandías en una comunidad rural y las llevó para su venta a la ciudad. Adquirió un total de quinientas sandías, es decir todas las que cabían en su camioneta y pagó un dólar por unidad. Las llevó a su destino y las vendió de inmediato a un un dólar cada uno. Tuvo tanto éxito que hizo tres viajes diarios, pero al final de la semana se dio cuenta que había hecho utilidad alguna. Habló de ello con su mujer y decidieron que necesitaba un camión más grande. Ese es el camino de la ignorancia, nos dedicamos a buscar camiones más más grandes, buscando soluciones que nada tienen que ver con las dificultades que confrontamos. Solo cuando se analiza la situación de manera correcta encontramos soluciones adecuadas. Lo contrario nos causará la tristeza de tristeza del que cubre la misma ruta equivocada una y otra vez.

¿Cómo entenderemos que lo más sabio es, descubrir qué significa el verdadero análisis? Para empezar, tenemos encontrar las respuestas a una situación específica. Así como no podemos multiplicar cuando no sabemos sumar ni restar ¿cómo vamos a ser sabios cuando no somos capaces ni de controlar nuestra propia lengua? ¿Si no podemos escuchar, cómo podremos entender lo que alguien está tratando de decirnos? ¿Cuándo nuestra mente está tan ocupada reaccionando, cómo vamos a aceptar lo que se nos ofrece? Si nuestro propio dolor es insoportable, ¿cómo podemos empatizar con el dolor ajeno? Si nuestra propia hambre es abrumadora, ¿cómo podemos sentir el hambre de los demás? Si nuestras necesidades son incapacitantes, ¿cómo podemos sentir las necesidades ajenas?

¿Qué nos impulsa? Esta debe ser nuestra primera pregunta, ¿que nos impele y qué dirección estamos tomando nosotros mismos? Si tomamos el tren que va a Boston por supuesto no nos llevará a Washington, no es más complicado que eso, y sin embargo no somos capaces de consultar los mapas, ni al conductor que anuncia hacia dónde vamos y cuando llegamos a Boston nos sorprende no estar en Washington. Cuando la ignorancia se combina con arrogancia puede suceder, cuando nos empujamos a nosotros mismos a lo largo del camino sin formación ni conocimientos apropiados, la negativa a admitir que no sabemos, nos ocurren cosas como esas, y esto se solo no sólo a los individuos sino a sociedades enteras también.

Gran parte de la ciencia se basa en supuestos falsos. En conjunción con la arrogancia de muchos científicos, esto puede plantear soluciones que se convierten en teorías aceptadas hasta que se demuestra que estaban equivocadas. Recientemente, los periódicos reseñaban historias acerca de que la Vía Láctea era aproximadamente dos veces mayor de lo que los científicos pensaron que era. Hasta hace unos días la comunidad científica estaba convencida de la Vía Láctea era la mitad de su tamaño; pronto podría llegar a plantearse una teoría diferente. Los científicos tienden a ser profundamente enfáticos en sus hipótesis y teorías y en las razones para cambiarlas. Los hechos cambian, la arrogancia no.

Si algo hay en nosotros para cambiar, algo debe ocurrirle a nuestra arrogancia. Al eliminarla podemos empezar a atacar la ignorancia. Una cosa no puede ocurrir sin la otra. Hemos de admitir que no sabemos y aprender a lidiar con esa verdad. Necesitamos encontrar gente que tenga conocimientos sobre asuntos específicos y alternar con ella para poder aprender. Una vez siendo Asesor Legal de la ciudad necesite respuestas a algunas preguntas sobre las leyes municipales. Llamé al autor de varios libros sobre la materia y le pregunté que el aceptaría hablar conmigo. "Que si acepto ? me respondió: tengo setenta y dos años de edad y nadie habla conmigo. Estaré encantado de conversar con usted". Eso me ahorró mucho tiempo e hizo posible que yo pudiera responder a situaciones complejas con autoridad

.Tenemos entonces que aprender a hacer eso en las situaciones complejas que afrontemos para encontrar los métodos más apropiados de solucionarlas. Sin esos adecuados métodos repetiremos de manera continua nuestros errores y estaremos siempre tratando de suponer. Un joven disléxico, que no rendía muy bien en la escuela, pensó que era por su incapacidad para suponer como lo hacían los demás. Con su dificultad para leer, estudiando para presentar un examen, asumió diversas respuestas, hasta que se dio cuenta que no podía contestar las preguntas por sí mismo.

Todos tenemos problemas que no podemos resolver por nuestra propia cuenta, pero siempre habrá alguien dispuestos a ayudarnos, solo necesitamos establecer contacto con esa fuente. Dios está esperando que crucemos la puerta, aunque muchos ni siquiera tocamos a ella. Es necesario cambiar. Tenemos que modificar nuestra estrategia, aceptar nuestra incapacidad, aceptar que hay una fuente de más allá de nuestra capacidad lista a ayudarnos, un poder tan grande que puede resolver todo. Su misericordia nos transforma, el poder de su compasión está más allá de nuestra habilidad para comprender y está a nuestra disposición. Fuimos creados por ella, ese poder es nuestro Padre quien nos tratará como a su hijo.

Tenemos que creer en eso. El solo hecho de aceptarlo nos ayuda a través de una puerta abierta o que se abre tan pronto toquemos a ella. Si creemos que pertenecemos a ÉL, entraremos. Cuál es el nivel de satisfacción con nuestro Padre, el Creador del universo? ¿Cuál es nuestra actitud y nuestra situación de adoración? Nos comparamos con Él o tenemos la convicción de que Él es todo lo que existe, el punto primordial de nuestra vida es estar con Él.

¿Entendemos la naturaleza de nuestra existencia correctamente, asumimos que conocer la naturaleza de la existencia? ¿ nos preguntamos si ella nos mantiene en un mismo sitio o nos deja proyectarnos?

Nuestras hipótesis nos mantienen anclados en un lugar como una entidad separada, o nos dejan fundirnos en la gloria de la realidad. Tenemos que descubrir si nuestras suposiciones acerca de la existencia son válidas o no, recordando siempre que se nos basamos en enseñanzas recibidas de personas que no se conocen a sí mismas. Hemos aceptado sus ideas sin valor y pensamos en ellas de manera equivocada.

Debemos adquirir pensamientos adecuados, ideas apropiadas, un adecuado sistema de creencias, pero eso no es suficiente. Podemos declarar que creemos en Dios, los profetas, en los ángeles y en el Día del Juicio, pero ¿realmente creemos en ellos, vivimos como si Dios nos está mirando, como si estuviéramos en contacto con la realidad, con Dios o dividimos nuestra vida en segmentos en los que Dios no nos puede ver y los tiempos cuando si puede hacerlo, momentos en los que no nos vemos a nosotros mismos y otros cuando si lo hacemos? Cuando un gato bebe leche cierra los ojos y piensa que nadie puede verlo. Esta es una condición común de la humanidad, la gente camina por ahí con sus mentes y corazones cerrados pensando que nadie pueda verlas.

Cuando comenzamos a entender este tipo de cosas, incorporando el conocimiento en cada momento de la existencia, comenzamos a saber los pasos que nos llevarán a la sabiduría y que son de pensamiento interno adecuado y acción exterior apropiada.

Sin esa combinación no podemos avanzar. Si nuestros pensamientos están llenos de lujuria, ¿cómo podemos pasar a una conciencia superior?

Si nuestros pensamientos están llenos de avaricia, ¿cómo podemos pasar a una conciencia superior? Si nuestros pensamientos están llenos de celos, ¿cómo podemos pasar a una conciencia superior? Si tenemos pensamientos de resentimiento de odio, ¿cómo podemos pasar a una conciencia superior? La verdad no vivirá con estos obstáculos, tenemos que ir a un lugar donde la realidad existe, mudarnos allí con todo nuestro ser, entonces todo cambia, atraemos cosas diferentes, pasamos tiempo con diferentes personas. Los que no están siguiendo Su camino son como espinas, y al igual que evitamos caminar sobre espinas los evitamos también, entendemos lo que hacen.

No se pueden ejecutar malabares con cuchillos, sin cortarse; nos damos cuenta que sería absurdo tratar de hacerlo, pero hay conducta necias que ignoramos. No somos conscientes de las cicatrices que la codicia nos impone. No nos percatamos del daño que el mal nos inflige. Pensamos que lesiona, que castiga a otros, pero que el recipiente guarda el ácido. El recipiente de nuestro ser está corroído por lo ácidos del resentimiento, de los celos, del odio. Son esos los ácidos que nos consumen.

No podemos permitir que esas cosas nos devoren tenemos que librarnos de ellas, reemplazarlas por otras que nos compongan y curen. El amor borra las cicatrices que el maltrato deja, el amor sana por medio de cosas que reparan y curan. El amor elimina las cicatrices del maltrato y de los abusos a los que hemos sido sometidos. Hay que aprender a amarnos a nosotros mismos. Y Aprender a olvidar el abuso y quienes nos lo infieren. Es la manera de ser curados. Sin perdón el ácido no será removido, se quedará ahí. Perdonar es la alquimia que precipita la curación cambiando el ácido que nos circunda aliviando las quemaduras y dando paso a la sanación. Es necesario que experimentemos ese cambio, el de la remoción del ácido en para que nuestras relaciones con el mundo cambien. Y medida que este signifique menos nos orientaremos hacia la realidad de la existencia, y entenderemos el secreto de la transformación. Hemos de orar para que Dios nos ayude en esta transformación y nos permita que ella nos sane.

Cuando vivimos nuestra vida
en la superficie,
una vida que consiste en la
interacción
con las personas y las cosas,
seguimos reaccionando;
cuando profundizamos
en nuestro interior, en contacto
con el espíritu indiferenciado
conectado con Dios,
cambiamos, y ya no nos veremos
afectados
por lo que pasa en exterior.

CAPITULO SIETE

La Vida Interior

Gran parte lo que necesitamos aclarar en nuestra vida es la diferencia entre vivir en la ilusión y vivir en la realidad. Encontramos muchas cosas que no podemos evitar y que son difíciles para nosotros. Algunas situaciones provocan ansiedad, otras causan miedo. Existe mucho temor en el mundo. Mucha gente teme salir de su casa, ir al trabajo y otra vive en constante temor de ser despedidos de sus empleos. Se le teme a lo que ocurrirá el día siguiente y a la posible pérdida de la capacidad de sostenerse y mantener a la familia.

Cuando analizamos la situación del mundo y todo lo que ocurre a su alrededor, el temor es entendible. Los explosivos desastres ocurridos en diversos sitios alrededor del mundo, en los últimos años, son razones suficientes para que se generen ciertos temores. Muchas personas trasladan esa sensación a sus relaciones con los demás. El miedo no es extraño porque pertenece al mundo de la ilusión, aunque muchos sabios han dicho que si vivimos en la verdad, estaremos lejos de la esperanza y del miedo. Eso parece ser contradictorio en la manera como pensamos ahora, más una vez que entendemos la inmensidad de Dios, su grandeza y su realidad, la verdad tiene tal capacidad de cambiarnos que la forma como ahora pensamos acerca de las cosas desaparece en este nivel de comprensión.

Algunas personas de gran sabiduría han sido llamados hijos del momento debido a que viven en este instante, y están agradecidos por este instante, dedicados a vivir este instante. Cuando estamos envueltos por el no hay lugar para el miedo que se le atribuye el futuro. El miedo está conectado con acontecimientos que se podrían producir en el futuro o que pudieron haber sucedido en el pasado. Llegamos a conclusiones anticipadas sin saber en qué circunstancias se desarrollarán. Por no vivir el momento, por no vivir ahora, vivimos en lo ilusorio, en nuestra mente, en ese espacio en el cual nuestra mente crea hechos que se supone van a ocurrir, antes de que conozcamos sus circunstancias, antes de que sepamos cómo se desarrollarán las circunstancias Por no vivir ahora, por no vivir en este momento, vivimos en la ilusión, vivimos en nuestra mente, en ese espacio donde la imaginación crea lo que va a ocurrir. Vivimos la película de nuestra vida en lugar del momento presente de ella; mientras estemos en la película de nuestra vida no tendremos conexión con la realidad que sólo existe en este momento. No hay pasado, no hay futuro, sólo existe el presente. Si estamos perdidos de él, estaremos fuera de la realidad, limitados a mirar nuestra vida creyendo que estamos con esa parte de nosotros que se ve desde el exterior, que observa la vida desde el exterior. ¿Cómo gastamos nuestro tiempo, que pensamos acerca de él? Estamos atrapados en lo que pensamos que va a ocurrir o estamos realmente viviendo ahora?

Dios está tan cerca de nosotros como nuestra vena yugular y no mañana, ahora mismo, nos recrea con su aliento. ¿Cuándo? ahora mismo. Si estamos pensando de algo que va a ocurrir dentro de tres días, estamos presuponiendo una realidad en lugar de estarla viviendo. Debemos de dejar de suponer y empezar a vivir. No estamos existiendo en el pasado ni en el futuro, existimos ahora. Si lo hacemos sentiremos gratitud por lo que existe ahora, respiraremos ahora, estaremos conscientes de Dios ahora, , sostenidos por Él ahora, y es ahora cuando podemos estudiar cada cosa manifiesta que el ha creado como lecciones de Él mismo. Cuando vivimos este momento, en el presente, la mente se apacigua. Si no tiene un futuro o un pasado en que pensar, ¿que hay ahí para ocuparse?

Como cualquier otro océano, el de la ilusión estará tranquilo cuando nos sumerjamos en él bien a fondo, porque nuestro enfoque debe ser profundo y poderoso. las olas en la superficie del océano están en movimiento constante, afectarán a cualquier embarcación los vientos que soplan en la superficie., pero cuando vamos a su profundidad todo estará tranquilo. Cuando vivimos nuestras cosas nos mantenemos reaccionando; cuando nos sumergimos , en contacto el espirito no diferenciado conectado con Dios, cambiamos, no nos afectaran más las cosas del exterior.

Podemos observar el océano desde el cielo o desde un submarino y ver entonces dos aspectos diversos; será el mismo océano pero nuestra perspectiva cambiará. Necesitamos sumergirnos como un submarino, dentro de nosotros mismos. Esa será la forma de evitar todo lo que nos irrita del mundo y dejar de estar sometidos a los tirones y empujones de todo lo que nos afecta. Si nos centramos en nuestra esencia reaccionamos desde el interior, no en respuesta a lo que pasa afuera. Esto significa un cambio de enfoque en nuestro acercamiento al mundo; siempre y cuando el mundo sea importante para nosotros y vivamos sintiendo el temor de perder lo que tenemos, también nos preocupara lo que queremos y no logramos obtener.

El temor está unido al apego que sentimos por el mundo. Una vez que dejamos de experimentarlo, el temor desaparecerá. La esperanza está atada a lo que tenemos, a lo que queremos hacer con lo que tenemos, a lo que esperamos obtener del mundo. El temor y la esperanza están ligados al mundo, pero la gloria y la gracias están unidas a Dios, al divino resplandor inherente a Dios, la sabiduría es de Dios, la compasión, la misericordia la generosidad y la grandeza están ligadas a Dios.

Tenemos que decidir si seguimos unidos a una esperanza incierta, al temor hacia las cosas del mundo o entregarnos a Dios. Y si estamos apegados al mundo, todo lo que eso implica nos afectará: ansiedad, depresión, la voluptuosidad. Todo lo que ocurra en en esos estados sicóticos pueden, hasta cierto punto, acompañar el deseo, dejar y volver al mundo, reacciones que están determinadas por lo mucho que conseguimos y cuánto perdemos, cuanto mantenemos la puntuación, cuánto hice hoy, o cuanto perdí, ¿cuáles son mis posibilidades de conseguir y perder en el futuro?

Utilizamos el mundo para llevar la cuenta. Una vez que dejamos de mantener el marcador de esta manera, una vez que la satisfacción procede de un lugar diferente, cambiamos. Sin embargo, durante el tiempo que sentimos apego por lo que tenemos y perdemos, estaremos atrapados por el miedo y la esperanza y no podremos vivir en paz. Es el camino del mundo donde las cosas se dan y se quitan de manera constante, se crean y se destruyen en un proceso las cosas son creadas y destruidas, un proceso interminable y en continua la agitación. Dar, tomar, destruir, renacer, eso no se detiene. si nos involucramos en un proceso, aferrados a él, convertidos en un balancín impulsados y atraídos por ese proceso.

Los seres vivos son descritos por la ciencia como irritables; si aguijoneamos un animal unicelular como una ameba con un alfiler de irrita. Si le hacemos lo mismo una piedra con un alfiler. En un sentido general ello describe nuestra vida. Nuestro entorno, nos irrita de una manera alegre o una manera deprimida, de una manera feliz o una manera triste. Creemos que esos estados son distintos, pero desde una perspectiva más amplia pueden ser vistos como simples reacciones causadas por el mundo; reaccionamos ante él y le damos diversos nombres a esas reacciones. No solo las llamamos con diferentes nombres, sino que las catalogamos como buenas y malas, correctas o incorrectas. S i gano son correctas, si pierdo son incorrectas. Así pensamos, así nos integramos al mundo, y es algo que necesitamos eliminar para llegar a estar libres de esta obra mundana.

Algunos de nosotros miramos las telenovelas, otros las vivimos. velas. Si la vemos o la vivimos, es la misma cosa. Si sentimos satisfacción de las interacciones sin fin del mundo, estaremos sostenidos por el drama, y de eso hay mucho en el mundo. Si nos gusta el drama político tendremos drama político, mucho entusiasmo por nuestro candidato y mucha ira contra su oponente. Si nos gustan los espectáculos dramáticos o el entretenimiento tendremos mucho de eso, programas diarios sobre estrellas que crecen y se apagan, tan interesantes que las describimos como cuerpos celestes. Y si queremos el drama financiero, ahí está el mercado de valores.

La posibilidad de retirarnos de este juego, del drama, significa que tenemos que cambiar nosotros mismos. Hemos vivido el drama durante tanto tiempo que creemos que es nuestra vida, nos hemos sometido a sus reglas, tanto tiempo que seremos medido según el grado de buen éxito o de fracaso en los dramas del mundo. Las reglas de Dios son diferentes y tenemos que tomar sólo una decisión, decidir vivir nuestra vida de acuerdo con las reglas del mundo o con las reglas de Dios. Queremos vivir en la ilusión maestra o entregarnos a Dios?

Imagínenos que conquistamos la ilusión. La historia está llena de hombres que trataron de hacerlo, que definieron que eso era lo que querían y algunos lo aceptaron. Sin embargo, todos ellos han desaparecido, ninguno existe más, están en los capítulos de los libros que se van haciendo más y más pequeño con el paso del tiempo. La historia parece prestar más atención a lo que pasó recientemente que a lo ocurrido en el pasado. La historia de nuestra propia vida existe por un corto momento, ya sea que vivamos nuestra vida o vivamos el drama. tenemos que decidir que queremos hacer..

Si nuestra vida está dedicada al espectáculo que vemos frente a nosotros, a entretenernos con él, a involucrarnos en el drama, que hemos perdido la razón de la existencia. Debemos revisar este punto, hacer esfuerzos para detenernos; cuando no estamos concentrados en ello el drama nos atrapa; seremos como los actores que han perdido el contacto con su verdadero yo, para convertirse en los personajes del juego. Nos enseñaron a actuar así; ellos enseñan a los actores a olvidarse de sí mismos y a convertirse en los personajes del juego. En nuestra propia vida creamos el personaje y nos convertimos en él, olvidando quienes somos y lo hacemos tan bien que el mundo nos identifica con el personaje que interpretamos; usamos su nombre y hacemos lo que se espera del personaje en cada situación. Hemos perdido la capacidad de salirnos del personaje, estamos atrapados en una caricatura, nos hemos que convertido caricaturas de seres humanos a medida que tratamos de encajar en el drama del mundo y jugar con sus reglas.

¿Por qué sucede esto? Hemos estado atrapados en la alabanza y la censura que afectan nuestra vida y caminamos por la vida en busca de la alabanza. Cuando alguien dice "muy bien" hacemos más, cuando alguien dice "malo" que dejamos de hacerlo. Nos dirigen palabras de elogio y censura desde que somos niños. Lo que aprendemos como niños está escrito en piedra y somos adictos a la alabanza y a huir de la culpa, lo que continuará ocurriendo hasta que podamos parar, hasta que nos demos cuenta que lo que otros dicen no importa porque lo único verdadero que existe es la forma como Dios nos ve. No importa lo que la gente piense si hacemos lo que es correcto. Si no lo sabemos deberemos encontrar a alguien que si lo sepa, que nos ayude a encontrar la fragancia de lo que es correcto, a detectar el sabor de lo que es correcto e ir hacia él.

Dios ha sido magnánimo enviando al mundo a las personas que saben lo que es correcto y lo que no lo es y que ponen a nuestra disposición los libros que nos dicen lo que es correcto y lo que no lo es y a menudo, maestros lleno de sabiduría. Tenemos que aprender a escucharlos y aprender a entender lo que dicen. Si ellos se encuentran fuera de la corriente principal, a lo mejor nos hemos convertido en un pequeño afluente de ella. Tenemos entonces que escapar de esa corriente y encontrar nuestro propio camino, encontrar el camino hacia Dios, lo que podremos hacer tan sólo si vamos a lo más profundo de nosotros mismos y rompemos nuestras ataduras con el mundo. El mundo es un anzuelo, que una vez que entra tira de nosotros para llevarnos a donde quiere que vayamos. El gancho grande nos penetra y la púa pequeña es muy difícil de sacar. Hemos aprendido sobre el bien y el mal, en un contexto mundano por tanto tiempo, que somos adictos a lo que consideramos correcto, y lo que creemos que está mal, es para nosotros difícil de cambiar. Esto es como tirar del anzuelo; tenemos que pasar por el dolor de renunciar a lo que pensábamos que era correcto, todo lo que hemos aprisionado y considerado como correcto durante tanto tiempo. Es decir que tenemos que pasar por el dolor de aceptar que hemos sido engañados y hemos engañado a los demás.

Hemos estado en ambos lados de la ecuación, escupiendo al mundo lo que creíamos era la verdad, viviendo ese mundo como si fuera verdad y hemos llevado a otras personas con nosotros por el camino equivocado. Cada vez que tenemos que renunciar a algo que valoramos, lloramos la desaparición de lo creíamos era nuestro fundamento durante mucho tiempo. ¿Cómo podemos renunciar simplemente a ella? Consultamos las páginas necrológicas que nos dicen que si nos decidimos si hemos renunciado a ella o no.

¿Cuándo sucederá? ¿Saldrá todo de nosotros o habrá un momento en que nos entregamos a de nuevo a la realidad, si estamos listos o no? Si aceptamos morir antes de la muerte, ¿a qué estamos muriendo? Moriremos para el mundo, y morir al mundo es la forma de concluir nuestra experiencia del mundo. Esta pequeña muerte debe ocurrir antes de la más grande; debemos ser consciente y felices por ello

Cuanto más damos, más conseguimos, y eso es lo que necesitamos entender. Conocer la unidad no significa renunciar a algo sino convertirnos en esa parte del tesoro asignada a nosotros, entrar en la gloria, pasar a formar parte del resplandor divino más allá de la imaginación. Cuando somos uno con la verdad, el miedo y la esperanza, desaparecen porque son irrelevantes, no hay lugar para el miedo y la esperanza.

!Que Dios nos conceda este inmenso bien., que Él abra nuestro corazón para que el miedo se vaya, que el deseo se vaya para que nuestros apegos también se vaya y entendamos así Su verdadera gloria!

CAPITULO OCHO

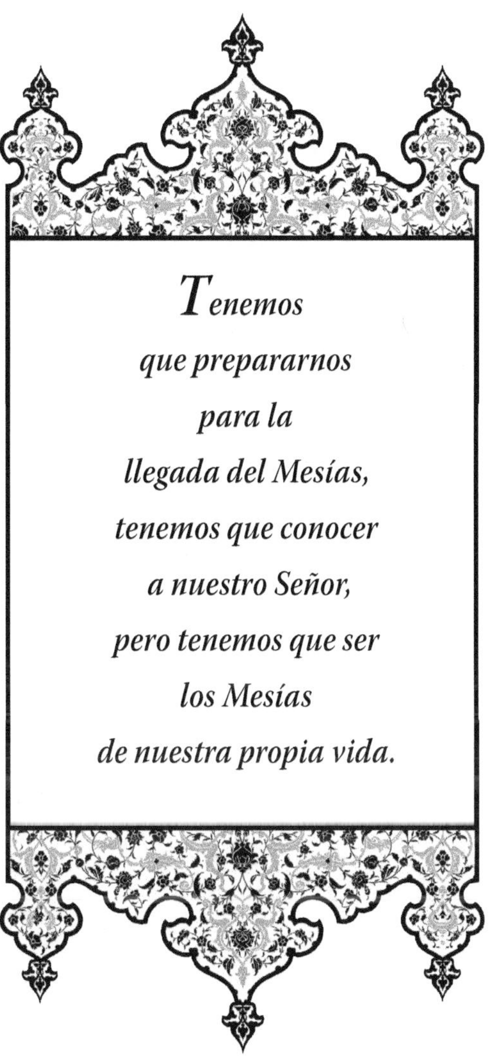

Tenemos
que prepararnos
para la
llegada del Mesías,
tenemos que conocer
a nuestro Señor,
pero tenemos que ser
los Mesías
de nuestra propia vida.

CAPITULO OCHO

Salvar al Mundo

Las Escrituras rezan que si matamos a un hombre hemos destruido a toda la humanidad y si salvamos a un hombre, hemos salvado a la humanidad entera. Se nos ha dicho que Dios creó al hombre como culminación de toda su tarea y que cuando concluyó introdujo el universo en una esfera y la situó en el corazón de cada hombre. ¿Quién es el hombre, qué es, cuál su propósito? bEl hombre es la más elevada creación de Dios y salvaguarda los secretos del universo, el secreto de nuestro Creador. Se nos ha repetido una y otra vez que si nos conocemos a nosotros mismos llegaremos a conocer a nuestro Creador. ¿Qué estamos tratando de saber, de conocer? Parece que hemos sustituido la búsqueda de la auto comprensión que convierte en nuestra prioridad el llegar a conocer el mundo.

Mientras ese sea el centro de interés de nuestras actividades, hemos perdido el verdadero enfoque. A medida que conocemos al mundo, e interactuamos con él, llegamos a suponer que podemos cambiarlo y que Dios ha perdido el control sobre el mismo. Él es el Creador, quien lo sustenta y nutre. ¿Qué pasaría si dejara de hacerlo por un instante? Pero seguimos actuando como si con nuestros esfuerzos pudiéramos sostener el mundo y mantenerlo en paz; nuestra capacidad de controlar los elementos se mantiene. Los gobiernos actúan como si tuvieran la llave de la paz, y creemos que eso es cierto.

¿Cuál es la fortaleza de un hombre que conoce a su Dios, a su

Señor y cuál es el poder de esa verdad manifiesta para el mundo? Que sucede cuando una persona está en sintonía con lo que su Creador le ha revelado, que se manifiesta en la habilidad de ser uno con Dios. Se nos ha dicho que la creación existe para que Dios pueda sentir al mundo a través de alguien que lo sienta a Él. Si eso se pierde, si esa persona se pierde en el mundo no existe entonces razón alguna para la creación. Este mundo fue creado para permitirnos conocer a Dios.

Cada una de las religiones monoteístas habla de la venida del Mesías y declara su fe en Él. El cristianismo cree que Jesús regresará, el Islam que el Mahdi vendrá; en el judaísmo algunos creen que el Mesías ha llegado y otros que vendrá. Debemos saber quién es el mesías para nuestra vida y cómo tendrá que ser nuestra conexión con él. Si tenemos el universo entero dentro de nosotros, tenemos al mesías ahí también. ¿Si el Mesías ha de venir a través de otra persona, no somos entonces todos uno, no hay entonces unidad en la creación? Tenemos que prepararnos para la venida de un mesías, tenemos que conocer a nuestro Señor, pero tenemos que ser el Mesías para nuestra propia vida. Salvaremos nuestra propia vida siendo ese Mesías y eso implica que la humanidad se salvará.

Esta es la obra del camino Sufí, de aquellos que caminan por el sendero de la realidad. Nuestro elevado yo interior al nivel inferior, porque sacamos todos nuestros instintos animales al mundo y actuamos con ellos. Esto es lo que relatamos, nuestras acciones animales, un nivel de acción que llamamos nuestra historia y lo que nuestros libros de historia registran.

Sería bueno producir una generación de seres humanos que actuaran como seres humanos. Esto es difícil, siempre y cuando el mundo se niegue a aceptar que hay un verdadero ser humano y que somos la culminación de la creación de Dios. El mundo dice que descendemos del mono, o más específicamente, del babuino porque no es suficientemente agresivo. Si nos siguen diciendo que somos descendientes de los monos, ¿a qué podemos aspirar? Aunque gran parte del mundo vive en el estado de un babuino, debemos entender que somos más que eso y rechazar esa teoría. Nosotros definimos al mundo, no él a nosotros.

Debido a que alguien nos miente acerca de quién somos y qué somos no quiere decir que estamos obligados a aceptar esa mentira. Ello significaría reconocer que vivimos en una isla sin saber nadar y que no hay escapatoria, que estamos atrapados, porque esta vida es el principio y el fin de la existencia. No es cierto, podemos nadar, podemos volar, no somos como nos define el mundo, no somos nuestro yo inferior. Debemos encontrar personas que hayan dado testimonio de esto y reunirnos a su alrededor para aprender a ser como ellas. La única manera de salvar al mundo es convertirnos en lo que se supone debemos ser, mediante la adquisición de las cualidades de nuestro Creador. Para aprenderlas necesitamos encontrar espejos que las reflejen, personas que las reflejen, las personas que sean en sí esas cualidades. Cuando estamos conectados a un verdadero ser humano podemos llegar a ser verdaderos seres humanos, eliminar las cosas inapropiadas que hemos aceptado y descubrir nuevas verdades sobre la existencia y la verdad de lo que en realidad somos.

El yo inferior ha estado en guerra con Dios desde el principio del tiempo. Las fuerzas de la oscuridad en conflicto con Él desde el principio de los tiempos. Esta contienda se ha librado para convencernos de que no tenemos una verdadera relación con Dios y que somos seres inferiores. Comenzó cuando satanás se negó a inclinarse ante el hombre. Desde entonces ha tratado de demostrar que su rechazo era justificado y que Dios estaba equivocado. Esa es nuestra disyuntiva: ¿estaba equivocado Dios? ¿Estaba satanás en lo cierto? ¿Quiénes somos, que probamos? Debemos entender nuestra verdadera naturaleza y aprender como pasar más tiempo en un estado superior, en nuestro ser superior. Sabemos la diferencia entre nuestro estado trascendente elevado y un estado más bajo, sabemos lo que tira de nosotros hacia ese estado inferior. Tenemos que descubrir la manera de permanecer en un estado trascendente por segmentos de tiempo, debe ser nuestro trabajo interior que no podemos lograr al cambiar a otra persona, luchando contra los demás o hablar de la creación de sociedades utópicas. Hacemos este trabajo en una persona a la vez, un corazón a la vez. Si funciona en nuestro propio corazón puede trabajar en otros, un solo corazón en expansión es la vibración de la verdad.

Debemos entender nuestro lugar en la existencia. Esto es lo que los seres iluminados han estado tratando de enseñarnos, la realidad, no el negocio del mundo. Somos una función de la suprema gracia de Dios, independiente de la nación, la religión o la raza. Cuando reconocemos que el universo existe en un solo corazón ya no usamos una definición del mundo que niegue nuestro verdadero estado. Existimos en el centro, no como un alma aparte. Cuando estamos centrados en la gloria sin límites del propio poder de Dios, Él se manifiesta cuando cumplimos sus designios. Que Él haga de este propósito nuestra intención, para que pueda podamos cumplirla.

CAPITULO NUEVE

O nos seguimos moviendo a lo largo de la ruta de acceso a la realidad o nos seguimos alejando de ella cada vez más, involucrados con el mundo. La purificación es esencial para deshacernos del apego al mundo, esencial para acercarnos a la realidad.

CAPITULO NUEVE

Manejar lo Ilusorio

O nos seguimos moviendo a lo largo de la ruta de acceso a la realidad o nos alejamos de ella, cada vez más involucrados con el mundo. La purificación es esencial para deshacernos del apego al mundo y acercarnos a la realidad. Porque Dios permite cosas sin valor, a veces las valoramos incorrectamente y reaccionamos asignándoles un valor que no tienen. Si pensamos que algo es importante lo cuidamos, luchamos por ello por eso, porque lo consideramos importante o de lo contrario lo descartaríamos, preparados para tratarlo con indiferencia, sin respeto.

Tenemos que considerar cómo tratamos ciertas cosas del mundo ¿Respetamos el dinero, el poder, las cosas caras, pero respetamos también la oración y la soledad? Cuando llegamos a una ciudad donde no hay placeres, consideramos que nada existe en ella? En el desierto, en lugares donde los profetas recibieron revelaciones sobre el universo podríamos decir que no hay nada que hacer allí. Entender lo que significa nada, es entender la importancia de la nada. Cuando el mundo se achica empezamos a descubrir lo invisible. Nuestro yo inferior, nuestros bajos deseos siempre estarán a favor de lo ilusorio, de la oscuridad y siempre va a proclamar como verdadero lo que es inapropiado e incorrecto. Lo hacen de forma consistente; nunca debemos subestimar la fuerza y la arrogancia de nuestra parte más vil, ni debemos tratar de medir a otra persona.

Cada cosa inapropiada comienza con el orgullo. La primera

disputa importante en la historia del mundo ocurrió cuando Satanás se negó a inclinarse ante Adán. Dios se lo ordenó pero este insistió en que oraría ante Dios en cualquier lugar pero no sometido a Adán. Esa respuesta significaba que quería orar pero pensaba que Dios estaba equivocado. Esas excusas de 'pero que ' y 'excepto que' son las enemigas de la rendición. Si no se comprende su significado, es fácil caer en la trampa. Nuestro ser más vil no aceptará que está en confrontación con Dios, no entenderá lo que estamos haciendo y solo pensará que lo que nos dicen es inapropiado, incorrecto.

Esas son las tácticas de la oscuridad y la ilusión. Ellas nos infunden la duda, nos hacen dudar de nuestra fe, de lo que dicen los profetas. La duda origina todo este desasosiego, pero si la ignoramos, la bloqueamos, la encajonamos reconociéndola y como es no podrá interferir con nuestros pensamientos y la habremos manejado. Por el contrario si la dejamos libre nos hará temblar hasta nuestras raíces. Nuestros deseos básicos no nos abandonan, gastamos nuestra vida conviviendo con ellos, por lo cual tenemos que desarrollar un método, una forma de convivir con ellos que se fundamente en no prestarles atención. Una vez que conozcamos sus características sabremos cómo funcionan y su carácter implacable, no¿s daremos cuenta que no se detendrán. Entonces aceptaremos que son distintas a nosotros, pero si seguimos creyendo que son inherentes a nosotros, será muy difícil mantenerlos a raya.

Nuestra búsqueda de la realidad y de la purificación significa desenganchar la fantasía, desconectando la imaginación. Sin embargo, hoy en día las computadoras ofrecen horizontes de fantasía que nos permiten entrar a mundos que nos llevan lejos, muy lejos de la realidad. Estos mundos de fantasía se han convertido en una realidad adictiva para muchos que tratan de escapar de la ilusión pero solo consiguen hundirse profundamente en ella. Algunos entendemos los problemas que tiene la gente con sus mundos ilusorios y para los cuales realmente buscan una curación. Por desgracia, el mundo está lleno de soluciones que no funcionan, que sólo traen problemas más profundos. La verdad nos ha sido ofrecida, se nos ha mostrado y es solo cuestión de si la aceptamos o no. ¿Qué pasa con aquellos que no han visto esta verdad, esta realidad. ¿No tenemos acaso la responsabilidad de hacerles conocer lo que sabemos, de mostrarles que el camino que hemos encontrado es el verdadero? ¿No tenemos que ofrendárselo a ellos, ¿para ayudarles a quitarse los problemas de sus mundos ilusorios?

Será un acto de caridad; si, una sonrisa también lo es ¡cuánto más caritativo será ofrendar la verdad a quienes todavía no entienden a Dios?¿Qué podremos hacer mejor que entregar a otros la verdad, darles la oportunidad de elegirla? Los que tienen una idea de ella deberán hacer un esfuerzo para compartirla con los demás, como hacemos con nuestras virtudes. Cuando permanecemos en calma y en paz en medio de la confusión, los demás se preguntarán cómo lo hacemos, y eso nos da la oportunidad de compartir con ellos la verdad. La mayoría de la gente no entiende cómo perdió esa parte de su existencia, hasta que una crisis le muestra qué partes de su existencia no tienen sentido y que les falta algo, que hay un vacío en su conciencia para ser llenado. Este es el momento cuando podemos hacer algo; los que están en el camino del amor tienen la obligación de hacerlo, de manifestar el amor para que la gente pueda ver lo que hay que ver. Tenemos la obligación de pasarlo, no se supone que se detenga al llegar a nosotros.

Dios nos ha dicho que Él es misericordioso, que Él siempre es misericordioso. Si Él se retirara del mundo, este desaparecería, pero Él nos mantiene y nos sostiene. Con cada hálito somos prueba de su protección y sustento, en cada uno debemos reconocerlo así. Si nuestra conciencia sigue nuestro aliento no hay lugar para la duda, cuando respiramos reconocemos la existencia del sustentador, cada respiración una oportunidad para reafirmar nuestra fe. Cada vez que no hacemos la afirmación, ese hálito no se repite y se alejará sin que le expresemos nuestra gratitud.

¿Qué perdemos? Se nos ha dado la capacidad de experimentar la gratitud, un don que nos permite saborear una de las cualidades de Dios. Él es gratitud, cuando experimentamos la gratitud, somos gratitud. Cada momento que dejamos de exhalar nuestro reconocimiento a su sustento perdemos la oportunidad. Dios nada pierde cuando no lo alabamos, pero nosotros si perdemos la realidad de nuestra existencia que radica en la alabanza, en el reconocimiento. Cuando estamos ocupados haciendo otras cosas, nos perdemos la oportunidad de alabarle, y estaremos perdidos, distraídos, lanzados hacia todo lo irreal hasta cuando volvemos a la realidad. El próximo suspiro es otra oportunidad de reconocerlo a Él, que es la misericordia de Dios, cada respiración nos da la oportunidad de encontrar la realidad, de reconocerlo a Él, la afirmando la existencia que nos hace posibles.

Nuestra existencia está ligada a Él, atrapada en Él, Él es todo lo que hay. En ese reconocimiento, cuando desaparecemos, hay una gloria más allá del entendimiento. El mundo nos dice si damos nuestro ser por él perdemos nuestro ser, pero que es el punto, que la realidad se abre sólo cuando perdemos nuestro ser. Cuando estamos en el lado equivocado, estamos perdidos en el yo, perdidos en un gran problema, la ilusión, el enemigo de nuestro estado, el enemigo de la realidad. El mundo cambia todo, todo lo que se ha dado la vuelta y mentido sobre, mentiras que nos repetimos como nuestra realidad. Tenemos que pasar tiempo en deshacernos de las mentiras que nos han enseñado, entonces podemos actuar de manera adecuada, creer apropiadamente, entender apropiadamente. Hay tanto que es inadecuada o inútil, tanto que llamamos conocimiento que confiere un título, porque nuestro yo más vive, sin duda, interesado en los títulos. ¿Adónde nos llevara un título, que hará por nosotros? Tenemos que hacer algo en el mundo, trabajar para conseguir lo que necesitamos, pero también tenemos que trabajar por lo que necesita nuestra alma. Hay que hacer las dos cosas al mismo de manera simultánea.

Dios no tiene cuerpo, no se enferma ni envejece, Él no necesita alimento, Él no tiene hijos, ni familia, ni ninguna de las cosas con las que nosotros debemos emplear. Debido a todo eso estamos atrapados entre dos mundos, este mundo y el siguiente. Eso significa que tenemos que buscar el centro, el término medio, lo que requiere un alto grado de paciencia, de paz interior que nos permita rechazar la ansiedad, actitud que no sobrepasa las retaliaciones de las dificultades. Cuando no somos agresivos, no importa la conmoción que ocurra a nuestro alrededor, encontraremos la paz interior. ¿Qué es esto, ¿cómo es posible, ¿por qué ocurre, ¿quiénes somos cuando ello sucede ?

Reconocer que uno de los estados que tenemos es la paz. ¿Cómo podemos ponernos de nuevo en ese lugar de paz, aunque seguimos escapando de él, seguimos huyendo y regresando. Orar de manera regular es un simple recordatorio de que así tengamos nuestro trabajo diario, nuestros deberes diarios y necesitemos tiempo para las cosas del mundo, es necesario usar parte de nuestro tiempo para dedicarlo a Dios, para estar en paz con Él. La oportunidad de orar existe en cada inspiración. ¿Podemos llevar nuestra devoción al siguiente nivel para que haga parte, de manera automática, de nuestra existencia?

En ese estado, mientras asumimos las tareas del mundo, nuestra devoción continúa sin detenerse y nuestra actitud y acciones siguen siendo apropiadas. Ahora, nuestra conciencia nos guía, Su voluntad nos guía si le damos el apego a permanecer en ese lugar para la alabanza.

Esto significa el cambio de nosotros a otro estado, al estado de todos los seres santos que cumplen su deber con cada persona con la cual entran en contacto. ¿Cómo pueden fijar su atención en cada uno de ellos y permanecer enteramente con Dios? No están allí, Dios lo hace todo, mientras ellos se entregan en la alabanza de Él. Ellos hacen el trabajo de Dios mientras él los mantiene, sostiene y protege. Estos seres santos ayudan con la obra de Dios. Cuando vemos a los que trabajan sólo en nombre de los demás, somos testigos de la obra de Dios tal como se manifiesta en los seres humanos: una presencia fuerte, poderosa, que nos sacude. Una vibración que pasa a través de nosotros cuando lo vemos vivo, manifestándose, caminando entre nosotros.

Este regalo de Dios es como el aire, disponible aquí para todo el mundo, presente en todas partes. Tenemos que respirar para acumular el aire pero si lo contenemos demasiado tiempo moriremos. Si seguimos resistiéndonos a los dones de Dios podríamos morir antes de reconocerlos. Debemos dejar de resistirnos, porque habrá dolor al final. A medida que nos resistimos a aceptar que solo Él existe nos hacemos daño. Comprendamos la verdad y renunciemos a las mentiras que nos han dicho. Renunciar es el más grande, tesoro, perdemos y ganamos todo.

! Que Podamos aceptar este regalo!

CAPITULO DIEZ

Tratar de encontrar
nuestra identidad,
buscando descubrir
quiénes somos,
es la esencia
del viaje místico.

CAPITULO DIEZ

Domesticar Nuestras Características Animales

Tratar de encontrar nuestra identidad, de descubrir lo que somos, es la esencia del viaje místico. Para entender lo que somos tenemos que entender lo que no somos y parte de la miseria, de la confusión y la tristeza que podamos encontrar en ese camino, viene de esa confusión entre lo que somos y lo que no somos. Hay una concepción gnóstica tradicional de que los seres humanos tienen dos aspectos, dos motores; uno es la parte inferior, el yo animal y el otro el alma conectada con Dios. El ser animal cuida de nuestras necesidades en este mundo, llevando a cabo tareas que nos protegen físicamente. Todos los animales hacen las mismas cosas, encuentran refugio, procrean, entienden cómo encontrar alimentos en la misma forma como nosotros, como seres físicos, hacemos lo que hacen los animales.

Los animales tienen características especiales, como el astuto zorro, el agraciado cisne, el tímido ciervo. Dentro de la misma especie, todos los animales actúan de manera similar, hacen las mismas cosas, de la misma manera, una y otra vez. El tamaño y el peso de un elefante le ayudan siempre a empujar hacia dónde quiere ir, quitando los obstáculos que encuentra a su paso en lugar de dar un rodeo para eludirlos; el despeja su camino a través de la selva abriéndolo para que otros animales lo puedan usar, pero lo hacen solo para abrirse paso. Todas las especies de ciervos se asustan ante el más mínimo ruido y huyen despavoridos.

Todo lo que existe en la creación reside también dentro de nosotros, al igual que las características de cada animal. ¿Pero hasta qué punto? ¿Dominan nuestra conciencia cuando actuamos como un elefante empujando las cosas fuera de nuestro camino o cuando somos como un ciervo, asustadizo que huye? Estos son los polos extremos de nuestro comportamiento que a veces nos hacen difícil estar en el correcto estado interior cuando nos acercamos al mundo. Si queremos demoler una casa necesitamos las cualidades de un elefante, lo que sería ventajoso, pero en una zona de guerra podríamos necesitar las cualidades de un ciervo para escapar, es decir que sabemos que es necesario tener miedo, porque si actuamos como un elefante delante de un tanque de guerra, las consecuencias serán desastrosas.

Con los aspectos del yo que utilizamos en el mundo material, pensamos que somos y nos identificamos como animales. Ciertas actitudes de ellos nos dan cosas que nos gustan: si otros animales tienen miedo de los elefantes, entonces es bueno ser un elefante para poder causar miedo, y el miedo genera respeto. Nos puede gustar ser así, como el elefante. Si acumulamos suficiente dinero descubrimos que su poder nos ayuda a proveer lo necesario para nuestra familia tal como hace la leona cuando regresa con abundante comida para alimentar sus crías.

Con esas cualidades ganamos respeto y estatus en el mundo físico. Cuanto más nos identificamos con esas características animales, más dominantes se vuelven, pero porque sus limitaciones permanecen, ellas no pueden trascender lo ilusorio, mundo en el que deben funcionar. Tenemos que reconocer el aspecto material de nosotros mismos, nuestro lado físico, el lado animal; sin embargo, si aceptamos esa realidad estaremos limitados a una vida de ilusión y sin ninguna posibilidad de trascender.

Las características animales están al servicio de ciertos principios de la ley natural, necesarios para lograr el fin deseado. Si un león quiere comer salta sobre otra criatura y la destruye; el león dentro de nosotros hace lo mismo. Si un zorro quiere algo, lo roba; si utilizamos las cualidades del zorro hacemos lo mismo. Cuando estamos dominados por nuestras condiciones animales nos situamos más allá de las barreras que tratan de restringirnos. Los profetas vinieron a enseñarnos que debemos contenernos, en el entendido de que si hemos de funcionar en el mundo físico, es necesario hacerlo dentro de los límites que nos impiden descender a la conducta animal para hacer las cosas.

Esas características animales no reconocen límites, a menos que las controlemos, en la misma forma como domesticamos a los propios animales, pero algunos no admiten que se les someta y son perjudiciales para nosotros. Debemos funcionar en el mundo físico tan solo para cumplir nuestras necesidades físicas. Es peligroso dejar que la parte animal nos controle, para darle importancia a la parte animal, o pensar en ella como algo majestuoso, algo hermoso y en alza. Debemos conocer los límites de nuestra naturaleza animal y saber que no debemos identificarnos con ella. Los animales son salvajes, sin restricciones. Sin domesticar o entrenar a los que llevamos dentro para obedecer las demandas espirituales, estamos sujetos a su salvajismo.

Cuando tenemos la intención de tomar un camino espiritual, para elevarnos por encima del mundo de la ilusión, no podemos identificarnos con nada relacionado con ella. Todo lo que vemos, todo lo que tocamos, todo aquello con lo que nos involucramos, a través de nuestros sentidos, tiene un tiempo, una duración y luego desaparece. Una vez que nos identificamos con algo que desaparece, nuestra vida se identifica con lo temporal. Para acceder a lo permanente tenemos que vivir más allá de la ilusión, en el mundo de lo permanente. Esta permanencia no se ve, no se puede oler, ni ser detectada por ninguno de nuestros sentidos. Este es el mundo diferente del alma, que requiere una identificación diferente para poder entrar.

El té que bebemos tiene un cierto sabor que no creamos, así como no creamos el sentido del gusto. El sabor, el gusto es inherente al té o a todo lo que comemos. De la misma manera Dios es inherente a todo, pero ¿podemos percibir su sabor? Cuando queremos saborear un mango tenemos que encontrar uno y comerlo, pero sólo Dios puede poner a Dios en nuestra boca, en nuestro corazón, Él puede darnos su gusto como él quiera. Hay una enseñanza tradicional que nos recuerda que debemos confiar en Dios, pero tenemos que atar bien a nuestro camello para que no se vaya. En los muchos significados de esa frase hay que entender que debemos encontrar a Dios por nuestros propios medios haciendo un esfuerzo para descubrir la verdad y la realidad que no son aparentes. Jesús dijo buscad y hallaréis. Observemos que primero dijo buscad. Si Dios quiere que nos encontremos con Él, ciertamente se dará a conocer; y también se ha dicho que Dios ama nuestros esfuerzos para transitar este camino, y hacer el viaje que comienza con una elemental pregunta: ¿quiénes somos?

Hay una razón para que este interrogante siga apareciendo, ¿somos el elefante, el oso o el león, ¿quiénes somos? ¿Dónde encontramos la recompensa, la tomamos del mundo material, de la tierra, del oro y los placeres sensuales que nos satisfacen? ¿Son nuestra realidad o nos hemos trasladado a un centro más profundo, con un significado más profundo? ¿Hemos conseguido que en un acto de malabarismo finjamos creer en el mundo, mientras que en realidad creemos en Dios? Esto significa mirar como si tuviéramos confianza en la estructura de la ilusión, mientras que al mismo tiempo ocupamos su estructura solo a medias. ¿O hemos tenido confianza en la ilusión como la piedra de toque, la joya de la corona de nuestra vida? ¿Qué hemos elegido? ¿Pensamos que son importantes porque tenemos la confianza en la ilusión? ¿Le hemos buscado los títulos, andamos a la caza de llos perseguimos ellos o entendemos sus límites? ¿Hemos tratado de controlar nuestras relaciones con la ilusión?

Controlamos nuestras relaciones con ella domesticando las características animales, o ellas corren en estado salvaje y no quieren permanecer en el fondo, sino que quieren dominar. Cuando se arrincona a un mapache puede ser peligroso, difícil de manejar y esto es sólo en el exterior, no en el interior donde luchamos contra los animales interiores, hasta que entendamos que no podemos iniciar el camino espiritual sin luchar. Al pasar a través de los diferentes mundos comenzamos a apreciar las reglas o leyes apropiadas para los diferentes mundos, aprendemos las reglas de la domesticación, como una manera de entrenar nuestro animal interior. Cuando a un profeta se le preguntó si él no tenía yo inferior, el respondió que sí, pero que al convertirse en creyente había domesticado sus características animales y las hacía trabajar por los valores humanos.

Debemos entender esto sin relacionarlo con nadie, solo con nuestro propio ser, observando la lucha por reconocer quienes somos y quienes no somos y con quien nos identificamos, con los lugares que no hemos descubierto hasta ahora. Sólo cuando empezamos a mirar cuidadosamente podremos entender por qué nuestro lado oscuro simplemente continúa con falta de introspección.

Sin ellas estamos sujetos a los deseos, a todas las formas animales dentro de nosotros, con distintos propósitos. Seguimos la corriente del deseo si omitimos ser introspectivos, y fallamos al no controlar los animales que llevamos dentro y domesticarlos. Cuando a las personas perturbadas se les pregunta por qué hacen cosas extrañas, suelen decir que oyen voces que les dicen que hacer. Si nos preguntamos por qué ocurre eso, deberíamos cuestionarnos a nosotros mismos ¿por qué escuchamos, que estamos pensando?

La mente no es nuestra amiga, es una herramienta, no una amiga. Un hacha puede servir para cortar árboles o partirle en dos la cabeza a alguien, dependiendo de cómo se la utilice. La mente no es un hacha, pero puede manejar el brazo que sostiene un hacha. Las consecuencias dependen de nuestra conexión con lo que la mente nos dice. Los que están manipulados por la mente pueden decir y hacer cosas extrañas. Hay quienes no tienen ningún problema con hacer o decir lo que ella dicta, aunque sea contrario a un análisis que distinga entre el bien y el mal. Necesitamos un cierto rasero para decir incorrecto-correcto, correcto-incorrecto y cuando el contador diga poder decr no. Sin este medidor no hay control, no hay sistema para evaluar lo que hacemos, y entonces tendemos a identificarnos con cosas inapropiadas.

Si hacemos las cosas mal por mucho tiempo, pensamos que lo malo es lo que somos; se hace difícil crear una nueva imagen de nosotros mismos. Debemos crear nuevas imágenes; si no cambiamos estaremos muriendo a la realidad, muriendo a la verdad.

No somos la verdad, estamos en camino hacia ella de una manera que requiere la continua capacidad de adaptarnos al aspecto de la verdad que se nos muestra; se requiere la capacidad para dejar todo atrás, todo lo aprendido, lo que no coincida con lo que ahora sabemos.

Es difícil cambiar para quienes tienen una fuerte imagen de ellos mismos porque han invertido mucho en ella. Debemos aprender a despojarnos de esa imagen, auto-importancia, del elefante, de la arrogancia. Sin hacer esto, no podemos entrar en el camino que tiene una puerta de ingreso muy pequeña para que pase un elefante. Si pensamos en nosotros mismos como elefantes no vamos a poder ingresar, pero una voluntad de hormiga, de esa pequeña hormiga que existe en nosotros si podrá hacerlo. La hormiga trabaja para su comunidad y se ha entregado a una comprensión más amplia. Debemos adquirir mayor capacidad de comprender.

La dualidad de la individualidad egocéntrica cree que todo a lo que se renunciado constituye una pérdida, algo que se tira. A medida que dejamos la arrogancia, el orgullo, el ego, el sentido del yo diferenciado, algo más grande que cualquier cosa que hayamos conocido estará disponible. Mientras nos aferramos al yo diferenciado ese tesoro no estará disponible. El equilibrar del mundo, el camino recto, es cierto, el sendero hacia la verdad es tan fino como el filo de una espada. Somos seres físicos en un mundo físico; debemos mantenernos aquí, pero sabiendo quienes somos, obedeciendo al mismo tiempo la verdad de lo que somos.

Este camino consiste en aprender cómo hacerlo realmente. Hay una diferencia entre saber y hacer. No podemos describir con precisión la esencia de esto como algo que sólo nos pasa a nosotros; los gustos cambian mientras recorremos este camino, degustamos lo que nunca pudimos probar antes. Viene con la gracia y con esfuerzos en ambos sentidos. Debemos hacer lo necesario y abrirnos a la gracia. Que podamos utilizar estas herramientas de manera permisible para acercarnos a Él, el único y verdadero tesoro que existe.

CAPITULO ONCE

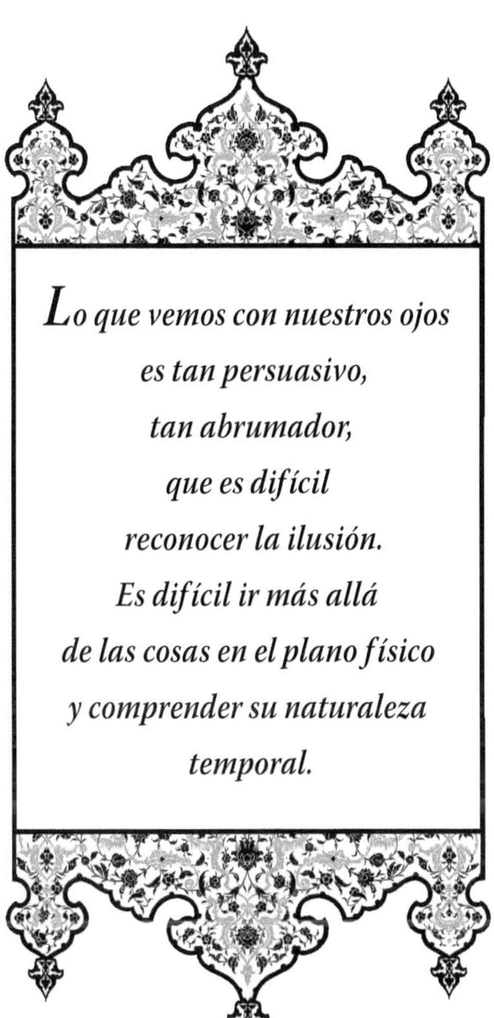

CAPITULO ONCE

El Drama del Mundo

Lo que vemos con nuestros ojos es tan persuasivo, tan abrumador que se nos hace difícil reconocer la ilusión e ir más allá de las cosas en el plano físico y comprender su naturaleza atemporal. El plano físico es hipnótico, su efecto es magnético y nos empuja a la inducción de una condición que nos impide verlo como lo que es. Resplandece, hace ruido, produce un sonido y hace cosas que nos afectan físicamente.

En un sentido tenemos que protegernos de la interacción con el mundo físico; si no estamos preparados para lo que encontramos no estaremos listos para tratar con ello. Cuando las personas cultivaban sus propios alimentos, en épocas anteriores, tenían que estar preparadas para la realidad física de las tormentas, el calor, la sequía y la lluvia, o no habrían tenido alimentos para mantenerse. Eso implicaba una constante interacción con el mundo. ¿Cómo podemos decirle a alguien que el grano que cultiva es una ilusión cuando necesita ese alimento para vivir, para subsistir?

El mundo nos da tantas razones para creer en su realidad que somos vencidos por él pensando en él, atrapados y enredados en él, pensando que es real. También son convincentes las acciones de otras personas a las que observamos que tratan con el mundo como si este fuera real, invirtiendo allí sus emociones. ¿Cómo podemos hacer frente a un mundo que no es real cuando la gente pelea o lucha para conseguir todo lo que pueda de él, a pesar de que los sabios insisten en que no es real? ¿Cómo podemos desarrollar el entendimiento de que no es real si tenemos que lidiar con él al mismo tiempo? Esta es la dualidad de la existencia, difícil de entender, pero indispensable si queremos experimentar la realidad.

La mayoría de la gente no puede creer en lo que no ve, no puede entender lo que no logra asir, e inevitablemente lo que no pueden entender no existe para ella. Sin embargo algunos tienen fe en las cosas que no entienden, que no ven, porque se dan cuenta de sus propios límites. Un problema que se plantea en la comprensión de la dualidad es el reconocimiento de nuestros límites: sólo aquellos que entienden lo mucho que no saben tienen una idea de lo que hay que saber. Aquellos que piensan que saben y que no hay nada que aprender, se sienten satisfechos.

Hay un pequeño grupo que no está satisfecho, que tiene una sensación de vacío después de ver todas las cosas del mundo. Y todavía se pregunta: "¿Quién soy yo?" Aunque es más probable que la mayoría de la gente se pregunte, "¿A dónde voy esta noche?" "¿Qué tendré para la cena?" "¿Cuáles de mis acciones en la Bolsa, me van a dar dividendos?" Esos son los interrogantes que su conciencia les urge contestar, leyendo la prensa diaria además de encontrar las obras de teatro, los conciertos y las exposiciones que hay para asistir, los acontecimientos actuales para hablar de ellos con otras personas que no tienen más que hablar. Aunque el periódico de ayer se utiliza para envolver el pescado nada de eso está en la conciencia de la mayoría de la gente. El hecho de que nadie lee el periódico de ayer no le impide la lectura del de hoy, ni eso nos impide hacer comentarios y tratar los temas como si fueran muy importantes. Aquí estan pues todos los dramas del mundo, de nuestra vidas, de la cultura a nivel nacional e internacional.

Diferentes personas necesitan diferentes niveles de dramatismo; los que son tirados y empujados por su mente o sus emociones creen que estarán muertos sin el drama. Cuando las cosas son tranquilas, si tienen sólo una vida exterior, no interior y si no hay nada externo que hacer, consideran que no tienen vida y buscan alternativas ¿Cómo lo hacen? Con dramas, como en los seriados de televisión, día tras día. Donde el drama interminable los invita a mirar de nuevo para la siguiente entrega. Nosotros hacemos lo mismo en nuestra propia vida ya que estamos enredados en dramas interminables, de los cuales no nos salimos, que no concluimos, o si salimos buscamos otro que tome su lugar. Muchos matrimonios son dramáticos y volátiles y algo puede entrar en erupción en cualquier momento para llevar el drama a la vida. En el matrimonio tenemos a alguien con quien estar enojados, alguien con quien reconciliarnos para estimular todas las emociones que nos hacen sentir vivos. Los que aportan paz a las situaciones difíciles son escasos, los que pueden prescindir del drama son raros. Pocas personas entienden que cuando el drama se va, cuando las emociones se van, cuando la necesidad de un estímulo sensorial desaparece llega la gloria mucho más allá de cualquier otra cosa.

La mayoría de nosotros estamos tan envueltos en nuestros dramas, en las relaciones y en las emociones que no hay manera que podamos penetrar todo eso; las capas que nos cubren son tan densas, como una avalancha que no podemos excavar porque necesitamos quien nos facilite maquinaria pesada. No muchos tenemos la maquinaria para remover esas avalanchas, sólo unos pocos la poseen. La mayoría no sabemos que hemos sido sepultados por una avalancha porque todavía respiramos-y sabemos muy bien que tendríamos problemas para respirar en una avalancha. Mientras todavía estemos respirando no vamos a reconocer el problema.

Si ignoramos nuestros problemas o si pensamos que hay solución a nuestro drama, que hay un final en otro lugar, estaremos equivocados. Sólo con la experiencia de tantos años, viendo los dramas nos daremos cuenta de que no existen soluciones. La emoción está en el drama, la persecución, la montaña rusa emocional termina cuando aparentemente tenemos buen éxito. Conseguimos aquello por lo cual hemos luchado mucho tiempo pero no sabemos qué hacer con él. Este tipo de decepción a veces se llama depresión.

No hay cura para el drama o para las obsesiones en un mundo sin salidas. Sólo nos puede dar lo que tiene y todo es ilusorio. Mientras rindamos reverencia al mundo y sus ilusiones estaremos sujetos a él y gobernados por él. La única manera de escapar es rendirle culto a otras cosas, hacer de ello nuestra prioridad, cambiar el enfoque, trabajar en la transformación interior, buscar la satisfacción con algo diferente al mundo. Tenemos que dar la espalda al mundo y sin embargo, mantener nuestro equilibrio y trabajar con responsabilidad en él.

Tenemos que existir en dos mundos de manera simultánea, sólo que es una paradoja que encontremos nuestra realidad, sólo cuando la verdad llega a estar disponible. Las religiones del mundo no son diferentes de cualquiera otra ilusión, separan las personas, dicen los míos y los tuyos, dicen alabanzas y condenan lo elevado y lo bajo. No hay ni alabanza ni culpa en la realidad, sólo la verdad, no la mía y la tuya, sólo la de Él en cada circunstancia. No hay diferencias entre tú y yo en la realidad, no hay diferencias entre mi Dios y tu Dios. Dios es uno. Cuando creamos diferencias estamos reaccionando como el mundo, cuando nos alejamos del mundo y de ellas comienza nuestro reposo en la verdad.

Hay una conexión universal entre nosotros. Estamos hechos de la misma materia, venimos del mismo lugar y a él regresaremos. Estamos aquí sólo durante un interludio, un corto período que se ha convertido en nuestra realidad. Tenemos que aprender la diferencia entre ese interludio y la eternidad y tratarlo de manera apropiada tocando sus notas de manera correcta, pero estas no son toda la canción, solo una parte de ella. Hay que entender cuál de ellas es el mundo y cual no tiene alabanza ni culpa. Dios es un mendigo para un mendigo y un rey para un rey. Ya seamos mendigos o reyes el mundo sigue siendo una ilusión, Dios es el mismo para todos sin importar nuestra posición, estado o condición, casi no importa lo que somos si estamos en paz, esa paz nos que nos lleva a la verdad.

Tenemos que aprender a enfocarnos de manera correcta y mantenernos en ese enfoque, sin dejarnos empujar ni arrastrar, ni permitir que el drama ni las obsesiones del mundo nos atrapen. Tenemos que ser desmagnetizados, pasando a través de una cámara que altere nuestra estructura, de tal modo que no sigamos atraídos ni hipnotizados. Esa es el combustible de la fe, la certeza y la determinación, que saben que la verdad y la obediencia le pertenecen a Él. Para llegar a ser quienes somos realmente nos entregamos a ese poder que controla todo y es invisible e inexplicable. Entonces podremos creer que venimos de ese poder y volveremos a él, que todo existe en el lugar correcto, en el camino correcto. Que la paz de este entendimiento llene cada corazón, que nuestra relación con Él se acreciente.

CAPITULO DOSE

Al reconocer los límites
de la capacidad mental
de comprender,
el camino hacia la verdad
se abre.

CAPITULO DOSE

El Ego y la Realidad

Con el don de la vista apreciamos lo que está frente a nosotros, somos capaces de ver el mundo. Pero lo que vemos en realidad es un reflejo de la luz que percibimos como si estuviera en nosotros. Para la mayoría las cosas que ven con sus ojos las consideran reales; sin embargo muchos de nosotros vemos que nada es permanente y nos damos cuenta de que la gente desaparece, que las cosas desaparecen.

Esa desaparición hace que nos preguntemos por qué. Cuando nos damos cuenta de que personas que alguna vez estuvieron aquí ya no están, que los amigos que alguna vez tuvimos ya no están aquí, que nuestros padres ya no están aquí, empezamos a analizar ciertas hechos que el mundo no sabe cómo explicar.

Cuando nos damos cuenta que eso le sucede a los demás y que nos va a ocurrir a nosotros, nos convertimos en estudiosos de lo inexplicable, del misterio de la existencia y para descifrar lo que será de nosotros hemos de entender su naturaleza. Vemos que todos somos iguales en algunos aspectos, y compartimos características y posibilidades. Otras cosas no las vemos.

Dios nos creó como seres exaltados, más exaltados que los ángeles. Al crearnos Él nos dotó con ciertas facultades como la mente, el intelecto, la capacidad de ser conscientes, de percibir las cosas. Fuimos creados como dependientes de Su creación y su sustento, de su mantenimiento en este mundo. Cuando abrimos nuestros ojos para mirar alrededor vemos Su creación, cada cosa que depende de Él como dependemos nosotros. Vivimos nuestras vidas interactuando con las cosas que son dependientes, las cosas que son creadas, pero son cosas que no son parte de la realidad esencial, que es el Creador. Qué es real, qué es dependiente, ¿cuál es nuestra relación con el dependiente, ¿cuál es nuestra relación con la realidad?

Nos fue dada una conciencia individual, con una personalidad que tiene la capacidad de pensar, de formar palabras y desarrollar procesos individuales. Descartes, el filósofo francés, concluyó que sólo podemos probar nuestra existencia porque pensamos, pero varios iluminados maestros dicen que cuando pensamos activamos la ilusión. De hecho, existimos en una realidad a la cual no podemos acceder si estamos encerrados en la mente.

Recibimos una mente independiente pero limitada. El secreto está en que mientras seamos incapaces de reconocer su carácter limitado, no podremos entender la verdad. Pero identificar los límites de la comprensión mental nos abre el camino a la verdad. Los que nos mantienen en la ilusión son aquellos pensamientos que nos dicen que estamos aislados, que somos diferentes.

Tenemos un anexo a este ser individualizado, e sta entidad separada, la ilusión que existe de manera independiente. La mente es seductora porque puede recorrer el mundo en un abrir y cerrar de ojos.

Si los cerramos y rememoramos un lejano lugar donde estuvimos alguna vez, ¿cuánto tiempo tardaremos en llegar a él? Un instante tan sólo y lo podremos oler, sentirlo y escuchar sus sonidos, es decir ese lugar existe dentro de nuestra mente. Allí están para nosotros los océanos, el cielo y la luna. Pero tales cosas no son realmente importantes, existen en un espacio dentro de nuestra cabeza, como algo vaporoso. Nuestra vida es así, gaseosa como un pensamiento, como cavilar en la existencia, en los lugares donde hemos estado, en las cosas que hemos hecho, en nuestro devenir histórico.

Una vez que el pensamiento desaparece, todo lo demás se esfuma. Si no comprendemos la naturaleza de esa desaparición, no podremos escapar de la ilusión; la insistencia en que la ilusión es nuestra existencia nos mantiene alejados de la realidad. Somos se dependientes de nuestro Creador, nuestro Señor, pero actuamos como si fuéramos independientes.

Sin embargo, Dios ha hecho nuestro corto plazo, la existencia ilusoria, importante para esa parte de nosotros que es permanente. La forma como manejamos la existencia ilusoria determina si seremos capaces de encontrar la realidad; si nuestro ser individualizado desarrolla la capacidad de saber que la individualidad es falsa, podremos escapar de la ilusión y entrar en la realidad.

Cuando aprendemos la manera de eludir los límites del yo, podemos descubrir nuestra verdadera naturaleza. Una de las claves para sobrepasarlos es entender la naturaleza de lo que existe ahora, reconociendo que tenemos límites. Si estamos atrapados en nuestra naturaleza individualizada, si le damos tanta importancia y nunca reconocemos sus límites, no llegaremos a dar el siguiente paso, porque estaremos satisfechos con esos límites y con la mente, con el mundo, contentos con esa creación como si se tratara de la realidad.

Debemos reconocer lo que hemos creado por lo que es y saber en qué se diferencia de la realidad. Incluso, si no somos capaces de entender que esa realidad nuestra no existe, tenemos que saber qué nos impide avanzar hacia ella, saber que nuestra naturaleza ilimitada reside dentro de lo limitado, del yo individualizado. Este es un gran misterio. ¿Cómo puede la clave para la realidad existir dentro de esta naturaleza limitada?

Estamos apegados a nuestra naturaleza limitada, nos vestimos, nos peinamos el cabello, ponemos esmalte a las uñas y nos hacemos el muchas cosas de manera muy cómoda y pasamos la vida cuidando de ella. En algún momento tenemos que cancelar toda la atención y decir que hay algo más que esta naturaleza limitada. Si tenemos suerte nos encontraremos, a lo largo del camino, con personas que han tenido experiencias que los han llevado mucho más allá de nuestra naturaleza limitada.

Si hallamos esas personas nos dirán que la vida en esta naturaleza limitada es esencialmente dual. Y los que viven en esa dualidad, no entienden que toda la creación es una, que procede de un Creador. Ellos no comprenden que existe un conocimiento verdadero. Nada necesita ser descubierto, lo único que tenemos que hacer es dejar que se devele la verdad, pero no como si nos fuéramos a encontrar algo novedoso.

Acercarse a la realidad significa reducir la importancia de lo no permanente, de lo limitado. Los primeros pasos se convierten en una habilidad de ver nuestra relación con la realidad, la diferencia entre nuestra naturaleza y la realidad limitada. Son pasos de reconocimiento, puesto que tenemos una parte de nosotros que quiere existir en la realidad. Sin embargo, sabemos que abordar la realidad significa reducir la importancia de lo perecedero, de lo limitado. Los primeros pasos se convierten en la habilidad de ver nuestra relación con la realidad, la diferencia entre nuestra naturaleza y la realidad limitada. Son medidas de reconocimiento ya que tenemos una parte de nosotros mismos que anhela existir en la realidad. Sin embargo, sabemos que vamos a desaparecer; nuestra propia experiencia nos lo dice. Hay obituarios en el periódico todos los días y en la televisión, vemos la gente muriendo en todo el mundo. Cada uno desaparece de una existencia elemental.

Si negamos eso, si continuamos viviendo como si nada estuviera pasando, podríamos ser absorbidos por el mundo, porque estamos actuando como borrachos aunque estemos sobrios. Somos ilusos, en un estado de estupor, confusión, cubiertos por una niebla que no se despeja. Debemos hacer que se esfume, aunque el mundo trate de impedirlo, ya que el no tiene interés en que eso ocurra.; la mayoría de las religiones no aceptan esa posibilidad, aunque nacieron con el propósito de levantarla, pero se convirtieron en instituciones con líderes imperfectos, preocupados solo por su naturaleza limitada. Diseñaron su propia religión y se apoderaron de la autoridad de la misma, como si fuera algo propio de ellos.

Todas las instituciones van en la misma dirección. Necesitamos ir más allá de ellas, al tiempo que aprendemos la verdad de cada una, porque hay una verdad allí sepultadas. Esa que le fue dada al mundo por los profetas y que ha sido alterada por los hombres, no por Dios. Los profetas aportaron a las religiones la verdad, y a ella tenemos que volver. Para lograrlo hemos de encontrar a la gente que imparte sus enseñanzas, no por su propio bien, ni por su propia importancia, ni por el poder o la riqueza, sino por el bien del alma, al estar en contacto con la realidad.

Se ha dicho que somos para Dios como la pupila para el ojo. Si estudiamos el ojoe veremos que la pupila es la abertura que deja pasar la luz que nos permite ver y que si ella o existiera esa luz no pasaría y no podríamos ver. Dios nos creó para que Él pueda verse a sí mismo, nosotros somos la pupila de sus ojos. Sabemos que si la pupila de los nuestros está bloqueada, el mundo cambia de enfoque; si usamos lentes de color, vemos diferentes colores, si ponemos velos ante nuestros ojos, veremos las cosas de manera diferente, nuestra visión estará alterada, las pupila deben entonces ser puras, claras y sin obstrucciones; los seres humanos deben ser puros, claros también sin obstrucciones.

¿Cuál es el velo que nos separa de la realidad? nuestra creencia en nosotros mismos, que nos separa de la realidad; cuando entendemos la naturaleza de esa separación, cuando entendemos que nos aferramos a la ilusión y decidimos descartarla los velos se levantan, la pupilas se abren, no habrá obstrucciones. Dios puede ver a Dios. Mientras no suceda eso todo lo que vemos será creación, ilusión de la creación, imágenes que elaboramos en nuestra mente a medida que se abren y cierran los ojos. A la mente gusta magnificar lo que vemos, hacer una imagen y ampliarla. La mente crea alternativas. Si no nos gusta la imagen simplemente nos cerramos al mundo y soñamos despiertos.

Tenemos que entender que este ser individualizado tiene la llave de nuestra existencia eterna. Si nuestro yo individualizado no actúa de manera correcta, perdemos la posibilidad de participar de la existencia eterna, pero si actuamos correctamente, si hacemos que el yo individualizado desaparezca, nuestra oportunidad estará abierta y podremos salir de la dualidad. Esta oportunidad está en nuestras manos, reposa dentro de lo que nos fue dado, en nuestras perspectivas, nuestra actitud. Cambiamos diciendo que a pesar de no entender ciertas cosas ni lo que está alrededor nuestro, la experiencia permite entender que no puedo confiar en lo creado y concluir que si dependo de las cosas del mundo sufriré una inmensa decepción. Tiene que haber algo más.

Entonces comenzamos la búsqueda de ese algo más. Jesús dijo buscad y hallaréis. Tenemos que poner un gran esfuerzo en esa búsqueda con mucha disciplina, con fe en lo que no podemos entender. Necesitamos tanto los principios como las prácticas.

Muchos de nosotros hemos nacido dentro ciertas creencias, en una religión. Si no hemos sido guiados hacia la verdad debemos pensar "¿Lo que me han enseñado hasta ahora me conduce al mundo, no hacia Dios. Tengo que encontrar mi camino: 'Tenemos que encontrar a alguien que nos guíe y satisfaga nuestra hambre por saber la verdad. !Que todos podamos descubrir este camino de la verdad!

CAPITULO TRECE

Una vez que nos fijamos
en lo que está pasando
dentro de nosotros mismos,
entramos en un mundo
totalmente diferente,
con leyes diversas,
en la misma forma
que la física cuántica difiere
de la física newtoniana.

CAPITULO TRECE

Disturbios Elementales

Las circunstancias de nuestra vida cotidiana a menudo nos abruman, nos hacen querer gritar, "¡Alto!" Queremos ese impulso para detenernos, queremos algo en reposo, en paz. Lo que hacemos para encontrar el descanso y la paz depende de las cosas que hemos aprendido, de nuestra comprensión de la existencia, de la naturaleza de la realidad. Algunos pensamos que si cambiamos esas circunstancias mundanas, encontraremos un lugar tranquilo y que vamos a alterar el espacio en el que existimos. Al cambiar nuestro entorno, al cambiar lo que nos rodea, cambiaremos la forma como nos sentimos.

Podríamos haber aprendido que el cambio de nuestro entorno sólo cambia ese entorno, que ello no tiene mucho que ver con nuestra relación con el mundo y que se necesita algo más para alterar la forma de relacionarnos con las cosas. Este cambio viene de otra manera que tiene poco que ver con lo que sucede a nuestro alrededor y atiende más a lo que está pasando en nuestro interior. Una vez que nos fijamos en lo que ocurre dentro de nosotros, accederemos a un mundo por completo diferente, con leyes diferentes, en la misma forma como la física cuántica difiere de la física newtoniana que describe el mundo que vemos, pero no es capaz de describir el mundo subatómico. La física cuántica trata de explicar cómo partículas infinitesimales invisibles que se mueven y actúan, algo muy diferente de la física de las cosas visibles, de las cosas macro.

De la misma manera como las cosas nos ayudan a encontrar el buen éxito en el mundo, no nos brindan la paz interior; el éxito mundano no garantiza la paz interior. Si vemos a un elefante resolviendo sus dificultades, notaremos que lo hace atropellando en su estampida, para sacarlas del camino. Algunas personas y algunos países creen que esa es la manera adecuada de resolver los problemas. Los seres humanos y los animales tienden a solucionarlos moviendo las cosas, alterándolas por la fuerza. Eso puede permitirnos pensar que para hacer las cosas debemos usar la fuerza, la acción. Las reglas para la paz interior son exactamente opuestas, no forzamos las cosas, aprendemos a desconectarlas. Piense cuán diferentes son estas dos palabras, forzar y desconectar.

Consideremos la ansiedad que es causada por el miedo, un problema que afecta a muchos. El miedo está ahí por diferentes razones, pero lo más frecuente es preocuparse por el futuro, creyendo que podremos perder algo e imaginando el daño que vamos a sufrir. Si logramos evitar anticiparnos al futuro y dejamos de proyectar situaciones que podrían ocurrir y en cambio vivimos cada momento como es, las cosas cambian, con dificultad, pero cambian. El problema radica en vivir con una mente incapaz de concebir el presente. El hábitat natural de la mente, su único hábitat, es el futuro y también el pasado, porque fluctúa entre ellos. Estudios serios han demostrado que la memoria ejerce una influencia tan fuerte como los acontecimientos del momento y su control es igualmente poderoso. Nuestra mente no puede reconocer la diferencia entre el pasado, el futuro y lo que está sucediendo ahora mismo, no puede expresar la diferencia. Estamos atados al deambular de nuestra mente hasta cuando entendamos que los pensamientos del futuro y el pasado son tan fuertes como el momento presente y logremos trabajar para desconectar esa corriente de ideas que nos empujan del uno al otro. Para encontrar la paz hemos de detener todas las acciones a las que estamos sometidos por la mente.

Las olas del océano nunca cesan, son impulsadas por las fuerzas gravitacionales de la luna. Estamos impelidos por las mismas fuerzas y compuestos físicamente por las fuerzas elementales que nos rodean, y mientras no nos demos cuenta de que ellas no son lo que somos, cada vez que haya una reacción elemental nos sentiremos bloqueados, detenidos. Pensemos en la ira como si fuera un tornado, un arrebato violento como una tormenta eléctrica interior; así ocurren las cosas naturales. Si saliéramos al aire libre durante una tormenta eléctrica, de inmediato trataríamos de encontrar refugio. Si nosotros fuéramos la tormenta, nos daríamos cuenta de que estamos lanzando truenos, relámpagos y lluvia a todo el mundo, pero nos damos cuenta de que es tan sólo una erupción elemental? ¿Reconoceremos que podemos ser volcanes? ¿Qué bien nos hace saber estas cosas? Nos hará bien sólo si nuestra conciencia se puede sustraer de ellas para ver con claridad. Si hay una tormenta eléctrica, mientras nos sentamos en el interior mirando por la ventana, podemos estar tranquilo al respecto. Si un tornado se acerca y estamos protegidos, el daño puede ser mínimo, pero si tratamos de huir de él, podría ser catastrófico.

¿Cómo podemos desprendernos de las cosas que nos molestan, cómo separamos del caos de nuestra vida? Comenzando por fijar nuevas prioridades. El mundo selecciona las suyas teniendo en cuenta lo que tiene y lo que no tiene, en la misma forma como lo hace nuestro yo inferior. Los animales dentro de nosotros quieren siempre algo y funcionan de acuerdo con lo que reciben o no reciben. Mientras aceptemos nuestras prioridades animales seremos parte de la cadena alimentaria, y andaremos por ahí comiendo o tratando de no ser comidos. Si nos alejamos de esa situación, si podemos detener el efecto que el mundo ejerce sobre nosotros rechazando la interacción, podremos cambiar y aprender las leyes de la vida interior, las leyes de la realidad.

Empezamos a comprender estas leyes cuando ya no tenemos gustos ni disgustos, cuando ya no dependemos de la alabanza y la culpa. En el mundo de la alabanza y la culpa nos gusta la gente que nos alaba y no la que nos critica; nos gusta la gente que nos da cosas, pero nos disgusta la que no lo hace. A los niños les encantan las personas que les regalan juguetes. Si les damos lo que les gusta corren hasta nosotros con alborozo. Si hacemos que piensen que hemos cambiado, ya no seremos agradables. Debemos ver esta característica en nosotros mismos, darnos cuenta de que estos patrones de comportamiento infantiles no han cambiado mucho.

Nuestras expectativas tienen que cambiar para entender la jornada que hemos de cumplir en esta vida, pero con un nuevo enfoque creyendo en él. Es más fácil decir las cosas adecuadas, que vivirlas. ¿Estamos contentos por el buen éxito de los demás, nos alegramos al ver a los demás alegres y nos ponemos tristes cuando ellos están tristes, o sentimos su hambre cuando tienen hambre? ¿Qué se necesita para satisfacernos? ? ¿Podemos ofrecer toda nuestra alabanza a Dios si nuestro vaso está lleno, medio lleno o solo con un cuarto de su capacidad? Hay una historia que cuenta que cuando el profeta Mahoma y sus compañeros estaban pasando por momentos difíciles, se sentían verdaderamente satisfechos con muy poco. La palabra clave aquí es satisfecho, un aspecto importante en nuestro estado de ser es la satisfacción.

¿Qué se necesita para satisfacernos, para estar en paz? Necesitamos una afirmación externa, nos hemos condicionado a nosotros mismos para depender de los factores externos? ¿En vez de estar satisfechos hemos aprendido que Dios es misericordioso, que Él nos protege? ¿Hemos aprendido que somos su creación, que Él existe dentro de nosotros, que podemos estar en contacto con él? Si esta es la piedra de toque de nuestra existencia, la vida cambia, la forma de ver las cosas cambia; sin embargo, mientras caminamos a través del mundo podemos perder el contacto con esa comprensión. Todas las influencias mundanas producen un impacto en nosotros, al igual que el efecto hipnótico del mundo nos impacta, el mundo nos empuja. Cuando decimos basta ya, nos desconectamos.

Tenemos que decirnos que el mundo no es real y vivir parte de nuestra vida creyendo que no lo necesitamos, que no dependemos de él. En caso contrario creeremos que nuestro sustento viene de allí. Si lo aceptamos, cuando nos acerquemos al final de todo habrá un gran vacío, una falta de comprensión. Hemos de saber que nuestra vida interior es diferente de todos los aspectos de la exterior y que algo más está sucediendo. Las leyes de la vida interior son diferentes a las del mundo. Los santos nos dan ejemplos de vidas que se han adaptado para lo interior y lo exterior, más preocupados por los demás que por sí mismos, siempre listos para ayudar a quienes lo pidan, dispuestos a darse a sí mismos, sin retener nada para ellos. Han perdido la auto motivación, sólo tienen la motivación de Dios, aceptando la igualdad de los seres, lo que equivale a igualar a los demás con ellos. Una vez, cuando un santo terminaba de describirle a alguien, con gran detalle, los fracasos de esa persona, concluyó diciéndole: "Pero eso no me hace mejor que usted".

Eso es importante. Si pensamos que llegar a ser santos nos hace mejores que otros, hemos perdido la comprensión de lo que estamos haciendo. Tan solo hemos sustituido el orgullo por las posesiones físicas. En el mundo sin forma hay cosas sin forma a las cuales podemos estar atados que producen el mismo efecto que aquellas que si tienen forma.

¿Podemos escaparnos de la ansiedad, de los sentimientos no apropiados y concentrarnos en la verdad, controlar la ilusión y todo lo falso? La lectura de las Escrituras, de los libros de sagrados, nos centra de tal manera que nos ayuda a dar esos pasos.. Podremos estar concentrados o no podremos hacerlo. No podemos estar preguntándonos acerca de cómo nos va a salir algo y estar concentrados en Dios, al mismo tiempo; no podemos estar pensando en una mujer o en un hombre y concentrarnos en Dios al mismo tiempo; no podemos estar pensando en las relaciones personales o en cómo los demás nos han herido y estar concentrados en Dios al mismo tiempo. Tenemos que dejar todo eso atrás.

¿Qué tanto bagaje interno cargamos y cuantas veces revisamos los hechos pasados, cómo aliviarnos de esas cargas? Ante todo debemos tomar conciencia de ellas, de lo que nos hacen, y eliminarlas, pero no solo una vez. Debemos repetir esa acción una y otra vez. Nos ha tomado una vida coleccionar esas cosas ocultas luego borrarlas implicará un gran esfuerzo, pero de seguro podremos hacerlo. Cuando hacemos la ablución para orar debemos limpiarnos también internamente de la hipocresía y de todas nuestras faltas. No debemos partir nuestra vida en segmentos dentro de los cuales aceptamos lo que deberíamos rechazar. No hay que dar espacio a lo que pensamos que somos y no lo es; no debemos fragmentar la experiencia, sino vivir como seres integrados que dominan todo el tiempo su propia conciencia, cuya voz conocemos tan bien que excluye automáticamente los sonidos de cualquier conciencia inferior. Estaremos perdidos sin ese ser integral que nos impida hacer lo que no debemos.

Todos nuestros enemigos viven dentro de nosotros, no afuera. Debemos identificar los enemigos internos que son más traicionero que cualquier cosa en el exterior. Nos saboteamos a nosotros mismos con las cosas que nuestra parte animal quiere y le gusta; nos saboteamos a nosotros mismos con deseos grandes y pequeños. Mientras encontremos placer en algo distinto a Dios nuestra vida estará fragmentada y permitiremos a partes de nosotros hacer lo que quieran. Este camino nos espera para modelarnos en la vida de los santos, y convertirnos en amigos de Dios como ellos. Este no es un lugar especial, es un lugar apropiado que se limpió, no mejor, sólo un lugar, la realidad, no la irrealidad.

Tenemos que tomar la decisión, ¿queremos vivir en la ilusión o en la realidad, una decisión que hemos de sostener cada día, cada momento, en cada interacción en nuestra vida. Esta conciencia nos hace más consecuentes con lo que hacemos. Una vez que lo entendamos y lo aceptemos no debemos vacilar, ni tomarlo o dejarlo cada vez que nos convenga. No es un camino fácil porque tenemos que mantenernos en esa decisión. Es una contienda que hemos de seguir librando, por eso se llama lucha. Dios sabe lo difícil que es para nosotros y lo que tenemos que hacer para seguir adelante. No nos molestemos si la situación se torna difícil. Dios está de nuestro lado, Él quiere que entendamos la verdad. Fundirnos en la verdad no significa perder algo, significa ser parte de todo. Lo que en realidad perdemos es la ansiedad, la angustia de la individuación, y los miedos y dificultades que nos produce. Nos convertimos en parte de una cornucopia gloriosa, llena de regalos sin fin, de misericordia sin fin. Cuando renunciamos a cosas que por error creímos que eran positivas, algo mucho más grande se pondrá a disposición nuestra.

Lo que vemos en el exterior es ilusorio, pasará, desaparecerá, no es real; hemos de comprender el carácter temporal de esta existencia; estamos aquí para entender lo permanente, no lo temporal. Dios tiene la llave de la puerta que nos da acceso a lo permanente.

! Que esa llave sea utilizada para permitirnos la entrada a la realidad permanente de Dios.

CAPITULO CATORCE

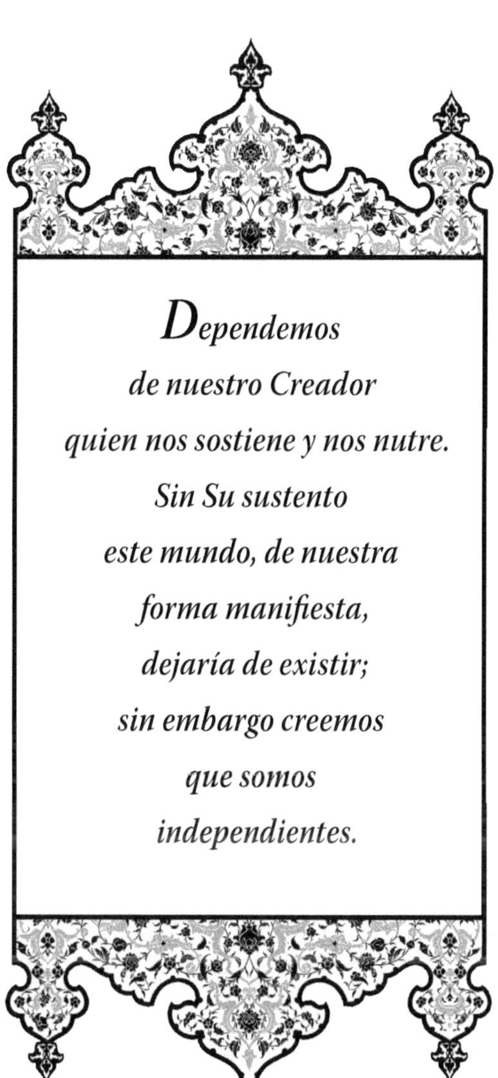

Dependemos
de nuestro Creador
quien nos sostiene y nos nutre.
Sin Su sustento
este mundo, de nuestra
forma manifiesta,
dejaría de existir;
sin embargo creemos
que somos
independientes.

CAPITULO CATORCE

Dependencia e Independencia

Un embrión está conectado a su madre por el cordón umbilical, a través del cual se alimenta en su estado fetal, Después del nacimiento ese cordón se corta, el vínculo directo se interrumpe y el recién nacido recibe el sustento de la madre por vía oral. Y a pesar de que no ha desarrollado todos los niveles de conciencia de un adulto y su conciencia es limitada, entiende que necesita tenerla cerca porque su sustento depende de ella.

A los niños cuando tienen de dos o tres años de edad no les gusta estar lejos de su madre. Como ha sido su fuente de alimento y comodidad, la perspectiva de separarse de ella puede ser aterradora. A la edad de cuatro años, por lo general, pierden ese apego, se alejan un poco y comen de manera más independiente. Alcanzar ese punto demora más para unos que para otros, pero esa madre que una vez fue la fuente de todo para el niño, se hace cada vez menos relevante en su vida.

Diferentes cosas les ocurren a la personas a medida que pierden esa dependencia. Se olvidan de la madre y del padre, a quienes solían aferrarse, considerando que ya no tienen mucho que ofrecerles

ni que decirles y además encuentran otras fuentes de información. A veces los niños están en lo correcto, pero a veces se equivocan.

Así como olvidamos que éramos seres totalmente dependientes en la etapa embrionaria y nos olvidamos de que aún lo somos como niños pequeños, nuestra arrogancia nos hace perder de vista esa condición de completa dependencia. No nos damos cuenta de que a pesar de ya no estar conectados a un cordón umbilical, ni al pecho de nuestra madre, todavía somos dependientes. Una gran mentira del mundo es considerar que a medida que maduramos, a medida que crecemos, nos independizamos; pero no, es verdad, no lo hacemos.

Dependemos de nuestro Creador quien nos sostiene y alimenta. Sin Su sustento este mundo de nuestra forma manifiesta dejaría de existir, sin embargo, creemos ser independientes. Hay muchas formas de explicar por qué las personas se sienten así, pero todas esas explicaciones son falsas. A medida que avanzamos por la vida creemos que estamos haciendo las cosas por nuestra cuenta, olvidando cómo todo se ha establecido y puesto en marcha para nosotros. Una vez que perdemos nuestra gratitud por ello experimentamos un sentido de independencia y creemos que somos individuos separados, ya que no estamos conectados de manera que podamos ver. Si estamos conectados pensamos que somos dependientes, como un aparato de televisión, que sí está enchufado funciona, de lo contrario no. Deducimos que tenemos nuestra propia batería haciéndonos independientes. Como es falso tenemos que separarnos de ese concepto erróneo y buscar la verdad acerca de nosotros mismos.

El mundo trata de glorificar nuestra independencia, nos dice cuán grande somos, nos da banquetes y premios, nos inmortaliza en diferentes salones de la fama. Nuestro lenguaje nos engaña con palabras que alteran la realidad que no se puede cambiar. La verdad es que somos dependientes, tan dependientes como un embrión unido al cordón umbilical, como un bebé del pecho de su madre.

Puesto que la dependencia que tenemos no es tan evidente, necesitamos desarrollar niveles de sutileza que permitan ver las cosas no obvias, no evidentes. El mundo trata lo obvio, los medios muestran lo que está pasando de manera superficial, no profundizan, escriben para un público inmaduro buscando el mínimo común denominador. Debemos mirar al interior y entender nuestra dependencia cuando éramos bebés y temíamos la separación de nuestros padres y nos sentíamos perdidos sin ellos. Debemos temer separarnos de nuestro Señor, porque sin él estaremos perdidos, y no conscientes de que, o bien tenemos una conexión con nuestro Señor, o lo hemos perdido. La conexión no es exterior, sino interior. ¿Tenemos conciencia de Dios, estamos conscientes de lo que hace, de que Él nos sostiene y alimenta, de que se preocupa por nosotros, o hemos perdido esta conciencia? Si eso es así hemos perdido la capacidad de elevarnos sobre nuestro estado animal.

Aunque no estamos conectados externamente, físicamente estamos atados a la realidad donde no hay unión física. ¿Lo que es físico no es la realidad. Tenemos un cuerpo de luz dentro de nosotros que es nuestra realidad, una conexión de la cual debemos ser conscientes. Ese Dios vive dentro de nosotros en un nivel de conciencia, un nivel profundo del corazón que debemos entender y disfrutar y estar al tanto de que tenemos que participar de sus cualidades específicas, como la gratitud, puerta de entrada a nuestra conexión con Dios y la comprensión de lo que no podemos tener sin él. Estamos muy agradecidos con quienes nos ayudan, y quien lo hace más que nuestro Señor? ¿Qué hacemos cuando sentimos gratitud hacia alguien? Tratamos de ayudarlo, de ser útiles para él, pero que podría querer Dios de nosotros? Él quiere que vivamos con sus virtudes para experimentar la misericordia, la compasión y todas sus cualidades. Él quiere que seamos tan semejantes a Él como nos sea posible. Una vez que entendamos esta relación con nuestro Padre y entremos por la puerta de la gratitud, seremos obedientes porque estaremos tan abrumados por lo que Él ha hecho por nosotros, que podremos empezar a ser verdaderos seres humanos y construir una vida plena con sus cualidades.

Las palabras integrado e integridad son cercanas. Integridad implica la profundidad de nuestras cualidades no es falsa sino genuina. No nos limitamos a hablar de estas cosas, conocemos ese estado del ser, nos hemos convertido en él. La misericordia es nuestra piedra de toque, la compasión, el cumplimiento de su justicia, también lo son. El amor por los demás es la clave para nuestra interacción con ellos, porque el amor es la clave de Su interacción con nosotros. Todo viene de ese amor, Su amor por nosotros. La totalidad del universo que creó Él anida en cada uno de nosotros, arraigado allí para que lo experimentemos a Él, y Él a nosotros. Su residencia es el amor, su acción es el amor, su rostro es amor, su vibración es amor, su nombre es amor.

Necesitamos ser ser los portadores de este amor. Todo lo que se oponga a la aceptación de su existencia debe ser rechazado. La arrogancia del ego, el creer que somos mejores, únicos, superiores a los demás y mucho más distinguidos, e importantes porque lucimos más medallas, o porque se celebran más banquetes en nuestro honor, porque tenemos más grados académicos. Debemos librarnos de cualquier motivación egocéntrica que nos eleve a un pedestal. Sin ese impulso egocéntrico se abren otras posibilidades. El mundo nos dice que convertirnos en parte de él nos degrada. que si perdemos nuestra individualidad seremos menos, pero eso no es cierto; con la pérdida de toda esta individuación Su gloria y el conocimiento de Él estará disponibles para nosotros, y la puerta la de la realidad se abrirá ante nosotros. El velo que nos separa de ella es la negativa a renunciar al egoísmo, a la individualidad, pero una vez que lo hagamos encontraremos una luz inimaginable, indescriptible, impensable.

Esa luz es superior a la capacidad de nuestro intelecto, su esplendor hipnotiza la mente que ahora siente miedo porque sabe que va a desaparecer una vez que reconozca la luz. Y eso no es lo que la mente quiere; tenemos que hablar con ella, convencerla de que no hay nada que temer y que pase lo que pase, todo va a ser positivo para nosotros. Así podremos poner fin a la lucha, al conflicto, entre el proceso de individuación y el proceso de desaparición. La lucha entre la posibilidad de crecer o llegar a ser cada vez más pequeños terminará a nuestro favor, pero se necesita una cierta determinación, una cierta capacidad de convencer a la mente que nos deje tranquilos. Si no aceptamos esta lucha la mente huirá arrastrándonos con ella. Tenemos que domar esa fierecilla que vive dentro de nosotros. Esta musaraña, ese yo inferior debe ser domesticado, aunque siempre va estar ahí, pero bajo nuestro férreo control.

Una vez se le preguntó al profeta Mahoma si él tenía un ser inferior, si tenía bajos deseos. Él contestó que sí, pero que se habían convertido en creyentes. Eso debemos hacer, lograr que se conviertan en creyentes, en siervos del Señor. Si miramos durante el día veremos las inclinaciones dentro de nosotros, Cada faceta de este mundo dentro de nosotros, tienen una inclinación equivocada, a excepción de esa nueva la luz puesta allí por el aliento de Dios. Debemos vigilar y determinar cuáles son apropiadas y cuáles no, porque por si misma no significa que debamos aceptarla. Es cuestión de simple análisis, pero requiere vigilancia constante. Si no somos conscientes de dónde vienen y cómo se originan, nos llevarán por mal camino. Tenemos entonces que hacer una evaluación correcta de ellas.

! Que Dios nos ayude en esta lucha!

CAPITULO QUINCE

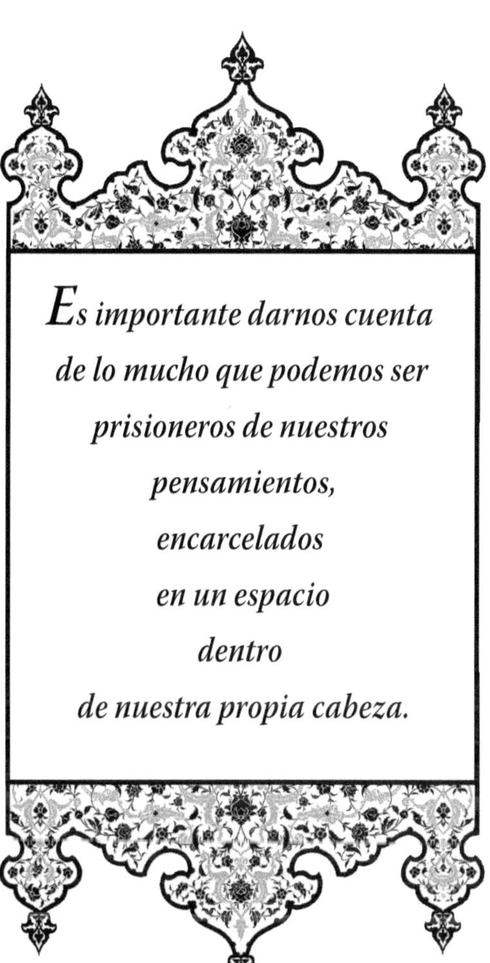

Es importante darnos cuenta
de lo mucho que podemos ser
prisioneros de nuestros
pensamientos,
encarcelados
en un espacio
dentro
de nuestra propia cabeza.

CAPITULO QUINCE

Escapar de la Mente

Es importante darnos cuenta de lo mucho que podemos ser prisioneros de nuestros pensamientos, encarcelados en un espacio dentro de nuestra propia cabeza. A menos que lo entendamos podríamos estar caminando en la creencia de que somos libres cuando de hecho nada podemos hacer sin su aprobación. Este es un problema tanto para nosotros como para el mundo. Algunas personas están más confinadas y controladas por sus mentes, convencidas de que tienen razón, que saben lo mejor, que han sido designadas para difundir su sabiduría, Cuanto más nuestra mente nos controla, tanto más tratamos de controlar a los que nos rodean.

Lo que sucede por dentro es lo que enseñamos exteriormente, razón de más para prestar atención a lo que sucede en el interior para no reaccionar de manera automática. Las escuelas filosóficas se han basado en los conceptos acerca del mundo como hechos sin salida. Necesitamos un rayo diferente de pensamiento, una forma de ver la creación que nos muestre una luz al final, para que no tengamos que ver todo como impenetrable. Nos cerramos pensando que sabemos la respuesta y lo que sucederá, porque no tenemos una completa idea de lo que está pasando. Entonces lo que necesitamos es una mente que acepte esa posibilidad de no saber y la expectativa, incluso la certeza, de que existe un conocimiento del más allá y que la humildad de esa certeza, de tal forma de pensar constituye una llave para abrirnos camino hacia la libertad.

Si no tenemos la humildad de reconocer que hay algo más grande que nosotros, mas sabio que nosotros, que hay mucho por aprender de nuestros compañeros y del resto de la humanidad; si no tenemos la mente abierta, estaremos bloqueados, alejados de la realidad. Necesitamos la comprensión que nos enseñe a tratar a las otras personas de manera adecuada; no sólo será bueno para los demás, también nos puede salvar. Sin amabilidad nos arruinamos y hacemos difícil la vida los demás. Ellos nos ignorarán si son sabios, pero si se dejan influenciar terminarán como nosotros.

Necesitamos entender cómo comunicamos, cómo escucharnos, cómo reaccionar con y ante nosotros mismos. Sin esa comprensión no hemos empezado el viaje; sin auto análisis no hay camino, cualquier cosa que hagamos será accidental. Cuando celebramos un compromiso en el camino, empieza el auto examen aquí, en el lugar donde encontramos nuestras primeras dificultades, ya que comenzamos a ver nuestro lado negativo, y el dolor que este ha causado. Si no podemos afrontar el remordimiento que nos produjo ni el coraje de enfrentar el dolor; dejamos de verlo, retrocedemos, nos alejamos, dejando de creer que lo que vemos es la verdad. Volvemos a la cárcel, nos detenemos tratando de encontrar una salida y cancelamos nuestra posibilidad de escapar.

Para escapar tiene que haber un esfuerzo; sin él la única manera de escapar sería una revolución que abriera las cárceles de lo que enseñan las religiones. Dicen que un mesías nos salvará a todos. Que romperá las cadenas y abrirá las puertas de la prisión. ¿Pero cuáles son las posibilidades de que esa revolución ocurra en nuestra vida, cuánto tiempo hemos dicho que la vía de escape se acerca.? ¿Cuántos han dicho que ya ocurrió? Las religiones han venido prometiendo un mesías durante miles de años y sin embargo, cuántos millones y millones han muerto esperándolo, ¿cuánto tiempo más se supone que tenemos que sentarnos y continuar la espera? Nuestra responsabilidad es la de ser nuestro propio mesías, algo a lo cual podemos aspirar si nuestra forma de pensar y nuestros pensamientos se centran en llegar a ser seres humanos perfectos. Si la forma de ver el mundo incluye el camino hacia la iluminación, con base en la fe, la certeza y la determinación de que puede suceder, habrá liberación para nosotros. Por supuesto, algunos dicen que estamos equivocados, mientras que otros afirman que podría sucederle a ellos, pero no a nosotros. Cuando ellos no ven la posibilidad de la iluminación en otros, han bloqueado su propia posibilidad; si no la podemos ver en los demás tampoco existirá para nosotros. Esta es una clave para entenderlo: necesitamos ver la posibilidad en otros para ver la propia. Cuando escuchamos a la gente que habla en una forma que denigra de otros, que trata a los demás como inferiores, los menosprecia, tendremos que alejarnos de esa conversación, porque no será de ayuda para nadie. Si nos detenemos a oírla estaremos alentando algo que no debería tener audiencia, porque atrapa, encierra en la cárcel de la mente a quien lo recibe. Es una enfermedad que debemos evitar.

En la vida encontramos muchos puntos de vista inútiles que nos alejan de la verdad. Hay gente que se siente obligada a estar en control, obsesionada por mandar, por ejercer un liderazgo, dispuesta a hacer un gran esfuerzo para mantenerse a la vanguardia de los que les pisan los talones. Con frecuencia terminamos sometidos a líderes para los cuales controlar a los demás es su obsesión. Rara vez encontramos personas que tengan algo más que una mente obtusa, obsesiva, que promete poder y ayuda para escapar del dominio de los demás. Pero es sólo su mente que promete darles lo que quieren, lo que les hace falta, lo que anhelan y necesitan. Son grandes mentiras del mundo y sin embargo se convierten en líderes de las religiones y de las naciones, imponiendo su obsesiva perspectiva en el ámbito cultural de su país. Entonces los niños nacen dentro de esa cultura y aceptan lo que se les dice desde la infancia, pues oyen la mentira una y otra vez hasta que dejan de cuestionarla, sólo creen en ella. Tenemos muchos dioses: en primer término nuestra madre, después nuestro padre, en tercer lugar el maestro en la escuela. Si todos esos dioses nos dicen lo mismo, nuestra oportunidad de escapar de sus métodos es mínima pero existe, llega a cada uno de nosotros en algún momento, tal vez en una situación crítica de nuestra existencia.

Cuando vislumbramos algo extraordinario, parecido al amor, todo puede cambiar. Cultivamos sentimientos como el orgullo, la nacionalidad, los celos y de repente comienzan a perder importancia. Una vez reconocida la fragilidad de la condición humana, el orgullo de la religión y la raza desaparecen; cuando reconocemos la igualdad de todos los seres humanos, esas ideas erróneas se esfuman y entonces quedamos habilitados para escapar, la mentira se nos hará evidente y podremos huir de ella.

Las Escrituras hablan de las dificultades que tienen los profetas cuando le dicen a la gente la verdad. Las personas creen que no necesitan lo que diga el profeta, porque para ellas lo que sus padres les enseñaron es suficiente. El mundo no está abierto a lo nuevo, pero Dios en su misericordia ha enviado mensajeros a vencer un obstinado estado de la mente, como una celda de la cárcel, herméticamente cerrada , para que se se rompa el acervo cultural que nos une y nos ata. Si escuchamos, si empezamos a examinarnos a nosotros mismos, podremos salir de ese confinamiento. El trabajo comienza con un examen sincero y la capacidad de entender que el camino que la mente nos nuestra y las cosas en las que participa no son la salida; el camino se encuentra más allá de la capacidad de la mente.

Las películas no son más que imágenes en una pantalla, sombras a todo color. La mente no es capaz de diferenciar la interacción con los seres humanos, de aquella con las sombras en colores, por lo cual toma su emoción de una pantalla de televisión. Reaccionamos como si los hechos proyectados hubieran ocurrido. Después describimos lo visto como una experiencia emocional extraordinaria, que nos conmueve hasta porque vemos la posibilidad de que todo eso nos ocurra a nosotros.

¿Cuándo fue la última vez que nos conmovimos hasta nuestras raíces porque vimos esa posibilidad en nosotros mismos, al reconocer que estaba disponible y sentimos profunda tristeza por no haber aceptado los que debíamos haber hecho? Debemos enfocarnos en esa posibilidad y orar por ella. Con la humildad, con la comprensión de lo que somos, debemos pedir a Dios que nos permita esa posibilidad. Él ha enviado tantos seres santos y sabios a que nos hablen de sus propósitos para con nosotros. ¿Debemos alinearnos con esos propósitos divinos o luchar contra ellos?

El mundo nos dice que esperemos, que todo sucederá en el futuro, que alguien vendrá a salvarnos, pero aun así decimos danos una pastilla ilumíname ya. Dios reconoce ese esfuerzo, nosotros somos Su misterio y Él es nuestro misterio. ¿Cómo estamos involucrados en este juego, sólo actuamos como el ingenuo que no dice ni hace nada, y simplemente reacciona ante los otros? ¿Nos enfocamos en ello o somos atraídos por todas las cosas que hay alrededor nuestro? Somos capaces de impulsarnos en la dirección correcta? Sabemos dónde obtener ayuda, podemos buscar nuestro centro, centrarnos, enfocarnos, entender y tener una visión de la verdad. Hay algo correcto en nuestra propia memoria y momentos en los cuales vislumbramos la realidad, y la capacidad, para usarlas como trampolín para salir de la mente e ir al corazón, y aprovechar para situarnos en la realidad del momento.

Si necesitamos la inspiración ya la tenemos, un poco diferente para cada uno de nosotros, pero la tenemos. Podemos usar esa memoria para proyectarnos fuera de la mente, para escapar de ella. La memoria puede recordar la experiencia de no estar en la mente, usemos entonces ese aspecto como una herramienta para liberarnos de ella. Porque no es nuestro amo, es una herramienta que podemos utilizar muy bien para ir a donde se supone que debemos llegar, de lo contrario nos esclavizará. Abramos la puerta de la cárcel y tiremos la llave, seamos libres.

Las mentiras que se repiten una y otra vez, no importa cuán falsas sean, eventualmente llegan a ser creíbles. Un detector de mentiras no detectará una de ellas si creemos que es verdad lo que decimos. A la mayor parte de ellas no recordamos los hechos exactamente; nuestra mente a menudo tuerce los hechos para hacerlos aparecer favorable para nosotros y eso es lo que recordamos. Incluso cuando creemos que nuestra memoria es favorable, en un sentido más general, no siempre tenemos la razón. Debemos ser conscientes de los peligros de la mente, debemos ser conscientes de nuestra cultura y sus peligros. Tenemos que saber cómo pensamos y que nos ha hecho pensar así. Nuestra libertad está en escapar de los patrones de pensamiento que nos han encerrado en la cárcel tenemos que fugarnos de la mente hacia el corazón, porque nuestra libertad radica en el corazón.

! Que ese camino se abra para todos nosotros!

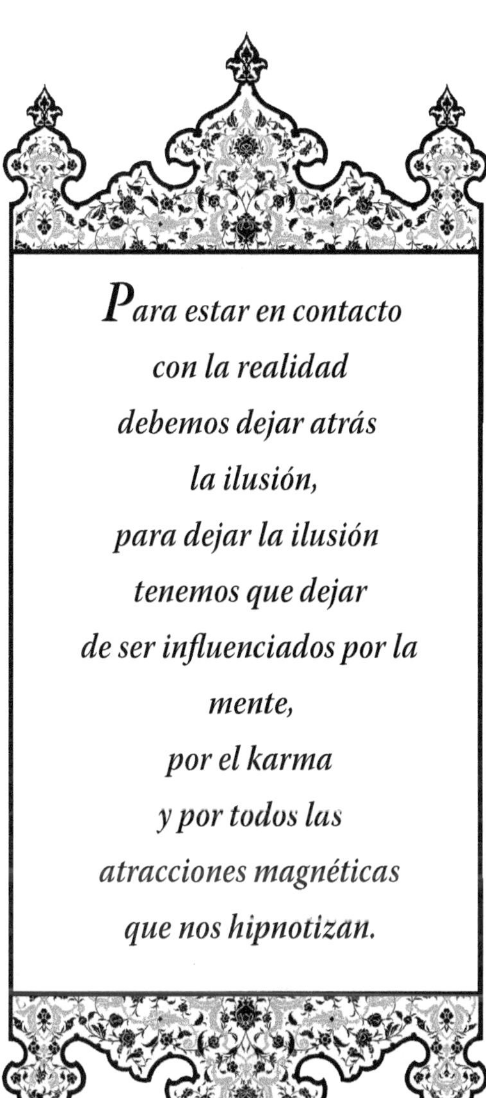

*Para estar en contacto
con la realidad
debemos dejar atrás
la ilusión,
para dejar la ilusión
tenemos que dejar
de ser influenciados por la
mente,
por el karma
y por todos las
atracciones magnéticas
que nos hipnotizan.*

CAPITULO DIECISEIS

El Karma

Entender lo que significa tomar algo como demasiado personal nos da una clave para llegar a la verdad. La gente se siente ofendida cuando considera que ha sido forzada a una posición que no quiere ni merece. El conductor de un coche persigue a otro que le ha cortado el camino porque lo toma como una afrenta personal premeditada, aunque los dos nunca se hayan visto antes. ¿Qué significa eso, qué significa ser ofendido para irse más allá de los límites aceptables? ¿Qué significa cuando nuestro orgullo y conciencia interfieren con la capacidad de actuar, cuál es el origen de tales sentimientos? ¿Por qué hay personas tan angustiadas que gritan y llevan al extremo una situación menor? Todo ello proviene de un sentido exagerado de uno mismo; cuanto más grande sea el ego, más nos protegemos de él, más espacio necesita, más nos golpea dificultando la vida. Algunas personas piensan que son imponentes y altas, aunque sean pequeñas y limitadas. Este es un sentido exagerado del orgullo de uno mismo y de de su propia importancia.

Qué conclusiones podemos sacar de este exagerado sentido de autosuficiencia? Cuanto más apegados estemos a las cosas mundanas y más importante sean para nosotros, más elevado será el sentido del yo. Si los títulos, la posición y la fama son importantes para nosotros, reaccionamos con violencia ante cualquier acción que pretenda afectar la posición y la fama que constituyen nuestras prioridades; si para nosotros tienen tanta importancia, nuestras reacciones serán diferentes. Algunas personas las fijan en un centro emocional que está fuera de su control y constituye una parte importante de las que se producen de manera espontánea, sin ningún tipo de proceso de pensamiento, casi instintivamente. Cuando alguien dice algo, de cierta manera hay una reacción, inmediata que llamamos genio, una predisposición que provoca grandes dificultades.

¿En qué consiste esta predisposición que nos hace reaccionar así? Ahora tenemos que hablar sobre el Karma, en qué consiste, y como debemos entenderlo. Karma es nuestro apego al mundo y todas las reacciones ligadas con ese sentimiento. Que se entrelaza con el ego y nos mantiene aquí, nos bloquea el ascenso a un estado más trascendente. Cuando tenemos empatía por los demás rompemos esa sensación egoísta y nuestra atención se centra, de forma distinta, en un lugar diferente. Romper la atención en nosotros apaga tanto nuestro karma como nuestra atención al mundo. Tenemos que eliminar cualquier idea exagerada de nosotros, no sólo mental o en lo que decimos, sino en nuestras acciones con más sutileza, para llegar a ser personas que realmente pensamos acerca de lo que estamos haciendo. Si lo logramos se apagará nuestra reacción del karma que anhela entrar en erupción.

Un famoso orador griego que entendió el poder de la palabra, el poder de la lengua, mantenía guijarros en la boca para evitar hablar sin primero pensar. Tenemos que hacer algo parecido no sólo con relación a nuestra lengua sino a los procesos mentales y todas las reacciones instintivas del karma que parecen brotar de nosotros. El karma no es sólo algo que adquirimos a medida que avanzamos a través de la vida, sino algo que heredamos, como el color del cabello. Tenemos que saber con qué hemos nacido y trabajar en ello y aprender cómo hacerlo; así podremos empezar a cambiar. Cuando reducimos nuestro karma reducimos también nuestro sentido del yo, y nos acercamos a algo que está más allá en el camino que nos propusimos seguir para llegar a la verdad, a la realidad; de lo contrario estaremos simulando que creemos. Si somos indulgentes y fantasiosos estaremos montando el escenario para mantenernos atrapados en todas estas influencias del karma.

No encontraremos la realidad pensando muchas cosas, a pesar de que el pensamiento puede ser una herramienta útil cuando nuestra mente nos mienta. Debido a que la mente es una mentirosa redomada tenemos que encontrar un observador que no provenga de ella. Scott Peck, sicólogo cristiano escribió hace años el interesante libro sobre la gente intitulado La Gente de la Mentira, en el que habla de la gente sobre la que comprobó que le había mentido. Personas que buscaron ayuda, pero en verdad no la querían y por lo tanto nada se podía hacer por ellas.. Se dio cuenta además que tenían una cosa en común: la mentira. Reconoció dentro de ellas algo que transcendía los límites de lo normal, que los había atrapado, una especie de demonio. Sus mentes estaban fuertemente manejadas en círculos, pero de vez en cuando daban un vistazo a su situación e iban a buscar ayuda. Finalmente Scott encontró que la única manera de ayudar a esa gente era el exorcismo. Todos tenemos fuerzas oscuras tratando de atacarnos. El gran mentiroso trabaja a través de la mente.

¿Cómo escapar y alejarnos de todo esto? Mediante la creación de un espacio interior donde el mundo no tenga sentido y donde todo lo que hasta entonces hemos considerado valioso desaparezca. Necesitamos tiempo para enfocarnos en ello, como si no estuviéramos aquí. Imaginar que ha desaparecido todo a lo que una vez nos aferramos : el orgullo, el amor propio, el culto a la personalidad, los delirios. ¿Qué pasará cuando todo eso se haya ido? La meditación matinal será de gran ayuda, porque nos dará la oportunidad de liberar nuestro karma de ese vínculo, del apego a lo terrenal, que es más débil, temprano en la mañana; esas llamadas magnético-hipnóticas son más débiles y entonces podemos ver con claridad para romper algunas de las cadenas que nos atan al mundo. Este es el propósito de la meditación, su fin ulterior. Romper nuestros patrones de pensamiento normales, eliminando las cosas que nos impelen, que nos arrastran y nos conducen, más o menos de manera instintiva, porque las hemos aceptado durante tanto tiempo.

Las rutinas de la vida diaria nos han acostumbrado a esa situación, a enfrentar tal orden de cosas. Hemos establecido un sistema interior de castas dentro del cual todo se consolida. Nadie lo estableció, lo creamos para nosotros mismos y tratamos desesperadamente de mantenerlo. Ese es el karma del cual debemos liberarnos, rompiendo las cadenas que nos atan a los delirios, que hemos creado con los pensamientos, las imágenes y las alucinaciones que definen nuestro mundo. Tenemos que dejar al mundo que se revele por lo que es, por la realidad, no por lo que decidamos.

La única manera de hacerlo es entrar en contacto con la realidad dejando atrás la ilusión, rechazando ser influenciados por la mente, por el karma y por los atractivos que nos hipnotizan. Debemos pasar tiempo en un lugar tranquilo, orando a Dios, diciéndole que entendemos la confusión en que vivimos, las ilusiones vanas en que nadamos. Que no nos interesa nunca más eso, que lo aleje de nosotros, que no es nuestro aunque por muchos años nos perteneció. Le pedimos que lo aleje de nosotros, porque tan pronto como empecemos de nuevo a pensar en nosotros, caeremos en la misma trampa. Hay que hacerlo, pero cómo? Que nos haga ver la ruta hacia la verdad, que nos aleje de la ilusión en que hemos convertido nuestra vida, para llegar a ella y aspirar la fragancia de la realidad.

Esa es la manera de cómo cambian todas las cosas cuando entramos en contacto con la verdad. Tenemos que creer que eso puede ocurrir y si no lo entendimos así no significa que no pueda ocurrir. Quizás no hemos anhelado verlo con suficiente fuerza. Alguien le preguntó a un sabio maestro cómo sabía él si deseaba ver a Dios con la urgencia necesaria. Ellos estaban a la orilla de un lago; el maestro sumergió la cabeza de su alumno en el agua y la sostuvo allí por unos segundos. Luego le permitió incorporarse y le dijo: "Cuando usted quiere a Dios tanto como respirar, usted quiere a Dios lo suficiente".

Ese es el punto, tenemos que estar cansados de la forma como hemos vivido para abrirle campo a la posibilidad de ser libres aunque sea una hora cada día. Necesitamos acumular experiencia en en el reino de la verdad. Necesitamos hacerlo de manera constante porque no somos muy buenos para recordar y solemos recaer en los viejos hábitos. Debemos crear hábitos nuevos y apropiados. Las herramientas que una vez usamos de manera equivocada podemos usarlas ahora si rompemos esos viejos hábitos y le damos paso a los nuevos si ansiamos nuevas cosas. Es la única elección que tenemos que hacer, elegir al mundo o elegir a Dios, no podemos engañarnos. Es importante mirar bien cada elección que hacemos y mirar a donde nos lleva, y hacer esto cada día, en todo momento. Tenemos que romper las ataduras del mundo para poder entrar a la realidad.

¡ Que Dios sea nuestro guía en este propósito y que nos muestre el camino!

CAPITULO DIECISIETE

Podemos pensar
en nosotros mismos
como una pizarra
en blanco,
en un escenario en blanco,
creando una obra de teatro,
que es nuestra vida.

CAPITULO DIECISIETE

El Actor y la Audiencia

El famoso escritor inglés Shakespeare proclamó que el mundo es un escenario y los hombres y las mujeres meros actores. Una idea interesante; ser los actores en este mundo y a la vez el público, participando de ambas posiciones ¿Como actores ante quién actuamos y como público a quién escuchamos? Las respuestas a estos dos interrogantes pueden decirnos mucho acerca de nosotros, de nuestra actitud, de lo que consideramos importante, de aquello que tratamos de lograr y de hacia dónde nos dirigimos en este mundo.

Cuando niños actuamos ante nuestros padres, manejando diferentes emociones ante distintas necesidades para conseguir lo que queremos. Una vez que desarrollamos la capacidad de usar el lenguaje seguimos actuando sólo que usamos palabras, en vez de gritos y berridos. Al mismo tiempo somos la audiencia de nuestros padres, quienes actúan para nosotros, grabando su representación en nuestras mentes; cuando somos muy jóvenes, las obras que ejecutan tienen una profunda influencia en nosotros, a tal punto que con ellas redactamos el primer borrador del guion de nuestra vida. Se nos dice que lo que se escribe en nosotros cuando jóvenes queda como tallado en piedra y más tarde, cuando mayores, quedará escrito en el agua. Aquello tallado en piedra permanece mucho tiempo. Es difícil cambiar esos surcos profundos y el buscar nuestro camino nos demandará un gran esfuerzo.

Al inicio de la vida nuestros padres nos dan un guion, antes de que seamos capaces de determinar si es bueno, mediocre o malo, por lo que gran parte del mismo termina impreso. Como actores requerimos un libreto, pero ¿de dónde proviene, cuál es la razón para ello, que hay detrás de él? Una obra de teatro o una película por lo general se dirigen a un público, el guion se elabora para un determinada audiencia. ¿Quién es nuestro objetivo, que pretendemos con el libreto que estamos usando para llegar a esa audiencia, ¿quién nos interesa que la vea? ¿Interactuamos con el público que nos está mirando? Luego, si la audiencia hace parte de nuestra vida, ¿qué vemos, a quién vemos, ¿por qué nos relacionamos con ella? Hay una historia acerca de un jeque quien ordenó a todos sus discípulos que fueran a matar un pollo cuando nadie los estuviera mirando. Unas horas más tarde todos habían regresado, a excepción de uno que parecía más lento. Cuando en medio de burlas le preguntaron la razón de su tardanza y por qué razón no había podido matar un pollo, solo se echó a temblar. Entonces el jeque les pidió a los demás que narraran lo que hicieron y cada uno contó cómo mataron su pollo, donde nadie los viera. Por último, dijo el discípulo: "No había ningún sitio donde Dios no estuviera mirando." Esta es una vieja historia con una muy importante enseñanza, quién es nuestro público, a quien hemos tomado como nuestra audiencia, ¿somos conscientes de ella, sabemos que Dios nos está mirando?

Y si lo sabemos ¿qué hemos hecho para desarrollar la adecuada secuencia de comandos ante tal audiencia, para llenar nuestra vida con las cosas que aprecia, para realizar actos apropiados para ella ¿Todavía estamos actuando para un público que premia con alabanza, que satisface nuestros deseos, que nos otorga la aceptación, la riqueza, es decir todo lo que pensamos que podemos obtener del mundo? Si decidimos que Dios es nuestra audiencia tenemos que desarrollar un guion apropiado para nuestra actuación. Como actores, las acciones de nuestra vida deben ser adecuadas ante la presencia de Dios, apropiadas para Dios como nuestro público. Así aceptemos esta verdad o no, Él es nuestro público.

Es nuestra audiencia mundana quién evalúa la obra? Diferentes críticos tienen opiniones diversas; si nuestro público está integrada por ladrones, van a juzgar nuestra capacidad de robar, si se trata de asesinos nuestra capacidad de asesinar, si se trata de una audiencia militar, nuestra capacidad para luchar y si nuestro público es profesional juzgará nuestra habilidad en la profesión. Creamos la audiencia y creamos la obra a representar y somos responsables por ambas. Una vez que decidimos que el mundo va a a dejar de ser nuestro público, que Dios va a serlo, ¿dónde encontraremos el guion adecuado qué debemos aprender? Cuando pensamos en ello recordamos que las escrituras nos explican cómo actuar de manera apropiada ante Dios, pero ellas están abiertas a la interpretación, a mucha interpretación. Necesitamos entonces evaluar qué es apropiado, pero nunca fácil o sencillo. Elegimos, tomamos decisiones que determinan nuestras acciones, nuestro desarrollo o pérdida.

Somos los principales responsables de decidir para dónde vamos, y cuáles son nuestros propósitos. Al escoger el derrotero seleccionamos la audiencia que determinará la clase de obra que vamos a representar y según nos veamos a nosotros mismos, así seremos durante nuestro acto. ¿Nos vemos como la mayor creación de Dios, tal como él nos describe, o como seres indignos e incapaces? Por otro lado, creemos no necesitar ayuda, juzgando que somos capaces de hacer todo por nuestra propia cuenta, como si fuéramos seres con el gran poder de mover el mundo? Ignoramos a Dios por diferentes razones. ¿Cómo nos vemos? ¿cómo vemos el papel que jugamos? En las clases de método - acciones, para entender un personaje, tratamos de entender por qué hace lo que hace? Debemos hacer lo mismo, revisar a fondo con el fin de determinar qué hacer y qué hacemos, más las razones que nos llevan a ello.

¿Cómo decidimos desempeñar nuestro papel? ¿Lo pensamos muy bien o nos limitamos a actuar? Hay una diferencia entre una improvisación y el uso de un guion. La improvisación es más espontánea, no hay texto al cual someternos ni obedece necesariamente a un código moral establecido. ¿Tenemos un código escrito, que influya en nuestras acciones o nos limitamos a improvisar? ¿Aplicamos restricciones en nuestra participación, ante la audiencia invitada, es decir las personas con las cuales nos asociamos? ¿Tenemos limitaciones cuando hablamos de cualquier tema o de las cosas sagradas? ¿Dónde fijamos nuestra atención y escribimos nuestro guion o simplemente improvisamos?

En lugar de improvisar debemos aprender a actuar. Primero hay que seguir el guion sobre el tema que vamos a desarrollar, estableciendo la diferencia entre el bien y el mal si queremos seguir el camino de Dios. La conciencia no se desarrolla de inmediato, la sabiduría no llega en un abrir y cerrar de ojos. Tiene que haber crecimiento, medidas adecuadas y aprendizaje. El profeta Mahoma dijo que tendríamos que caminar hasta la China si buscamos la sabiduría y queremos participar en la adquisición de la misma. Una vez que aprendemos la diferencia exacta entre el bien y el mal, podemos hacer nuestra improvisación y verificar que estamos haciendo lo correcto y si hemos establecido la sabiduría de la conciencia.

Ahora que sabemos los límites y restricciones, entendemos lo que es apropiado y nos quedamos allí. Probablemente seguiremos actuando de manera apropiada, pero siempre existe susceptibilidad hacia nuestro yo inferior, cuya voz puede desviarnos del buen camino. Nuestra conciencia debe protegernos contra las implacables fuerzas internas y externas que tratan de separarnos de la verdad, y nunca rendirnos. Puesto que tenemos que encontrarnos tendremos que enfrentarlas de manera persistente para no sucumbir ante sus ataques, que no suelen ser directos sino sutiles, disfrazados con visos de racionalidad y pueden usar la razón para sacarnos del camino.

Las palabras tienen poder, pero nada son sin nuestros actos. Mucha gente habla de un buen juego sin saber jugar y ese juego equivocado es lo más importante en el acto de vivir. O caemos al paso del tiempo, a medida que la vida se consume, o escapamos del mundo y abrimos la puerta a la realidad, donde el tiempo no tiene significado, donde ya no estaremos apegados a los estragos del mundo, porque nuestro actos se cumplen en la realidad. Nuestra intención debe fijarse en ese lugar intemporal, fijarse en alguien, en Uno intemporal que no tiene principio ni fin. Ya no estaremos interesados en el mundo de las limitaciones, el mundo que tiene un principio y un final.

Aunque nuestro enfoque se centre en lo ilimitado, nuestras acciones deben todavía adecuarse al mundo de los límites. Dios lo creó y Él es misericordioso si vamos a estar con Él, también debemos ser misericordiosos. Desarrollar la conducta que nos llevará hasta un lugar, más allá de los límites, para empezar a comprender quiénes somos y por qué hacemos lo que hacemos. Podemos pensar en nosotros mismos como si fuéramos una pizarra en blanco, en un escenario en blanco, creando una obra que es nuestra vida. ¿Cómo queremos estar y actuar con ella? ¿Importa lo que vestimos, la ropa de un mendigo o la de un rey? ¿Cuál es la parte más importante de nuestro accionar, el ser ricos o tener sentimientos de gratitud? ¿Entendemos la diferencia? Si tenemos un plato de sopa aguada y estamos agradecidos por ella, hemos tocado la realidad; si en cambio tenemos toda la riqueza del mundo y queremos más, hemos cavado una tumba.

Debemos entender las cualidades de Dios y las del mundo y dirigir nuestro enfoque solo a las de Dios. Una vez que lo hacemos nos damos cuenta de que los trajes, los títulos y todas las cosas que vemos del mundo son menos importantes en la pieza teatral. Lo importante es aquello que está detrás de todo, lo que ocurre dentro de los actores, de su enfoque, de todo aquello en lo que se centran. ¿Hacia qué y hacia quién estamos enfocados y cómo logramos nuestros objetivos? Necesitamos orar acerca de nuestro enfoque y nuestras metas, entendiendo que la paciencia es la cortina detrás del trono de Dios. Mientras vamos del Acto Primero al Acto al Segundo o del Acto Segundo al Acto Tercero, qué nos protege de la ansiedad de no arribar al siguiente acto o porque las cosas no marchen de la manera esperada, si no tenemos una de las virtudes de Dios: la paciencia.

La paciencia, que es la capacidad de no alterarnos cuando las cosas no salen como las planeamos y entender como son realmente . La perfección existe a nuestro alrededor. Dios no creó la imperfección, pero no siempre somos capaces de ver la perfección. Para descubrir lo que somos, necesitamos la paciencia para descubrir que la perfección existe y descubrir que Dios es nuestra audiencia final.

! Oremos para que nuestras acciones en este mundos sean apropiadas para Él!.

CAPITULO DIECIOCHO

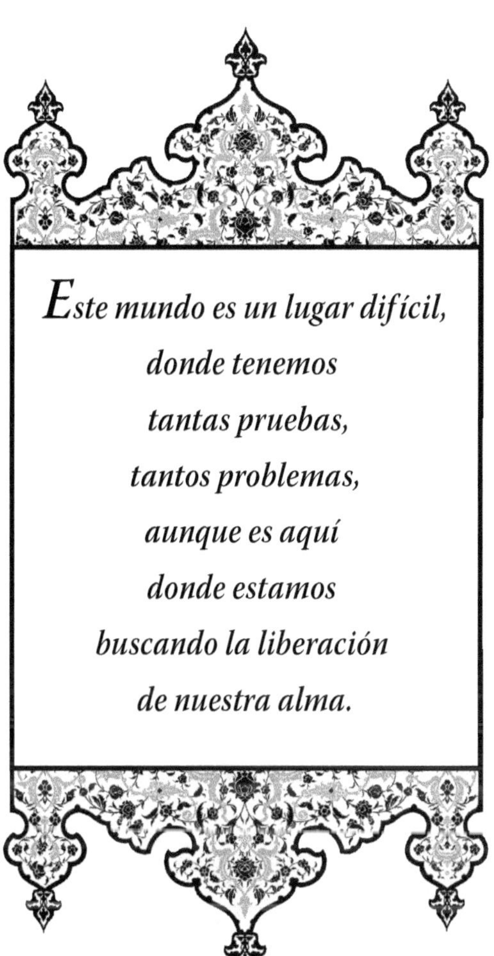

Este mundo es un lugar difícil,
donde tenemos
tantas pruebas,
tantos problemas,
aunque es aquí
donde estamos
buscando la liberación
de nuestra alma.

CAPITULO DIECIOCHO

La Paradoja de la Liberación

Los sabios maestros imparten enseñanzas sutiles que requieren una comprensión sutil. Se nos dice que hemos de encontrar la liberación de nuestra alma, pero para ello debemos establecer ciertos vínculos. Si bien el mundo es un lugar difícil, que nos pone tantas pruebas, tantos problemas es aquí donde estamos buscando la liberación de nuestra alma. Encontramos personas que nos tratan sin amabilidad, injustamente, que se burlan de nosotros o nos ridiculizan, nos crean problemas y sin embargo para llegar a esa liberación estamos obligados a perdonarlos. Si no entendemos ese perdón, si no nos damos cuenta de que estamos obligados a concederlo, la liberación nunca será nuestra.

Tenemos obligaciones en este mundo y hemos de encontrar recursos económicos para tener buen éxito en el mundo. Sin embargo, cuando los conseguimos la gente puede sentirse celosa por ello; no obstante nos vemos obligados a aferrarnos a nuestras obligaciones y a nuestra liberación. A veces, si somos amables y generosos con la gente, se nos acusa de actuar con motivos ulteriores; la gente piensa que debe haber una razón por la cual somos así, ya que no entienden que nuestra búsqueda de la liberación nos obliga a ello. A veces, pueden creer que somos así y que nos pueden engañar y pueden hacerlo. Sin embargo, tenemos la obligación de ser honestos y sinceros aunque los demás nos traten correctamente o no, o a pesar de que nos engañen o no lo hagan.

El mundo está lleno de paradojas; nos sentimos inclinados

a reaccionar en la misma forma como los demás reaccionan con nosotros y sin embargo estamos obligados a comportarnos de acuerdo con lo que entendemos es nuestro deber. Si de veras buscamos la liberación tenemos que entender y seguir las reglas de este camino y cuan estrecho es para seguirlo sin apartarnos de él. No se trata de aquellos que interfieren con nuestro ser, mientras tratamos de hacer lo que se supone, y de nuestra relación con ellos, sino de la relación entre nosotros y Él. Cuando de manera constante cambiamos nuestro enfoque para dirigirlo hacia ellos, sin importar que o quienes sean, nuestra liberación se interrumpe.

En nuestra comprensión de lo anterior todavía tenemos que hacer lo que necesitamos hacer y proceder de manera correcta, dentro de los límites de lo permisible. Sin una base apropiada no hay liberación; sin el conocimiento del bien y el mal, sin inclinarnos hacia lo permitido, la liberación será inalcanzable. Las cosas en este mundo son confusas y sutiles. El mundo nos dice que somos libres, que podemos hacer lo que nos venga en gana. Ahora residimos aquí en Filadelfia, un lugar bastante libre, donde podemos participar en cualquier actividad imaginable, siempre y cuando esté dentro de los límites de lo permitido por la ley, pero al hacerlo eso nos dará la libertad? ¿Qué es la libertad, cuál es el sentido de la libertad ¿Qué se siente, de donde realmente viene? Los filósofos hablan de diferentes tipos de utopía, escriben acerca de la paz y de la libertad en el mundo. Una de las grandes mentiras era el comunismo, la promesa de la libertad a través de la igualdad económica y la utopía de la igualdad económica. ¿Qué clase de libertad es aquella que no permite decir lo que pensamos, ni trabajar donde queramos ni mantener nuestra relación con Dios? Si no podemos establecer esa relación con Dios, será ese algún tipo de libertad, o se trata simplemente de obligarnos a aferrarnos a las atracciones del mundo? Debemos ser capaces de entender la sutil diferencia, entre estar hipnotizados, dormidos, o dejar a la ruta segura y todavía creer que somos libres. Necesitamos saber si estamos participando activamente en nuestra liberación o en nuestra destrucción, y reconocer la diferencia.

Esto no es algo que ocurra en el exterior ni entre otras personas y nosotros, sino muy dentro de nuestro propio ser. Los maestros de la verdad y la sabiduría hablan de ella como la capacidad de alejarnos de las candilejas, de la fascinación, de las atracciones hipnóticas del mundo para ir a ese mundo interior de paz, donde mora Dios, porque si Él no está dentro de nuestro propio corazón, no existirá para nosotros; existirá para los demás, pero no para nosotros. Debemos establecer esa relación entre Dios y nosotros; se trata de estar aquí, de nuestra presencia aquí, del punto de nuestra vida, de la única paz eterna que viene de una relación auténtica con nuestro Creador.

El mundo no es un monumento a nuestra existencia, no es el fin de todas las cosas sino solo una fase de la existencia. Creemos que hay más de un mundo, el mundo de las almas, este y el siguiente. Cuando perdemos de vista la naturaleza transitoria del mundo y ponemos toda nuestra atención en un estado pasajero, hemos perdido de vista nuestro itinerario completo. Si por ejemplo éste incluye ir a la Florida y a Suecia, deberemos llevar ropa tanto para clima cálido como para clima frío; si olvidamos la ropa para una parte de nuestro itinerario y terminamos en Suecia con solo pantalones cortos y una camiseta, estaremos en problemas. Puesto que nuestros viajes consisten en mucho más que este mundo, si nos preparamos sólo para él cometemos un error fundamental acerca de la existencia al no estar listos para el resto del viaje. Tenemos que entender esta parte de nuestro ser, de nuestra existencia, y el viaje para el cual nos tenemos que preparar.

Cuando un ser iluminado nos bendice, en que consiste esa bendición? Esa la la provisión de sustento para nosotros en este mundo y en el otro y nuestra liberación en el siguiente. Pero debemos entender cómo sostenernos en este mundo, cumpliendo nuestros deberes en forma adecuada, de manera atenta, aferrados a ellos y también la obligación con nuestra alma y con nuestro Creador, porque el viaje, el itinerario, continúa y hemos estar listos para el próximo mundo.

Las cosas que nos mantienen atados a este mundo, de inmensa importancia aquí, significan muy poco en el siguiente; pero las cosas que nos unen a Dios en este, son monumentales en el siguiente. La capacidad de mantener la calma, de perdonar, de amar a los demás, incluso cuando no nos aman, no tiene que ver con nuestra relación con ellos, sino con Dios, quien ama a todo el mundo y es paciente para esperar que lo amen. Él tiene todo el tiempo que existe. Somos parte de Su creación, somos parte de Su plan, somos parte de Él, y debemos actuar como lo hace Él dentro de los confines de esta situación efímera. Los maestros, verdaderamente sabios, nos dan ejemplos del otro mundo, de las cualidades que trascienden ese estado de transición y de lo que sigue más allá, de lo que nos lleva a la siguiente etapa en este viaje que llamamos nuestra vida. Nos dicen que no hay necesidad de luchar contra los demás si sabemos que hacer y si no, ellos pueden indicarnos el camino correcto.

Necesitamos disciplina en nuestras vidas, tenemos que corregirnos y apoderarnos de nuestra propia existencia. Ya no somos niños, somos maduros y eso implica responsabilidades con los demás y con nosotros. El ejercicio de ellas es muestra de la madurez alcanzada. La arrogancia, el egoísmo, la búsqueda de títulos y de estatus son muestras de nuestra inmadurez, la que le da credibilidad a este mundo, como si fuera permanente, no temporal.

Estos maestros son viajeros, que no permanecen en un lugar por mucho tiempo y es difícil retenerlos. Si queremos viajar con ellos tenemos que pedirles ayuda. Si les preguntamos el camino, están dispuestos a enseñarlo, pero primero tenemos que despojarnos de todo lo que hemos acumulado hasta ahora, renunciando a las creencias de este mundo. Entender que hemos absorbido una cantidad tal de creencias que ni siquiera reconocemos que están tan enredadas con nuestro ser interior y tampoco podemos alejarlas porque hemos creído con muchísima fuerza en las cosas de este mundo. Ahora, poco a poco, empezamos a sentirle el sabor amargo a las mentiras del mundo. Todavía hay mucha limpieza que hacer, esta es nuestra tarea, estamos obligados a realizar los actos que nos purifican. Tenemos que lavarnos y fregarnos correctamente para estar limpios.

Cuando damos brillo a los demás lo recibimos nosotros mismos. Hay que entender que al perdonamos unos a otros, somos perdonados, cuando damos, nos dan, cuando amamos somos amados. Creamos nuestra propia dinámica a través de esa dinámica con los demás y es algo que tenemos que trabajar con gran dulzura, bondad y amor a nosotros mismos, aferrándonos a ello sin vacilaciones. Esa es la razón por la cual nos fue dada una comunidad, porque las personas difíciles nos dan la oportunidad de practicar esa entrega. Si queremos ascender al siguiente escalón del camino tenemos que estar en el nivel espiritual adecuado para admitirlo. Hemos escuchado esos maestros iluminados que hablan de su insignificancia, describiéndose a sí mismos como seres tan pequeños como una hormiga y entendemos que eso significa que pueden ir a lugares a los que otros no pueden llegar. Sólo las partículas más finas pueden pasar a través de un filtro, luego debemos convertirnos en esas partículas finas, y aclararnos para ser como ellas. El amor de Dios nos ayuda a hacer este trabajo. Cuanto más nos comprometemos con ese amor, menos nos preocuparemos por las personas y las cosas del mundo y más valiosos serán los cambios que se producen. Ya no necesitamos las cosas que nos hacían falta, ya no estamos atados al mundo como antes sino ligados a él y cuanto más estemos unidos a Él , mayor será nuestra liberación. Que cada uno de nosotros lo entienda y elija unirse a Él. Que nos conceda su gracia, su compasión, su misericordia y su bondad para darnos el bálsamo que alivia nuestros corazones, nuestro espíritu ¡ Que Podamos hacer su obra en un estado que es compasivo, misericordiosa, amable y amoroso, suficiente para representarlo a Él.

CAPITULO DIECINUEVE

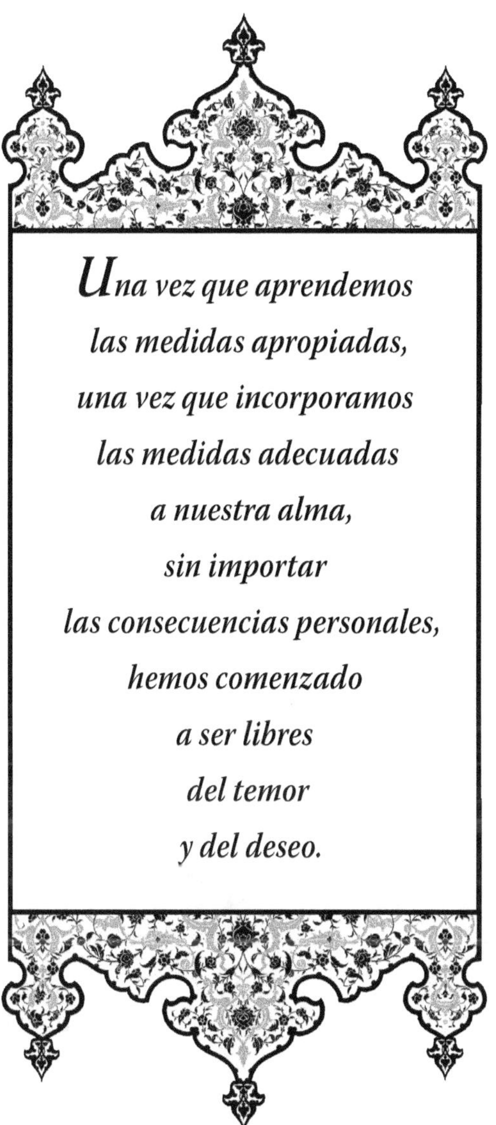

Una vez que aprendemos
las medidas apropiadas,
una vez que incorporamos
las medidas adecuadas
a nuestra alma,
sin importar
las consecuencias personales,
hemos comenzado
a ser libres
del temor
y del deseo.

CAPITULO DIECINUEVE

El Temor y el Deseo

Las Escrituras nos dicen que debemos refugiarnos en Dios para librarnos del mal causado por la presencia del mal, el encantador esquivo. ¿Quién es este ser que susurra, ¿qué nos dice y por qué, ¿por qué existe? ¿Dónde está , ¿cómo se manifiesta e interactúa con nosotros? Tenemos que hacer estas preguntas porque se nos dice que debemos pedir protección a Dios contra esa presencia. Pensemos en una respuesta a esos interrogantes. Todo lo que existe en el exterior existe también en el interior. Debemos aprender que nuestros amigos pueden elevar nuestra vida o destruirla. Eso nos dice algo acerca de los charlatanes en el exterior y del hecho de que debemos tener cuidado con quien nos relacionamos pero recordando que ellos no existen únicamente en el exterior. Todo lo que existe afuera también existe adentro, contra lo cual necesitamos ser protegidos dondequiera que vayamos.

Algunas personas confunden al murmurador con ellas mismas, pensando que lo que sucede en sus mentes es el producto de las mismas. No se dan cuenta de la verdadera naturaleza de la mente, del yo interior, de la parte animal; no diferencian entre esos dos aspectos: la parte animal y el ser esencial, la primera detenida en el intelecto y el segundo yendo muchísimo más allá.

Algunos sistemas filosóficos sugieren que ambos, el bien y el mal provienen de la mente, pero no es eso lo que aprendemos en este camino: el mal viene de la mente y el bien de Dios y Dios no es nuestra mente. Existe una diferencia que debemos considerar y es la necesidad de ser precavidos acerca de los charlatanes y de nuestra reacción hacia ellos. Si estamos en contacto con nuestro yo interior no solo reaccionando a las palabras y a las imágenes que se presentan, sino estableciendo la diferencia entre estar dormidos y despiertos, conscientes o inconscientes, reaccionando a la verdad o los estímulos externos.

¿Qué nos impele, qué nos empuja y por qué? Si estamos sujetos al temor constante, al castigo o a nuestros deseos ,estaremos sujetos a los charlatanes que utilizan ese miedo

y esos deseos para alejarnos de la verdad. Sin el miedo y sin nuestros deseos la influencia y el poder de los malos consejeros disminuyen. Ellos se presentan en muchas formas, con diversas manifestaciones; pues ser un amigo o un colega, o simplemente las tantas veces mencionadas características animales que viven dentro de nosotros, o un demonio mundano que nos lleva por mal camino, o la televisión, o alguien tentándonos a cometer algún acto inapropiado. Todo lo que nos aleje de la verdad y de Dios, es un charlatán o un murmurador.

Debemos ser cuidadosos con las cosas que oímos, vemos, o decimos, como también de los lugares donde vamos. Si no lo hacemos estaremos sujetos a los charlatanes ¿Por qué nos permitimos ver ciertas cosas, escuchar ciertas cosas, leer ciertas cosas? Lo hacemos porque experimentamos deseos hacia las cosas que debemos dejar de lado, para llegar punto de deshacernos de las cosas de las que debemos librarnos. Mientras estemos satisfechos de la forma en que nos encontremos, no habrá progreso, seguiremos ahí. Si nuestra meta es cambiar, para convertirnos en lo que Él quiere que seamos, si esa es nuestra intención, debemos conocer la verdad sobre nosotros mismos, hacer el esfuerzo de valorarnos correcta y exactamente y tener el coraje de enfrentar lo que somos en este momento de nuestra vida. Cuando comenzamos el proceso de evaluación es a nosotros mismos a quienes vamos a juzgar, a auto evaluarnos, no a los demás. Nos auto-evaluaremos. Recordemos la historia de Rabi'ah quien dijo que él no quería a Dios porque temía al infierno o porque quería el cielo. Eso significaba que quería ser libre del miedo y del deseo y rechazaba su la posibilidad de que su posible relación con Dios fuera igual a su relación con el mundo. Ella no quería que el miedo y el deseo gobernaran su vida, su vida con Dios. Hay un texto del siglo XI que nos da una explicación sobre esto. Se nos dice que en el primer siglo del Islam, los musulmanes trataban a los demás con una comprensión de su religión, es decir de su forma de vida. Cuando la comprensión de la religión disminuyó se trataban sobre la base de la lealtad mutua. Cuando la lealtad comenzó a desaparecer lo hacían con caballerosidad religiosa, es decir, con la actuación correcta, apropiada. Cuando esta desapareció su tratamiento comenzó a basarse en un sentimiento de vergüenza y de no ser apropiado. Al desaparecer ese sentimiento de vergüenza el tratamiento entre unos y otros se fundamentó en el miedo al castigo y el deseo de ir al cielo.

¿Si nos relacionamos con quienes están cerca, basados en lo que queremos o les tememos, qué dice ello sobre nuestro nivel de interacción? Estamos al nivel animal del deseo y el miedo. ¿Qué nos ayudará a salir de ese nivel? La vergüenza nos puede cambiar, nos puede alterar. Si entendemos que hemos hecho algo malo, inadecuado, , s sentiremos remordimiento y podremos pasar a la etapa siguiente. Pero si no sentimos vergüenza, si esta se ha borrado de nuestra vida, si la capacidad de entender que estamos equivocados ha desaparecido, no podrá de haber una rectificación, no hay ninguna razón para corregirnos, no habrá una bandera roja diciéndonos alto, algo está mal aquí.

Necesitamos un asesor interno para determinar que hacer; debemos monitorear nuestras intenciones, ser conscientes de ellas, saber la razón por la que hacemos las cosas, saber que nos empuja, que nos atrae. Cuando nos avergonzamos nos damos cuenta de lo inapropiado de nuestras acciones y empezamos a ver la diferencia entre lo correcto y lo incorrecto damos el primer paso en el camino. Esta es la caballería religiosa, actuando de forma apropiada, haciendo lo correcto. Nos tomamos tiempo que necesitamos para aprender a diferenciar lo correcto de lo incorrecto. Una vez que aprendemos las medidas apropiadas y las incorporamos a nuestro ser, sin importar las consecuencias personales, habremos comenzado a liberarnos del miedo y del deseo. Ahora ya no temeremos las consecuencias mundanas ni la intención de lograr resultados concretos en el mundo; estaremos decididos a hacer lo correcto. Si nos comportamos bien desarrollaremos lealtad a una conducta adecuada ante nuestros semejantes, después de hacer las cosas con el reconocimiento del amor de Dios entre todos nosotros. No hacemos daño a otros porque entendemos el amor, entendemos que Dios está dentro de nosotros, somos leales con la creación de Dios, leales a la manera de Dios, lealtad a la razón por la cual estamos aquí.

Ahora estamos cerca, extraemos la verdad. Dios nos la enseña a su manera. Cuando existimos en esa verdad nuestra voluntad ya no se manifiesta, desaparece, estamos vacíos de todo eso, excepto de Su santa voluntad. Cuando estamos vacíos y no hay nadie para escuchar al charlatán, para experimentar el deseo o el miedo, es decir no existen las ataduras que nos impedían liberarnos para entender cómo funciona esto, para ser estudiosos y además tener el coraje de reconocer las faltas y soportar el dolor que las nuestras nos causan.

Eso es fundamental porque la gente suele huir del dolor y racionalizar la vergüenza. De repente encontramos tantas razones para considerar lo que hicimos como aceptable. Dura mirada a la verdad y a la realidad; saber que el cambio es posible, que puede ocurrir y que podemos eliminar el miedo y la duda, con fe en la verdad. Todos tenemos categorías de acciones en las cuales participamos, tenemos líneas que debemos cruzar o no se cruzar y cada uno de nosotros sabe lo que son y cómo son. Si todavía no encontramos las apropiadas, utilizamos las de aquellas cosas que sabemos no vamos a hacer; entendemos que no iremos más lejos y a continuación aplicamos este conocimiento a las demás cosas que hacemos. Desarrollar técnicas que nos ayuden en este camino de transformación, reconocer nuestras faltas y hacer algo al respecto. No actuar en este mundo por miedo al castigo, inducidos por el deseo de transitar en el camino de la verdad por amor a la verdad. No tendremos acceso a ella si sentimos miedo o deseo. No hay coacción en la religión, el miedo es la compulsión. No iremos hacia la verdad compulsivamente, ello no es posible. Dios nos dice que así no funciona, que se consigue tan solo si se trabaja por el cambio. Oremos para cambiar, pidamos perdón a Dios por haber lastimado u ofendido a otros. Imploremos el perdón, actuemos correctamente, con lealtad, a la manera de Dios, con la verdad de la existencia. Que los velos sean levantados de nosotros, para que la verdad se haga evidente y lo no apropiado sea para nosotros repugnante. Que Dios nos haga esto en claro.

CAPITULO VEINTE

Muhaiyaddeen
es el nombre
dado a quien revive la fe,
al que restaura la vida
a la religión,
quien restaura la realidad
de la verdad.

CAPITULO VEINTE

Muhaiyaddeen

Muhaiyaddeen es el nombre que recibe el resucitador de la fe, el que devuelve la vida a la religión, el que restaura la realidad de la verdad. Muhaiyaddeen es el que viene a nosotros como un clamor, una vida plena de verdad, el que se presenta como la encarnación viviente de la palabra. Algunos entre nosotros somos bendecidos por tener a Muhaiyaddeen, la encarnación viviente de la verdad en nuestra presencia. Cuando el ser que ha venido con la verdad tiene que salir, aquellos que tratan de perpetuar esta realidad no entienden su significado si no se convierten en ese significado.

La diferencia entre el profeta Mahoma y los que vinieron después de él radica en que Mahoma era el Corán y los que vinieron después de él simplemente leen el Corán. Hay una diferencia entre ser y leer. Entender aquello de lo cual fuimos testigos, significa comprender lo que tenemos que llegar a ser, tenemos que dejar de leer el Corán y empezar a convertirnos en el Corán, porque Muhaiyaddeen significa entender que el libro puede estar vivo, que puede ser encarnado; tenemos que ver esa encarnación y darnos cuenta de sus posibilidades. Aquellos que fueron testigos de que puede existir deben decir que pasó, que no se detendrá, que Dios no nos abandona. Lo que pasó antes volverá a suceder, y lo que es más importante para nosotros podrá pasar dentro de nosotros mismos.

Eso no significa que lo único que tenemos que hacer es sentarnos a esperar. Se nos dice que Dios ama los esfuerzos y que debemos hacerlos. Podríamos haber tenido momentos de inspiración, de temor abrumador, dones que Dios nos ha dado, pero deberemos trabajar duro para llegar a ese estado. Esto es interesante, pero difícil de describir y definir. Entender un estado en el que no nos hemos visto antes es muy difícil. Sin saber el álgebra no podremos resolver problemas algebraicos, pero una vez que que la aprendemos sabremos un método. La metodología y los estados del ser no son la misma cosa, pero permiten una analogía.

Se dice que si de verdad entendiéramos el primer mandamiento, amaríamos a Dios con todo nuestro ser, pero como no entendemos el esplendor total de su significado, tenemos que crear ese amor a Dios y a nuestros semejantes, dentro de nosotros mismos. ¿Cómo lo hacemos? Una de las razones para la existencia de Bawa Muhaiyaddeen era guiarnos al respecto. Fuimos a visitar a ese hombre santo para ver cómo vivía el Corán, cómo personificaba sus actos. Al observar sus acciones podríamos aprender a imitarlas, para actuar en consecuencia. Empezamos con el conocimiento, se nos dijo lo que debíamos hacer, empezando como una especie de libro infantil. Un estudio para los niños, porque en el estado espiritual somos niños.

Una persona sabia no le enseña a un niño algo inapropiado, pensando que cuando sea mayor no lo hará de nuevo; no le se dice a un niño algo incorrecto o malo solo para sortear un momento difícil. Sin embargo eso hicieron nuestros padres, nos dijeron cosas inadecuadas, engañosas cuando éramos jóvenes y ahora como adultos estamos tratando de abrir lo que nos envuelve, todo lo malo que recibimos desde cuando éramos bebés. Sufrimos a causa de ello. Por lo tanto siempre debemos enseñar la verdad a los niños y a los adultos, de la mejor manera que puedan entender. Eso era lo que Bawa Muhaiyaddeen hacía, nos enseñaba la verdad de la mejor manera para que pudiéramos entenderla.

A veces la gente hacía una pregunta que él respondía cuando no les gustaba la respuesta y decían que no entendían lo que significaba, él repetía su respuesta, diciendo que el traductor había cometido un error; eso podía ocurrir varias veces hasta que Bawa Muhaiyaddeen terminaba diciendo: haz lo que quieras hacer. Esa no era más que una forma educada de decir que la conversación había terminado. No podían oír lo que decía, no reconocían que los estaba guiando hacia la respuesta apropiada. No había coacción de su parte, cuando insistían que no lo habían entendido, les repetía: hagan lo que quieran.

¿Escuchamos la respuesta correcta y todavía hacemos lo que queremos, no nos dice nuestra mente que podemos hacer lo que queremos, que tenemos una dispensa? Cuando algunos se reúnen con un hombre santo creen que tienen un permiso especial: en compañía de un hombre santo creen que de alguna manera son santos también. Traducen lo que ven como algo que es de ellos, tal como la mente traduce lo que se dice para dejar que ellos hagan lo que quieran.

Es necesario entender lo que somos y nuestro estado, pero es difícil ejercer el auto análisis y entender nuestro estado. A veces interpretamos mal nuestros sentimientos para proteger nuestro sentido del yo. Otras veces, cuando estamos celosos, no reconocemos nuestros celos y creemos que la nuestra es una reacción apropiada ante la arrogancia de alguien más y le atribuimos la culpa. Luego, cuando somos arrogantes no nos consideramos arrogantes sino justos haciendo lo correcto para defender un principio, para proteger así a otros de ellos mismos. La verdad es que necesitamos protegernos de nosotros mismos, porque no hay justicia en uno mismo, existe solo la justicia de Dios. Cuando entendemos esta verdad nos preocupamos menos acerca de nosotros mismos y comenzamos a ser justos y vislumbramos una comprensión superior. Mientras estemos ocupados defendiendo cada movimiento nuestro y de los que nos rodean, nos convertiremos en defensores de Dios, no simplemente sus adoradores, porque existe una gran diferencia entre una cosa y la otra. Los que defienden creen que están defendiendo el amor y la verdad.

Mathama Ghandi dijo: "Acostumbraba a pensar que Dios es la verdad, pero he aprendido que la verdad es Dios." Practicamos de manera automática la fe que nos enseñaron cuando niños, aunque sabemos que de alguna manera es errónea. Y a eso le llamamos Dios, lo llamamos la verdad, pero a menos que apacigüe el corazón con amor, a menos que sea adecuado, no importa la interpretación que se le dé, no será la verdad, ese no es Dios. Aquellos que entienden la verdad pueden convertirse en algo así como una escritura andante, una interpretación correcta de las acciones oportunas. Esta especie de texto sagrado no requiere palabras de quienes se comportan de manera no apropiada y cuyas palabras no son más que gritos. Hay que considerar cuan absurdo es que la gente asuma que está protegiendo a Dios, que Dios necesita que le protejamos Su palabra, Su realidad. Si Dios quiere las cosas de cierta manera, serán como él las quiere. Él necesita que imitemos lo mejor que podamos, el quiere que permitamos a otros la libertad de entenderlo, de imitarlo lo mejor que puedan. Necesitamos el espacio abierto que permita a cada uno de nosotros hacerlo.

El mundo es un lugar peligroso, existen lugares donde las personas tienen la suerte de vivir porque no hay guerra, no las matan, no hay hambre, se les permite actuar como ellos juzguen que es lo mejor y existe tolerancia. Y hay también lugares en el mundo donde la conversión religiosa se castiga con la muerte y ni siquiera se permite hablar de ella; algunos viven donde hay tolerancia para las ideas diferentes, para las sectas y para diferentes formas de pensar y actuar.

Por desgracia no todo el mundo entiende eso sino que quiere que todas las personas se apeguen a su interpretación de las cosas. Cuando no estamos en el lugar correcto, en el lugar adecuado y nos sentimos inseguros, creemos que la única manera de experimentar la sensación de seguridad es forzando a otros a seguirnos, a someterse a nuestras creencias y si cuando lo logramos creemos tener la razón. Estar en lo justo no es cuestión de números porque si así fuera tendríamos millones de Muhaiyaddeens. ¿Si sólo una persona en cada diez millones estuviera haciendo lo correcto, qué diríamos acerca de los demás, de su arrogancia, de su condición? ¿No es sorprendente que algunos piensen que matar gente es una manera apropiada de creer en Dios?

Tenemos que reconocer eso mientras nos concentramos en lo que realmente somos, en nuestra condición, en el estado de nuestro amor. ¿Pero cómo medirlo? Una forma es verificando nuestro nivel de desprecio por los demás, nuestra capacidad para tolerarlos, nuestras reacciones hacia ellos. Si alguien nos trata mal, ¿qué hacemos? Una vez cuando Bawa Muhaiyaddeen hablaba con Dios le preguntó: "¿Por qué me has enviado aquí Dios, todos abusan de mí, todo el mundo me causa problemas ¿por qué me enviaste aquí?"

La respuesta llegó: "Alguien tiene que calmar su corazón, alguien que pueda resistir el abuso y la calumnia y aun así amarlos en Mi nombre. Alguien tiene que hacerlo y esa es la razón por la cual te envié aquí, pues necesitan quien pueda mostrarles la forma de cambiar". Quiénes somos, cómo nos relacionamos con nosotros mismos y con los demás cuando nos enfrentamos a un momento difícil, a la vergüenza de las cosas equivocadas que les hemos hecho a otros? ¿Huimos y nos escondemos y decimos basta de esto, volvamos a todo lo que es correcto, o buscamos un camino que nos aleje de la conducta equivocada? ¿Reconocemos nuestros errores y pedimos perdón, aun si nuestra conducta equivocada nos horroriza? Si fuimos maltratados cuando niños, podríamos convertirnos en maltratadores, porque eso fue lo que aprendimos. En primer lugar hemos de identificar el maltrato que recibimos como hijos y aceptar que hemos traspasado esas conductas inapropiadas a otros. Lo terrible que nos hicieron, se lo hicimos a los demás. Se necesita valor para hacer frente a esa verdad y pedir perdón y arrepentirse. Y arrepentirse significa no volver a hacerlo jamás.

Si extirpamos esos errores desde el fondo de nuestro ser, podemos cambiar lo que somos. No estaremos en capacidad de aniquilarlos por completo, porque el ser inferior nos acompañará toda la vida y tendremos que vivir con él, pero sin prestarle atención, haciendo en lo sucesivo solo lo apropiado. Cuando al profeta Mahoma se le preguntó si todavía tenía un ser inferior y bajos deseos respondió que sí, pero que los había convertido en creyentes y enseñado a no ser exaltados, sino a obedecer. Tenemos que enseñar a nuestros bajos deseos a obedecernos y cuando quieran gritar reprenderlos como haríamos con un niño que se portara mal. A esos deseos de nivel infantil hay que mantenerlos en el lugar correcto, haciéndoles entender que no les vamos a permitir dominar nuestra conciencia y que no podrán ser el motor de nuestra existencia , ni decirnos lo que debemos qué hacer.

Muhaiyaddeen es quien le da alegría a la vida, el sendero, el camino, el que trae la luz de la fe, el que da vida a la verdadera vida dentro de nosotros, de nuestro ser superior y a la verdad que ha venido siendo anulada por el yo inferior. Muhaiyaddeen revive nuestra alma con el fin de darle la fuerza necesaria para tratar con el mundo. Necesitamos a Muhaiyaddeen en nuestra vida, tenemos que traer a la vida lo que realmente es la vida, no una falsa ilusión. Muhaiyaddeen acaba con lo ilusorio y le da realidad a la existencia. La realidad que reside dentro de nosotros, que es parte de nosotros. Estamos destinados a vivir la realidad, pero los miles de billones de atracciones del mundo que nos hipnotizan prevalecen en nuestra mente.

La mente está tan obsesionada con las trivialidades del mundo que no ve la imagen más grande, ni quienes somos. No hay soluciones en lo trivial y obsesivo que no ofrece donde ir; no hay un final para esto, no hay forma de corregirlo. Es una falla en ese sistema que no se puede reparar, porque no incluye a Dios. Sólo cuando Dios entre en nuestra comprensión de las cosas y lo reconozcamos como lo único que existe, podremos llegar a desligarnos de la ilusión. Mientras creamos que somos capaces de encontrar soluciones, con cualquier certeza distinta a la que establece que no hay más que un Dios y que Dios existe, no tendremos ninguna solución; solo la degradación y el pensamiento inapropiado. Gran parte de esta conducta inadecuada ha sido calificada como una normativa aceptable por parte de la la sociedad, defendida por los que se comportan así y la ven como correcta, no la consideran anormal.

Tenemos que vivir separados de muchas cosas, tenemos que sufrir por no ser aceptados y vivir siendo rechazados. Pero no debemos entristecernos por eso, sino aprender a amar porque con el amor podemos conquistar a quienes no nos aman. Este camino no tiene que ver con nuestras necesidades, sino con nuestra capacidad de hacer ciertas cosas y nuestra capacidad de desarrollo. No se trata de lo que podamos obtener de los demás, nada podremos conseguir de ellos, tan solo Dios nos da lo que necesitamos. Cuanto más entendemos estas verdades y nos centramos en ellas, más nos satisfacen, tendremos más amor, disfrutaremos mucho más de la verdad.

Para ir de un lugar a otro, debemos hacer un viaje; si no nos lo proponemos no podremos saber lo que sucederá en el camino. Una vez que iniciemos el viaje entenderemos que hay un lugar adonde ir. Muhaiyaddeen es el sitio para ir, Muhaiyaddeen es la respuesta a muchísimas cosas. Muhaiyaddeen nos dijo que debemos ser Muhaiyaddeen. Él aconsejó: "Sé como yo". '¿Cómo seguir entonces sus enseñanzas? Siguiendo las enseñanzas. Shams de Tabriz tiró al agua todos los libros de Rumi porque Rumi tenía que ser los libros, tenía que convertirse en la verdad. Esa es la razón por la que Muhaiyaddeen vino a decir que la verdad existe en el ser y nos enseñó a mirar en el espejo del futuro.

Pedimos a Dios que haga a Muhaiyaddeen visible para que este espejo sea tan claro que podamos entender la naturaleza del estado que llamamos Muhaiyaddeen.

!Que podamos imitarlo y convertir ese ser en nosotros mismos!

CAPITULO VEINTIUNO

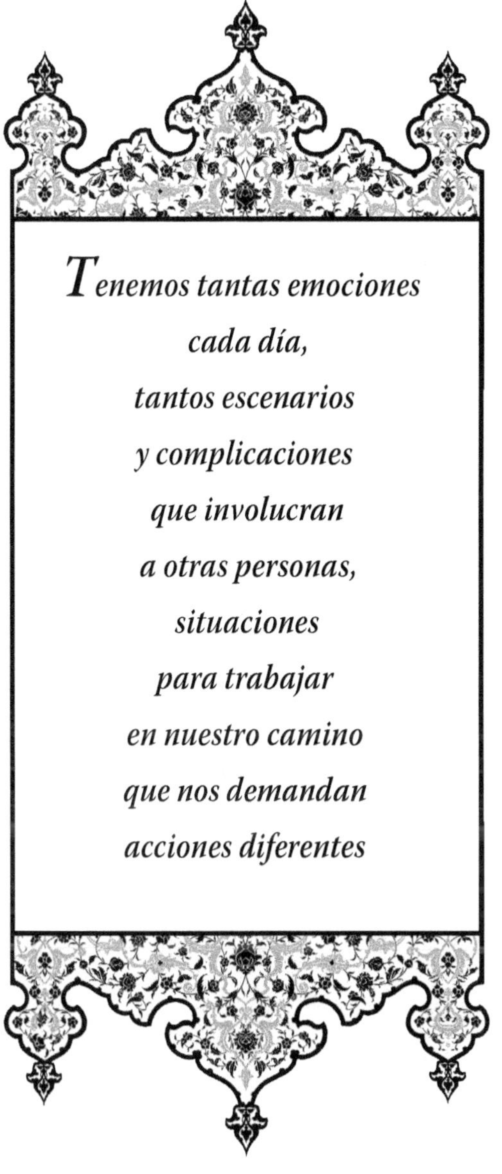

Tenemos tantas emociones
cada día,
tantos escenarios
y complicaciones
que involucran
a otras personas,
situaciones
para trabajar
en nuestro camino
que nos demandan
acciones diferentes

CAPITULO VEINTIUNO

Dejarlas Ir

Tenemos tantas emociones cada día, tantos escenarios y complicaciones que involucran a otras personas que son situaciones que demandan cosas diferentes. Hay momentos en nuestra vida cuando creemos que lo más importante es tener amigos, dinero y el socio adecuado, o ser famosos y tener poder. Cada una de estas necesidades nos conduce de manera particular. Debemos ser conscientes de nuestras necesidades, de cómo nos impulsan, de las emociones que provocan y de nuestra reacción ante ellas. Debemos entender la importancia que damos a esas necesidades y su grado de importancia en nuestra vida. ¿Son realmente importantes o no? Para evaluarlo necesitamos una perspectiva clara sobre la existencia.

Consideremos qué es nuestra vida y dediquemos un momento para entender que así no lleguemos a satisfacer las emociones todavía estamos aquí, aún existimos. Pensemos en la libertad que vamos a tener cuando nos desprendamos de ellas y estemos en paz. ¿Por qué no hacerlo? ¿Qué nos hace tan frágiles emocionalmente, tan abrumados, agobiados, angustiados, enojados, temerosos? ¿Por qué nos comportarnos así? ¿Qué hace que nos comportemos así, porqué reaccionamos en esa forma, cómo podremos ser menos vulnerables, qué nos puede dar la paz? ¿ Qué nos hace reaccionar, qué nos da la paz, si somos vulnerables de tantas maneras, cómo llegar a serlo menos; cuando escuchamos a alguien decir algo acerca de nosotros nos asustamos y aunque sea una mentira nos aterramos y algo dentro de nosotros se estremece. ¿Por qué? ¿Por qué nos afectan palabras que no son ciertas, por qué reaccionamos ante la necesidad de influir en los demás, por qué tenemos que caer bien, ser famosos, tener poder? ¿Por qué necesitamos esas cosas, que nos hace desearlas? En pocas palabras porque el amor ha desaparecido. Creemos que vamos conquistar el amor a través del poder y la fama y creemos haberlo logrado cuando nuestros amigos nos dan su aprobación. Si estamos vacíos, buscamos el amor en todos esos lugares. Necesitamos amar porque eso nos sana, pero estamos hurgando en los lugares equivocados; hemos de aprender a hallarlo dentro de nosotros y a generar amor desde allí. Eso significa poder identificarlo internamente y hacer que fluya a través de nosotros, aprendiendo como hacerlo.

¿Cómo encontramos el suficiente amor para llenar el vacío que a veces tratamos de colmar con los amigos, con la aceptación, el dinero, el poder, la fama, las drogas, el alcohol y las adicciones mundanas? Ante todo entrando en contacto con nuestra propia experiencia, recordando los momentos cuando estábamos en paz. Todos los hemos vivido y si somos honestos hemos de aceptar que no fueron producidos por el dinero, el poder, la fama o la aceptación de parte de los demás; sucedieron en una situación de amor incondicional, cuando nadie nos estaba presionando ni tirando de nosotros, ni esperando algo de nosotros; nos sentíamos muy satisfechos con todo tal como estaba. No había razón para que nos alejáramos, ni un lugar donde quisiéramos llegar, ni nada que necesitáramos

La satisfacción no aumentó porque tuviéramos todas las cosas externas necesarias, nada tenía que ver con ellas, sino por estar en un estado de equilibrio interior ya que ellas nos habían abandonado y estábamos muy satisfechos con el equilibrio alcanzado al dejar que se fueran, abriendo así espacio para el amor de Dios porque esa materia exterior no puede tener cabida en ningún caso. Este dejar ir es algo que debemos descubrir cómo hacerlo si deseamos comprender nuestra vida y aprender cómo aliviarnos de ese trauma y de esa agitación. Consideremos el temor que algunos sienten al preocuparse por lo que piensan los demás, el miedo a tener un problema específico, considerando el trauma emocional acumulado durante años, mientras tratan de hacer que su situación coincida con la que otros consideran normal.

La ciencia ha descubierto que puede predecir la conducta desde el punto de vista estadístico pero no individual; puede predecirse el porcentaje de personas que sobreviven con un determinado tratamiento, pero no cuales. En la teoría atómica se puede decir que la mitad de una cierta cantidad de radio desaparecerá en un mil seiscientos años, debido a que los átomos son inestables, se van volando, pero no se puede establecer cuales se quedan y cuales se van. Pueden dar una idea estadística de lo que va a suceder, pero no llegar a ser específicos acerca de las partículas individuales. ¿Es mejor ir o quedarse, es mejor estar dentro de la norma estadística de lo que se queda, o es mejor aquello que no se puede medir? Lo que no se puede medir esta fuera de la norma estadística, nadie lo ve, nadie lo entiende, ni lo toca, ni lo siente, ni puede contarlo, escribirlo o reproducir sus fotos. ¿Quién está tratando de imitar lo que llamamos norma estadística, conducta normal y lo que ve que hace la gente?

¿De qué estamos tratando de ser parte, de un promedio medible, de una media estadística o de algo que no se puede medir? ¿Qué es nuestra vida? ¿Las cosas sobre las que los periódicos pueden escribir o no escribir? ¿Estamos tratando de ser lo que vemos en la televisión, o de no ser lo que vemos en la televisión, no puede mostrar porque no tiene ni idea de lo que es? ¿Estamos tratando de ser los rituales de la religión o de ser la verdad expresada en tales rituales?, comprender la forma de medir nuestra vida, entender cómo vivir sin miedo y medir la importancia de vivir sin él. Esa parte que se estremece cuando alguien habla de nosotros, que nos hace reaccionar porque tenemos miedo, miedo a no gustar, temor a no ser aceptados. Necesitamos una perspectiva sobre la existencia; la comprensión de que la realidad no puede ser medida, ni escrita ni expresada con palabras, tan sólo la podemos experimentar.

La realidad no puede ser experimentada para nosotros por nuestros amigos o asociados, porque somos los únicos que podemos experimentarla y quedar satisfechos. No necesitamos preguntar a nuestros amigos si ellos se sienten satisfechos con nuestra realidad, para que podamos estar en paz.

Cuando llega el último día estaremos solo por nuestra cuenta, y cualquier persona que nos haya dicho qué hacer y cuándo y cómo hacerlo, no estará con nosotros. Debemos tener coraje y estar listos para ese día. Necesitamos el valor para no tener miedo cuando llegue el momento de nuestra lucha interior y tenemos que estar preparados. Porque hay una batalla interna, puesto que el mundo sigue mostrándonos cosas que nos producen temor.

Pensemos en un círculo con un arco dentro de él. Imaginemos que somos un punto del mismo, el único lugar que conocemos aunque sabemos muy poco acerca de él y nada sobre el resto del círculo; si nos limitamos a esos escasos conocimientos que tenemos, limitaremos lo que podríamos llegar a ser. Si consideramos que ese arco interior es el círculo entero, limitamos nuestra existencia; si presumimos que nuestra mente es

capaz de albergar todo lo que hay que saber, nos habremos situado fuera de la realidad y lejos de experimentar a Dios.

Debemos conocer nuestros límites y saber que Dios los va a borrar en Su tiempo, cuando estemos listos. Se nos mostrarán en Su tiempo, por lo cual debemos tener esa paciencia, ese coraje y estar listos para una lucha interna, cuando los tiempos difíciles lleguen. Tenemos que batallar con nosotros mismos y ser pacientes a través de esos tiempos difíciles sin reaccionar y siendo firmes en la fe. Este es el camino, esta es nuestra vida, esta es la búsqueda de la realidad. Es importante saber si lo estamos haciendo o no y comprobarlo de vez en cuando, porque tenemos la tendencia a dormirnos, a olvidar dónde estamos. No hay relojes con alarma que nos despierten de ese sueño, eso solo puede hacerlo la paz. Cuando la experimentamos veremos la diferencia. Mientras estemos abrumados por ser impelidos o atraídos y por los traumatismos del mundo, no tendremos tiempo para vivir en paz.

Cualquier cosa en la que nos concentramos o nos haya traumatizado, nos controla. Las incapacidades físicas son mucho más difíciles que las mentales, pero esos traumas mentales son graves; para sanarlos tenemos que utilizar las herramientas enseñadas por los santos. En primer lugar, tenemos que darnos cuenta que esos tramas existen, en segundo lugar descubrir que nos afectan y en tercer lugar, reconocer de dónde vienen, cómo nos atraparon para finalmente saber cómo curarnos.

! Que Dios ponga la forma de curarnos en nuestras manos, entonces podremos sanarnos y aprender a ayudar a los demás!

CAPITULO VEINTIDOS

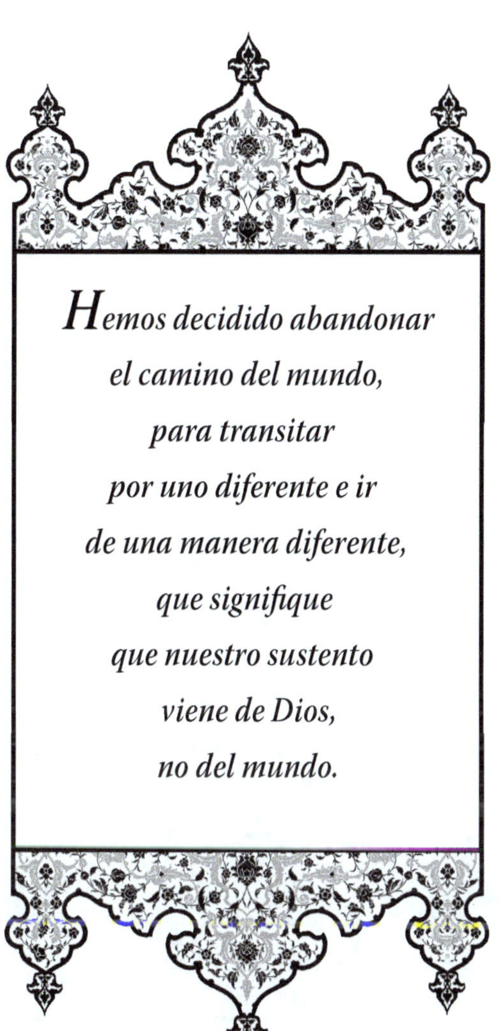

Hemos decidido abandonar
el camino del mundo,
para transitar
por uno diferente e ir
de una manera diferente,
que signifique
que nuestro sustento
viene de Dios,
no del mundo.

CAPITULO VEINTIDOS

El Ánimo de Lucro

Hay competencia en el mundo mientras se trabaja para ganarse la vida por el dinero, en los negocios y en la búsqueda de lo necesario para mantener la existencia material. Este es el camino del mundo, un estado de competencia continua. Los peces pequeños peces se comen a otros más más pequeños y a su vez son comidos por otros más grandes; en el mundo todo compite con todo lo demás por el sustento. El capitalismo incluye el ánimo de lucro, que sostiene a nuestra familia y a nosotros y ello sin duda es válido.

Hay competitividad y existe lo que es permisible dentro de la competencia; en otras palabras, siempre y cuando funcionemos con integridad, se nos anima a practicar el juego del mundo. Ciertas cosas están prohibidas, como los intereses elevados, que pueden destruir. En la competencia capitalista la usura no es admitida pero la sana competencia y la ganancia sí lo son.

Existe el camino del mundo y el sendero hacia Dios y el camino de los seres humanos reales, de los que no están en competencia unos contra otros. Las reglas del capitalismo no se aplican a nuestras relaciones con los demás. Cuando somos competitivos contra otros, cuando nuestra mente y nuestra actitud insisten en que tenemos que prevalecer, surgen grandes dificultades. Algunas personas no sólo tienen que hacer lo que consideran apropiado, sino que necesitan que otros acepten lo que ellos hacen y piensan. Si esta es una fuerza impulsora en su vida, pueden transitar por ese amplio camino.

Estamos aquí para amar a los demás, no para aplicarnos

medidas de fuerza los unos contra los otros. La tolerancia es una asombrosa cualidad que encontramos en los grandes maestros. Hay que entender esa virtud en nuestro trato con los demás y respetar las reglas del camino recto y auténtico, muy distintas a las del mundo, que tampoco deben ser permisibles en nuestras relaciones con los amigos y los compañeros. No podemos ser

exigentes con ellos, no podemos tener diferencias ni competir entre nosotros. Tenemos que ser felices con la alegría de nuestros amigos y sentir tristeza por su dolor, y además mostrarnos muy comprensivos sobre las vidas de los demás.

Debemos practicar el acto de no tener ningún acto, lo que significa que sin motivo, sin agenda servir a los demás porque no tenemos necesidades. Dios se ha revelado para nosotros, tenemos la suerte de haber visto su Gracia y de saber que todo lo que necesitamos ya nos ha sido dado. Estamos sin necesidades, porque Dios nos ha provisto todo lo que necesitamos. ¿No deberíamos entonces ayudar a los que lo necesitan poniendo la mesa para ellos? No han entendido que sus necesidades son producto de la imaginación, una imaginación que requiere ser alimentada con la verdad hasta que reconozcan que pueden ser auto sostenibles.

¿Pero qué quiere decir auto sostenible? Ser uno mismo en la verdad y estar sostenido por su propio yo. ¿Cuál es nuestro verdadero yo? Es nuestra conexión con Dios, el único que nos sostiene, por lo cual no necesitamos más. Tenemos problemas cuando competimos con amigos y socios. Si dicen algo que pensamos que no está del todo bien, si sentimos que merecemos la alabanza que nos niegan, si nos echan la culpa y pensamos que no tienen derecho a hacerlo, todo eso nos causa problemas. Tenemos que ser impermeables a las alabanzas y a la culpa.

No recibimos el sustento ni la tristeza del mundo. No es eso lo que el mundo tiene para nosotros. Decidimos dejar el camino del mundo e iniciar uno diferente, basado en la verdad de que nuestro sustento viene solo de Dios. Los que lo buscan en el mundo necesitan indicaciones manifiestas de buen éxito para convencerse de que están felices; necesitan una prueba de que es correcto porque su fe y sus creencias son débiles; necesitan prueba de que el mundo los apoya. Buscar esa prueba, mirar al mundo en busca de sustento y de indicaciones de mérito, significa que necesitamos las cualidades del mundo. ¿Y cuáles son las cualidades del mundo? Comienzan con un profundo sentido de las diferencias y la raíz del problema es que nos basamos para el alcanzar eso que llamamos éxito en el mundo.

Si buscamos triunfar en el mundo, si apreciamos las diferencias, creamos nuestra propia imagen como creemos que debe ser; tan pronto como tomamos eso en serio, entramos en un reino prohibido. Sentiremos entonces celos y resentimientos. Si las cosas no se dan como creemos deberían ser, nos resentimos con las personas que no se comportan como queremos y sentimos celos de sus triunfos que consideramos deberían ser nuestros. Una vez nos involucramos en las cosas del mundo, añadimos el concepto de ganar o perder a la ecuación de la fraternidad y la amistad, y allí no deberían existir. Tenemos que desarrollar un concepto diferente de fraternidad, llevando la cuenta de una manera diferente. No estamos en el negocio de la competencia sino de la entrega, es decir en lo opuesto. La competencia implica tratar de ganar superando a los demás; la entrega significa que ganamos al superarnos a nosotros mismos, el yo desaparece y Dios gana. Hay que entender el juego de la entrega, ese acto que tiene que convertirse en algo primordial en nuestras vidas. Todos somos actores y actrices y cada uno de nosotros tiene un papel para representar y tenemos que ser cuidadosos al seleccionarlo. Somos idolatras hasta llegar a ese punto que es la realidad. Debemos tener cuidado con lo que adoramos y pedirle a Dios que quite todo lo que nos aparta de la realidad. A pesar de que podemos estar al tanto de la separación entre lo que adoramos y la realidad, debemos orar porque esa separación se esfume. Se nos han dado ejemplos de la verdad, de la realidad y de la manera correcta de vivir; debemos modelarnos en esa realidad. Tenemos el ejemplo de los profetas, de los maestros iluminados, de los amigos de Dios. Sabemos lo que pasaron, el sufrimiento que soportaron en nombre de los demás. El ánimo de lucro debe desaparecer de la interacción con los demás, al igual que el ánimo de beneficiarnos de ellos. Si Dios lo permite y buscamos el Dios de cada uno, Dios será nuestro beneficio, Él que está más allá del lucro, y es un tesoro que no se puede describir. Estará disponible si le dejamos al mundo sus propias normas y establecemos nuevas reglas para nosotros. Con la ayuda de Dios nos permitirá hacerlo, será nuestra lucha personal para empezar a entender el nuevo camino, el camino de la entrega, que es la única vía para acercarnos a Él, para limpiarnos y ser dignos de llegar a Él.

Este camino comienza de manera sencilla, en nuestra casa; se inicia en nuestra relación con nuestro esposo o esposa y se extiende a la relación con nuestros hijos y con nuestros compañeros comunes de viaje. Esa relación de amor, de bondad, de lucha por el bien de los demás, por la felicidad de hacer cosas por ellos, es el camino que hemos escogido, la ruta misma que nuestros grandes maestros eligieron. Piense en su afán de lucro, piense cómo lo evaluaban, lo que pretendían y querían. Ellos nunca tomaron nada para sí mismos, su intención fue siempre dar para exaltar a otros.

Debemos ayudar a los demás, debemos ser los mejores padres para nuestros hijos, ayudar a los que conocemos, a nuestros amigos y compañeros. Ser el mejor amigo, el mejor ejemplo en cuanto a dar y compartir. No tener prisa de hablar sobre nosotros mismos, sino disfrutar del placer de escuchar a otras personas y mostrar simpatía por ellas. No podemos ayudar a otras personas a menos que entendamos lo que son; tenemos que estar allí, compartir todo con ellas y permitirles entrar, entonces podremos actuar en su nombre.

Un sabio resolvió una situación en forma muy interesante. Una madre se acercó a él para pedirle ayuda para su hijo porque ella quería que el dejara de comer azúcar. El sabio le pidió que volviera en dos o tres semanas. Cuando ella regresó con su hijo él le dijo al niño que dejara de comer azúcar. La madre le preguntó, "¿Por qué nos hizo esperar para solo decirnos eso?" La respuesta fue: "Primero tuve que dejar de comer azúcar yo mismo, para entender lo que el niño va a experimentar y saber cómo se va a sentir". Tenemos que entender lo que otras personas sienten, caminando en sus zapatos, quitándonos los nuestros. No podemos aferrarnos a nuestras propias sandalias y negarnos a gastar tiempo caminando con las de otros.

Si creemos que todo tiene que ser como pensamos estamos dando un paso hacía terreno prohibido, porque creamos el mundo como pensamos que debería ser y de verdad eso no nos está permitido. Tenemos el derecho de participar, de ayudar, de utilizar nuestras cualidades, de desaparecer, pero no el de juzgar ni ser obcecados. Este camino es difícil porque va en contra del instinto de conservación, porque a todos se nos aplica una fuerza impulsora. ¿Qué bien hará conservar el cuerpo si perdemos el alma? Esto no es nuevo, lo hemos oído pero ahora necesitamos entender la verdad implícita en ello.

Viejas máximas que encarnan la realidad de nuestras vidas; necesitamos aferrarnos a su realidad, sintonizarnos con las cosas que nos mantienen bien, aclararnos, unirnos a los demás. Debemos compartir con libertad y facilidad no sólo nuestros bienes, sino a nosotros mismos. Tenemos que ponernos a disposición de los que necesitan algo de nosotros y no tomarlo como una carga, sino como una oportunidad para cumplir Su voluntad. Nuestro propósito es ayudar; la mano que ayuda es el camino que nos has sido enseñado, el camino que elegimos

Elegir esa ruta significa que tenemos que entender sus reglas y sus requisitos, entendiendo el proceso de limpieza interna de la ruta. Cualquier motivo, excepto Sus cualidades, debe desaparecer. Eso significa que necesitamos mantenernos lavándonos una y otra vez, como Lady Macbeth, de Shakespeare, quien intentó quitar la mancha de su crueldad lavando sus manos de manera obsesiva. Estamos obligados a quitar las manchas del mundo.

Debemos tener cuidado porque hay gente a la cual no podemos ni debemos tratar de ayudar. No debemos imponernos forzando a quienes están obsesionados con sus propias necesidades, con su propio camino porque habrá problemas. Si lanzamos un cuchillo contra un muro de piedra, rebotará peligrosamente, no habrá receptividad. Debemos mantenernos al servicio de las personas receptivas, que aceptan seguir siéndolo. A aquellos que no entienden se les puede enseñar si lo desean, pero a los que no entienden y no quieren aprender presentan una situación diferente. Tenemos que distinguir entre ellos sin ser ingenuos. Tenemos que ser valientes, y claros y actuar con sabiduría.

La sabiduría diferencia lo que podemos y no podemos hacer, lo que está disponible y lo que no lo está. Abre el camino y nos enseña cómo extendernos, cómo cumplir nuestra responsabilidad ante Dios. Todavía tenemos este cuerpo, todavía tenemos la vejez y todos los problemas inherentes al ser humano por lo cual necesitamos tener la misericordia que entienda los límites de nuestras capacidades para hacer todo lo que nos sea posible. No podemos aceptar la ruta competitiva que el mundo ofrece, no debemos tener resentimientos, ni celos ni ira, porque eso sería rendirse ante el mundo.

Cada uno sirve a alguien. Las personas que piensan que están en competencia, en realidad se han rendido a la oscuridad y al mal. Todas las opciones se han establecido para las personas que piensan bien, que saben para dónde van; pero muchas no lo hacen, tal vez porque se asustan cuando se miran muy de cerca. Tenemos que pasar por esta etapa aterradora de vernos y sentirnos avergonzados de lo que hemos hecho, de lo que hemos vivido y de lo que somos. Sin embargo recordemos que Dios nos vuelve a crear con cada aliento y que el universo no sólo es creado por Dios, sino sostenido por Él, con cada hálito.

Las oportunidades vienen con cada hálito y continúan mientras respiremos, dándonos una nueva oportunidad para caminar por la senda correcta. Debemos saber esto, sentirlo como una realidad y orar por llegar a esa comprensión. Si hacemos nuestras oraciones con esta intención, cada momento nos alejaremos de nosotros mismos y nos acercaremos más a Él. Dios nos ayuda a entender el camino, a crecer y a vivir satisfechos.

! Que Él nos conceda el sustento, para que su amor nos llene sin llegar a necesitar nada del mundo, Que tomemos nuestra satisfacción de Él y sólo de Él!

CAPITULO VEINTITRES

Si buscamos la verdad
en nuestra mente,
NO
la vamos
a encontrar.

CAPITULO VEINTITRES

Más Allá de la Mente

Viajar este sutil camino hacia Dios significa que hemos de ir a los lugares apropiados en busca de la ruta de acceso y que no podremos encontrar lo que buscamos si miramos en los lugares equivocados. Hay una historia acerca de un gran jeque, un maestro que viajaba de pueblo en pueblo. Un día se extendió la noticia en una ciudad que él llegaría. A un jeque local con gran número de seguidores le dijeron que alguien de renombre llegaría y que todos debían visitarlo; él dijo: "Si me envía una invitación iré a verlo"

Un estudiante, devoto del maestro, sabiendo que tal invitación probablemente no llegaría, viajó para hablar con el viajero sobre su jeque ya que aquel no vendría sin invitación, y le pidió le fuera enviada una de forma inmediata. El gran jeque lo miró y le respondió: "Bueno, voy a enviar esa invitación, porque la has pedido, pero sé que tu profesor está más interesado en sí mismo, en su propia barba. A pesar de eso te voy dar la invitación para él. La noche de la invitación hubo una gran reunión con el jeque y sus discípulos; una vez finalizada el jeque local se quedó para para presentarse personalmente ante al visitante quien aprovechó la oportunidad para decirle: "Bien sabes que el foco de tu atención lo has centrado en ti mismo, en tu propia barba". El jeque rompió a llorar exclamando "Es verdad, es verdad!" , mientras se arrancaba la barba. El gran jeque miró al discípulo que le había pedido cursar la invitación y reiteró: "Como te dije, está centrado en su barba"

Es necesario reconocer cual es el centro de nuestra atención, y entender dónde buscamos la verdad. Si escudriñamos la mente, allí no la vamos a encontrar. Es como echar agua en un tamiz, porque la mente no es un recipiente capaz de contener la verdad; hay que entender lo que ella puede o no puede hacer por nosotros. Cuando le decimos que queremos nos libre de todo los lazos que nos atan a nosotros mismos, equivale a un diálogo de la mente con ella misma. Porque no tiene sino los motivos del yo, pero discutir esa posibilidad con ella sólo nos afianza de manera más profunda en la individualidad. Cuando discutimos la posibilidad de deshacernos de la auto motivación, nuestra mente nos da esa posibilidad si eso es lo que buscamos, pero si tenemos la esperanza de progresar tenemos que renunciar a ella y encontrar otra manera, pero es tan obvio que la perdamos, que para librarnos nos involucramos con otras personas, ayudamos a los demás por su bien, de una manera que no tiene nada que ver con nosotros mismos. Este es un enfoque simple, directo.

Muchos entendemos sólo la mitad de la regla de oro; no analizamos la reciprocidad, proceso que funciona en dos vías opuestas: hacer a los demás lo que nos gustaría que ellos hicieran por nosotros, es decir dar y recibir. En general la gente se interesa por lo que otros hacen por ella, cómo la tratan, y qué recibe de ellos. Muchos olvidamos la otra parte, ¿cómo somos con los demás, ¿cómo actuamos hacia ellos, ¿qué hacemos en su nombre, ¿cómo los tratamos? Hay mucho trabajo por hacer si nuestro pesar se limita a la autoflagelación, mesándonos la barba, lo que significa que seguimos profundamente interesados en nosotros mismos y que no hemos sido capaces de identificar esta obsesión. Tenemos que ver el fardo de huesos que nos acompaña, para liberarnos de la prisión física y mental que este significa. Si no somos capaces de hacerlo estaremos tan solo malgastando el tiempo en lugar de hacer lo que nos corresponde. Si gastamos nuestra capacidad mental sólo en leer todos los libros sobre cómo cambiar, nada pasará, nada habremos conseguido.

La mayoría de nosotros no sabe cómo funcionar sin nuestra mente, porque además tenemos miedo de dejarla ir. Se nos ha instruido en el sentido de que para memorizar las cosas hemos de repetirles. ¿Qué herramientas usamos para para ello? Hemos aprendido a utilizar nuestra mente. Los más exitosos tienen más dificultad para ir más allá de la mente, porque han sido recompensados con títulos, honores y premios, adquiridos por su uso. ¿Cómo hacemos para liberarnos de esa vida a la que estamos acostumbrados; para muchos de nosotros es la única manera que sabemos debe ser, así que ¿cómo hacerlo? Se necesita una cierta dosis de valor y la certeza de que algo más allá de nosotros está sucediendo. Todos hablamos de Dios, decimos que Dios nos creó, que nos sostiene y nos nutre y que todo está en sus manos, pero ¿cuántos de nosotros sabemos y aceptamos que todo, absolutamente todo, está en las manos de Dios? '

Hay una historia acerca de un discípulo que quería mostrarle a su maestro que creía que todo estaba en manos de Dios. Se ciñó un cilicio y se sentó donde pasaban las caravanas con un tazón de mendigo en sus manos. La gente que pasaba le daba dinero. Regresó complacido donde su maestro: "Renuncié a mi trabajo y a todo y me vestí como un mendigo. Mira lo que Dios me ha dado".

El maestro respondió: "Interesante, pero vestido como un príncipe, ve a un lugar donde nadie camina. Veremos si Dios te proveerá. ¿Tienes suficiente coraje para hacerlo? "

El discípulo estaba confundido porque creía haber entrado en un tipo diferente de negocio, el de mendigo, creyendo no estar en negocios en absoluto, para darle una prueba de fe a su maestro y convencido de haber hecho algo diferente, a pesar de que todavía estaba trabajando con su mente. ¿Cómo renunciar entonces a esa dependencia para entrar en un espacio abierto donde ella no nos afecte? Debemos saber que Dios existe, creerlo y entenderlo. No es la voluntad de la mente la que consigue que algo ocurra. Nada sucede sin que Dios lo permita.

Ha sido más fácil para mí creer, pues mi experiencia me lo ha comprobado y me ha enseñado a pensar de manera diferente. Antes creía que podía lograr las cosas porque yo era inteligente, pero mis empresas me enseñaron otra cosa. No era más o menos exitoso de una empresa a la otra, aunque unas salían bien y otras mal. ¿Qué hacía que algunos operaran bien y otras fallaran? Es evidente que no era yo, o todo hubiera resultado bien. Pronto me di cuenta que nada tenía que ver conmigo. Que Dios permite algunas cosas y otras no. Con este entendimiento ya no creo que soy listo, sino que recibo todo de su gracia. Ahora siento gratitud, No me considero muy listo. Se trata de una alteración de la conciencia, de un enfoque diferente, de una actitud diferente que no tiene nada que ver con lo que podemos o no podemos hacer. Sólo Dios puede decir, "¡Sé!" y ocurrirá., nos han dicho. Creemos que todo lo que Dios quiere, sucederá. Si todo depende de su voluntad, que queda para nosotros? Se nos ha dicho que nos quedan nuestra intención y nuestra paciencia.

Esto no tiene que ver entonces con lo que sucede o cómo salen las cosas. No se trata de lo que podemos ver. ¿Vemos las intenciones? no, se trata de lo que vemos a través de la comprensión de las cosas, sino lo que nos proponemos hacer; se trata de

nuestra paciencia con el proceso, poniendo nuestra intención y manteniéndola enfocada sin importar las dificultades para cancelarla. Es una combinación de intención y paciencia para llevarlo a cabo, no se trata de resultados.

La cultura se define por sus resultados. Entender que estos no importan es poner a nuestra cultura, como se dice en el lenguaje popular, patas arriba. En el trabajo se espera que rindamos informes sobre los resultados obtenidos. Con nuestras amistades a veces no se formula la pregunta implícita ¿qué has hecho por mí últimamente? En su lugar, hay que comprender que la bendición de Dios es lo único que debemos pedir. Eso significa un cambio de actitud de lo que somos, una forma diferente de ver las cosas; comprobar que encontramos placer en diferentes lugares, que sentimos gratitud por cosas diferentes; nuestras experiencias máximas se cifran en hacer un montón de dinero y comprar cosas costosas. Medimos nuestra vida esas cosas porque pensamos que ellas nos elevan, nos estimulan, nos hacen mejores.

¿Pero es eso cierto? Una tradición resume todas nuestras ideas erróneas como la dependencia de la tierra, que consideramos propiedad nuestra, en el oro que simboliza la riqueza y en la gratificación sensual o el placer, las mismas cosas que tenemos y a las que tenemos que aprender a renunciar. Habrá algo más que nos diga que estamos viviendo una experiencia extraordinaria. Eso se origina en el hecho de ver como una intención apropiada se realiza. Si tenemos la intención de llegar a estar plenos del amor que fluye y vemos que hemos logrado alcanzarlo, si sentimos que ese amor se transmite a los demás y esa es nuestra experiencia cumbre, habremos cambiado, transformado, aprendido a no medir usando la mente como instrumento. Si la sonrisa de un bebé es para nosotros una experiencia magna, si en nuestros oídos resuenan la verdad, la libertad y la existencia de Dios en el mundo, hemos empezado a cambiar.

Ese entendimiento está conectado a Dios, a las cualidades de Su gracia, para hacerlas parte de lo que somos. Cuando vemos la relación con Dios y Sus virtudes como la relación más importante en nuestra vida, sabremos que el anhelado cambio se ha iniciado. Estas cualidades no son solo nuestras. Cuando existen dentro de nosotros las compartimos con los que se nos acercan. Entendemos que esas preguntas no tienen límites, que no están atrapadas dentro sino que pasan a través de nosotros y podemos dirigirlas a los sitios donde se necesitan.

! Que Dios les permita fluir a través de nosotros si nos hemos despojado del ego: Él existe por sí. En su búsqueda nos esforzamos. Oramos para que nos permita entrar en Él.

¡Oramos para que Él nos permita a todos entrar en su estado!

CAPITULO VEINTICUATRO

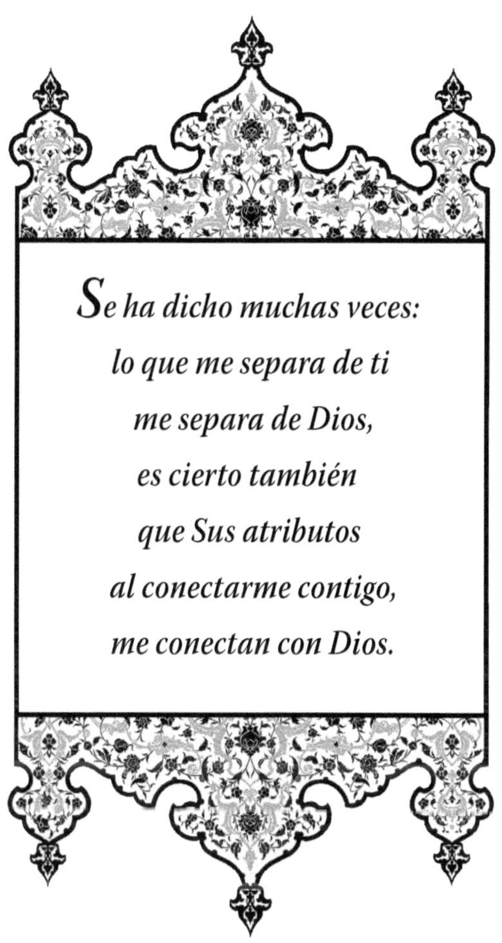

Se ha dicho muchas veces:
lo que me separa de ti
me separa de Dios,
es cierto también
que Sus atributos
al conectarme contigo,
me conectan con Dios.

CAPITULO VEINTICUATRO

La Hermandad

Los veteranos de guerra entienden el significado de la hermandad en toda su extensión, pero es triste que tengamos acudir a los acontecimientos de la guerra para hacerla evidente. Más a pesar de todo necesitamos tener claridad acerca de ella para defendernos unos a otros, hacer sacrificios los unos por los otros y ser amables mutuamente; a cambio de ello hay ciertas recompensas. ¿Cuáles? ¿Quién es el misericordioso que apoya, protege, ayuda y es además el único amigo verdadero? Cuando nos comportamos con Sus atributos y los compartimos en Él, y cuando los compartimos en Él, Él se une a nosotros, tenemos la percepción de su gracia por nuestra conducta y actitud hacia los demás y con sus acciones aumentamos la experiencia de esa resonancia divina.

Las características divisivas, los celos egoístas actúan en sentido contrario, nos separan unos de otros. Lo que me separa de ti me separa de Dios, pero las cualidades que me conectan a ti me unen a Dios. Si queremos estar conectados con Dios tenemos que hacer la conexión. Si no la logramos debemos reconocer que estamos fallando. Esto no es complicado sino bastante básico, pero nosotros a veces omitimos las cosas básicas.

Es importante interactuar con la gente en forma adecuada, amorosa, amable y positiva. Aprender a hacerlo es realizar la transformación de la cual estamos hablando, que nos enseña a interactuar con Dios. Este camino se refiere a nuestra relación con Él. Para estar cerca de Dios hemos de estar cerca de los que también están cerca de Él; el siervo puede presentarnos al Maestro. Si tenemos la gracia de conocer a ese siervo, tenemos que portarnos bien con él, o no llegaremos al Maestro; el siervo tiene la llave de Su puerta.

Hay una historia tradicional sobre Moisés quien invitó a Dios a un banquete. Oró con tanta fuerza para que Dios aceptara que Dios le respondió que asistiría; se gastaron días en la preparación del ansiado convite y justo un poco antes de que se iniciara, llegó un pobre hombre pidiendo pan y agua. Moisés, le respondió que estaba muy ocupado y le pidió que regresara más tarde. El banquete comenzó, mucha gente llegó, pero no hubo ninguna señal de Dios.

Más tarde, al estar orando Moisés exclamó: "Señor te pedí que vinieras y dijiste que lo harías, pero no lo hiciste".

Dios le respondió "Yo fui, te pedí pan y agua, pero me respondiste que estabas muy ocupado y me pediste que me fuera"

Parte de nuestra interacción con Dios está conectada con la que mantenemos con su presencia manifiesta en la gente que conocemos. Tenemos la obligación de ser buenos con todo el mundo, de manera consistente. Primero que todo nuestra obligación es ser amables, cariñosos y comprensivos. Si lo somos nos serán otorgados ciertos dones.

En muchas instituciones religiosas encontramos que una gran parte de su tarea es proteger a la institución misma, considerando que así protegen a Dios. Hasta que no entendamos que Dios no necesita nuestra protección, que Él es autosuficiente, que Él cuida todas las situaciones y mientras no adquiramos esa certeza y vivamos con ella, nos será muy difícil tener relaciones adecuadas con los demás.

Cada uno de nosotros es la totalidad de la existencia; cada uno de nosotros es el universo. Si el universo irradia paciencia, tenemos que hacerlo nosotros también, si el universo derrama generosidad, hemos de ser generosos, si el mundo da amor, tenemos que dar amor o de lo contrario estaríamos interfiriendo el flujo natural de las cosas. Para evitarlo debemos analizar nuestros motivos, la forma como ellos fueron concebidos y racionalizados y analizar también nuestras creencias básicas.

Todo le pertenece a Dios. Él no necesita de nuestra protección. Él es el protector, sin requerir nada de nosotros, Él es el quien lo da todo. Nuestro deber es someternos a su voluntad para evitar interferirla. La gloria de nuestra existencia radica en la comprensión de este punto y a menos que nuestras suposiciones se basen en él, bloquearemos la verdad. Si pensamos que tenemos que tenemos que proteger una institución religiosa y que sin nuestra intervención directa Sus palabras y Su verdad se desvanecerán, no hemos entendido Su gloria. Su verdad no puede desvanecerse, Su verdad es todo lo que existe.

Las enseñanzas de los seres santos son como la lluvia que cae

en todas partes. Hay inmensa alegría para los que la recogen. Sí no atesoremos esa alegría, no seremos recompensados. Si nos encerramos en lo que suponemos evidente creyendo que la santidad es lo que se ve, estaremos equivocados.

Hagamos a los demás felices, ayudémonos mutuamente, regocijémonos con el buen éxito de los demás, ayudémonos los unos a los otros, sintamos regocijo por el éxito de los demás y agradezcamos la presencia de los demás. Entonces Dios estará alegre para nosotros y todos los velos se desvanecerán.

C A P I T U L O   V E I N T I C I N C O

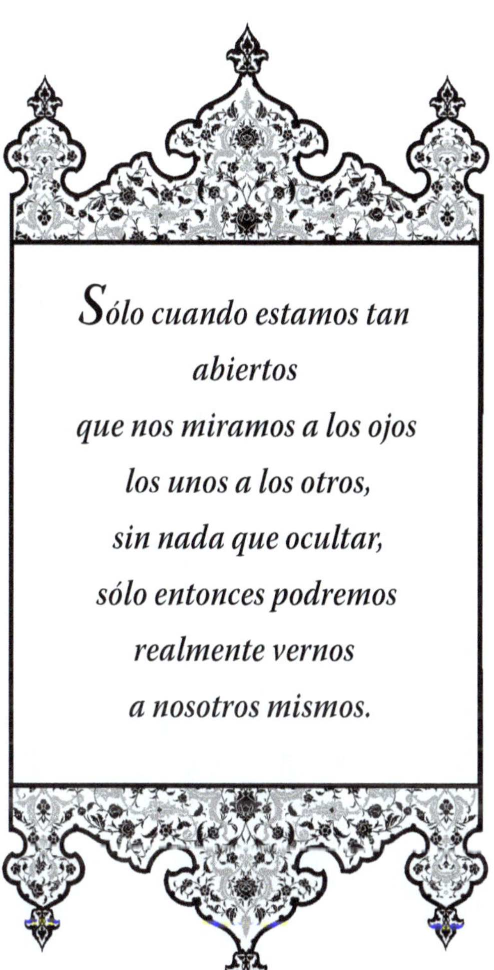

Sólo cuando estamos tan
abiertos
que nos miramos a los ojos
los unos a los otros,
sin nada que ocultar,
sólo entonces podremos
realmente vernos
a nosotros mismos.

CAPITULO VEINTICINCO

La Hipocresía

Que la paz de Dios sea con ustedes, ahora y siempre. A veces, mientras pasamos de la infancia a la madurez, descubrimos que ciertas acciones nos dan o no lo que esperamos y aprendemos a adaptarnos a las situaciones, para conseguir lo que queremos. Aprendemos a decir lo necesario para alcanzar nuestros objetivos y aprendemos a manipular, a mentir, a ser de dos caras y a expresar algo distinto de lo que realmente pensamos. Algunas personas, enfermas mentales, suelen tener dificultades para separar lo que hacen de aquello que unas voces dentro sus cabezas les dicen que hagan, y al obedecerlas generan terribles problemas.

Otras personas más equilibradas, en apariencia normales, que han aprendido como ciertos pensamientos y sentimientos tienen que ser ocultados, exhiben lo que es social o políticamente correcto, incluso si no están de acuerdo con ello, pero cuando están solos o con un grupo de personas afines, manifiestan lo que realmente piensan. Esta es la hipocresía, que ha sido descrita como el pecado de Satanás, un gran pecado. La hipocresía consiste en pensar una cosa y decir otra, haciendo creer a los demás que creemos en ella, tan solo para alcanzar nuestros fines

Quienes piensan que esta hipocresía es legítima, porque les es útil para lograr sus fines y adquirir las cosas de valor que desean obtener, creen que esa debe ser la forma de hacerlo. Pero eso no es cierto, porque la hipocresía evita algo muy importante: el crecimiento individual. Incluso cuando se dirige a un conflicto específico, la hipocresía, apoya la dualidad asociándose al sentido del doblez en sí, que debe ser eliminada. La mayoría de las personas no se da cuenta del daño que hace la hipocresía en el camino del auto descubrimiento, que implica un profundo conocimiento de lo que ocurre dentro de nosotros. Cuando hacemos lo que creemos correcto, por aparentar, sin ningún apego a la verdad, no tenemos amor por ello, amamos y nos motivan sólo nuestros deseos.

Lo primero que hay aprender es a reconocer y a diferenciar el bien del mal; si no amamos lo que es correcto, tenemos que aprenderlo y valorarlo. Para seguir este camino y hallar lo que Dios ha destinado para nosotros, en la búsqueda de la verdad hemos de superar este obstáculo, porque mientras la verdad no esté dentro de nosotros no existirá en la relación con nuestros semejantes ni con Dios.

Si ocultamos a los demás aspectos nuestros, podríamos estar haciéndolo de nosotros mismos. ¿Por qué ocultar a los demás lo que nos decimos nosotros, para saborearlo en ciertos momentos, en lugares ocultos y oscuros? ¿Qué es lo que permite que tal cosa suceda, qué pasa dentro de nosotros, qué nos hace crear rincones oscuros y ser diferentes en privado y en público?¿Cómo podemos cambiar eso? Tenemos que aceptar lo que hacemos mal, para poderlo corregir. Sólo cuando nos miremos a los ojos, los unos a los otros, sin ocultar nada, podremos, de manera honesta y cierta, vernos a nosotros mismos

Mientras tengamos cosas que ocultar de otras personas, ellas no podrán mirar dentro de nosotros y estará bloqueada nuestra capacidad de vernos de manera correcta. Lo que pensamos esconder de los demás, en realidad lo escondemos de nosotros y nos impide ver la realidad. La dualidad de la hipocresía contribuye a esta limitación. Cuando sabemos que no sentimos lo que debemos sentir, comprendemos que es necesario cambiar.

Esta es la obra de la nueva ruta, llegar a deshacernos de esa parte de nosotros que es falsa e incorrecta. Tenemos que enderezar el camino para ir en dirección a lo correcto con honestidad, y caminar de manera fácil con buena voluntad e intenciones positivas. Este simple trabajo y comprensión pueden llevarnos muy lejos.

Entender que debemos estar en paz dentro de nosotros mismos para reconocer que esa paz nos permite sacar lo que realmente somos y enseñarlo a los demás, sin miedo, sin vergüenza, sin agenda y volvernos hacia a Dios despojados de la hipocresía.

Dios es conocido en las escrituras hebreas como «Yo soy el que Soy": Él es Uno solo. Para entenderlo debemos fusionarnos en Uno. Nuestra hipocresía debe ser eliminada, no podemos programar ni manipular la situación y debemos dejar de pensar así. Hay una gran diferencia entre ser puro y ser ingenuo; tenemos que entender la traición del mundo

y reconocerla cuando la veamos, pero no podemos dejar que se convierta en parte de nosotros, ni creer que para alcanzar el buen éxito en este mundo hay que recurrir a esas técnicas. Necesitamos un grupo o una comunidad donde la gente no tenga miedo, que pueda ser honesta con los demás y que deponga su resistencia para abrirse y mostrar su verdadero yo. Sólo entonces podremos empezar a conocerlo. A medida que empezamos a develar el verdadero yo, empezaremos a conocer la verdad.

Tenemos que ser más pequeños como individuos y como comunidad; tan pequeños que pueda caber el uno dentro del otro. Habrá espacio suficiente si todo aquello que hemos escondido dentro de nosotros y que nos llena, sin dejar espacio para más, se vacía por completo.

Cuando no tenemos motivos, ni un esquema preciso, somos pequeños y vacíos, pero aún hay espacio para Él. Esta es la llave que desbloquea las puertas de acceso a la realidad y lo hacen a Él disponible. Y ya que estamos vacíos Él llenará ese espacio; pero si nos aferramos a la hipocresía estaremos agarrados a la cola del diablo y entonces ¿cómo podremos aferrarnos a Dios? La elección que debemos hacer es muy clara. Los grandes maestros y sabios a menudo hablan de esto. Ellos nos aconsejan no desatar cada pequeño nudo, sino sacar todo el asunto de raíz y olvidarnos de él. Y si nuestros patrones de pensamiento son demasiado complicados, renunciar a ellos. No somos seres complicados, no tenemos que serlo, estamos destinados a ser puros y a estar limpios y a ser correctos. Cuanto más compliquemos las cosas, más difícil será llegar a ser puros, limpios y rectos. Este no es un camino complicado sino recto, no zigzaguea, va directo. Tenemos que ser directos, transitar por la vía recta y ser personas de amor.

Debemos establecer la intención correcta, regida por el amor. Cuándo el llena una habitación no hay espacio para más. El amor adormece al yo inferior, lo amansa, enciende el fuego que lo aleja, para permitir a la gracia brillar. Es una luz, una llama, la limpieza que buscamos y la eliminación de la dualidad. Ya no tendremos que estar divididos, seremos coherentes en nuestro discurso, en nuestras maneras, en nuestro amor. Los demás pueden esperar que nos comportemos de cierta manera, que reaccionemos de cierta manera sin temer cómo seremos hoy ni cómo vamos a ser esta tarde o la próxima vez que nos vean.

Tenemos que ser lo suficientemente equilibrados para saber que somos un consuelo el uno para el otro. Eso comienza en el hogar sabiendo cuando acudir a nuestro o nuestra cónyuge en busca de respuestas, es decir a esa esa persona que es para nosotros y de la cual somos una roca. La capacidad de consolar desborda los límites de la familia y se extiende a nuestro círculo de amigos de confianza, que son un consuelo, un santuario mutuo. Nos convertimos en el lugar donde podemos vivir con seguridad en el amor, en la protección. Las cosas pequeñas y fáciles cambian nuestra vida, nuestras actitudes, lo que somos, nuestras perspectivas y nuestra forma de actuar y sentir en la vida diaria. Si podemos elevarnos a ese nivel de bienestar, nuestro centro será más fuerte.

Sabemos lo que es una caja cerrada, el tipo de caja en la que deberíamos encerrar la hipocresía. Sin embargo con tantos problemas en el mundo buscamos con afán la llave pues creemos necesitarla. Pero debemos llegar al punto donde no la necesitamos, donde no nos incomoden más los ladridos de los perros, porque nos hemos alejado de ellos, a pesar de que sea difícil dejar lejos la refriega, para que sean otras personas las que peleen, que expresen sus opiniones sin involucrarnos con ellas, porque decirles si tienen o no la razón es tarea muy difícil.

Conocemos historias sobre gente plena de sabiduría que no habla, que no replica. Hay una acerca de un grupo que acudió a orar a una mezquita del camino. Mientras estaban sentados, después de haber elevado sus plegarias, un hombre llegó a orar, y lo hacía en la dirección equivocada, más nadie le dijo nada. Cuando se levantaron para rezar de nuevo, a la siguiente hora de oración y se prosternaron hacia la dirección correcta; el hombre comprendió su error y se unió a ellos. Todo se hizo sin pronunciar palabra, sin un reclamo, sin una reprimenda, sino a través de la acción, la forma correcta de hacerlo. Porque debemos incorporar la intención a la acción y a nuestras vibraciones; nuestra dimensión es más fuerte que las palabras. Podemos sentirnos los unos a los otros y saber dónde está cada uno de nosotros. Saber que nos sentimos cómodos mutuamente; que el amor existe, que la familia es un santuario y estar siempre dispuestos a diseminar la gran verdad sobre el amor, a una persona a la vez. No necesariamente con palabras; al principio, la gente reconoce cuando algo especial está ocurriendo, entonces preguntan la razón de ello, entonces podemos hablarles porque han comenzado a reconocer que existe algo más.

Mientras la gente no reconozca que existe algo más y se sienta atraída por ello, es difícil orientarlos hacia este camino, e incluso puede ser peligroso. Sin embargo atraerlos a la senda correcta es parte de lo que Él nos ha encomendado; una vez lo entendamos será nuestra responsabilidad hacer que suceda. Podemos ayudar tan sólo por ser como somos. Es una gran bendición tener esa capacidad en nuestra vida, es un don que se nos ha concedido para darnos acceso a Él. Entenderlo y crear las alabanzas para Él es la razón por la cual los profetas, los seres santos, los sabios y sus amigos fueron enviados. ¿Cómo llegamos a ser sus amigos? Siendo amigos de sus amigos, respetando a sus amigos, escuchando a sus amigos, oyendo atentamente a quienes lo han escuchado a Él.

Que podamos empezar a entendernos a nosotros mismos, estudiarnos y ser nosotros uno, dentro de nosotros mismos. Que las palabras que salgan de nuestra boca sean rectas, limpias y puras, sin intenciones erróneas, llenas de amor.

! Que las bendiciones que emanan de este amor nos bañen en Su amor!

CAPITULO VEINTISEIS

CAPITULO VEINTISEIS

La Creación de Adán

La creación de Adán, el primer hombre, es un gran misterio y todos estamos relacionados con el de una manera muy significativa. Para entender lo que somos tenemos que entender quién es Adán, que significa su creación, porqué somos una re-creación de esa creación original. Para conocernos podemos comenzar con estas preguntas: ¿por qué fue creada esta especie llamada hombre? ¿por qué creó Dios a Adán?

Las Escrituras dicen que Dios creó al mundo y a otros seres antes de que creara al hombre. Dios les dijo a los ángeles que iba a darle vida a un ser que sería mayor que ellos, con una capacidad mayor de conocerlo que ellos, un ángel se opuso. Ese ángel estaba seguro de que el nuevo ser no sería obediente, que no haría lo que Dios dijera, que iba a matar a otras criaturas y a confrontar a Dios. Lo que el ángel no podía entender, porque es difícil de entender, es un estado más elevado que el nuestro. El ángel rebelde no podía comprender las razones de Dios para crear al hombre, porque no sabía lo que Dios sabía. De la misma manera, a menudo asumimos cosas que no podemos entender, estamos limitados por lo que sabemos, limitados por nuestra propia condición.

Dios tenía una razón para crear al hombre. El resto de la creación había sido traído a la existencia como cosas que él produjo de Sí mismo, pero no de Su esencia. Por eso quería crear algo que viniera de ella. El Antiguo Testamento reza que Dios creó al hombre a su imagen, aunque se nos dice que Dios no tiene imagen, que Dios es incomparable, que no debemos crear imágenes o representaciones de Él, sin embargo, Él creó al hombre a Su propia imagen. ¿Por qué Dios quiso crear algo a su propia imagen, ¿por qué iba a querer crear algo para Sí mismo?

Antes del comienzo sin comienzo, Dios se conocía a sí Mismo a través de sí mismo; no había nada más, sólo Él. En su vastedad Él comprendió su propio ser, sin embargo, sólo podemos entender otras cosas mirándolas. Para vernos a nosotros mismos necesitamos

un espejo, pero pensamos que mirando un espejo, sin ningún apoyo, seguiremos siendo capaces de vernos y conocernos a nosotros mismos, Dios se conocía a sí mismo de una manera que no podemos entender, Él sabía sobre sí mismo, buscando dentro de Él sin un reflejo externo ni imagen. Él se conocía a sí mismo desde el fondo de sí mismo, pero Él quería saber sobre sí mismo desde afuera, Él quería saber de sí mismo, en un reflejo de sí mismo.

Dios decidió crear un asistente en este mundo, un rey para el mundo bajo su dominio. Quería hacer algo que incluyera en sí mismo, en la forma en que todo estuviera incluido dentro de Él. Por supuesto esa creación no es Dios, no podemos cometer ese error, pero es lo más parecido a Dios en el universo creado. A esa creación Él la llamó Adán, el primer hombre, al que se le dio dominio sobre el mundo entero. Se dice que Dios creó al mundo con las dos manos y todo lo demás con una, pero cuando creó al hombre Él también sopló su aliento en él, algo nos separa del resto de la creación.

Caminamos con el hálito de Dios dentro de nosotros; ese aliento es el alma que existe dentro de nosotros. Como un símbolo nos sostiene la respiración que no se detiene nunca, porque si lo hace nos detenemos. Así como nuestra respiración nos sostiene, Dios sostiene al mundo y seguirá haciéndolo siempre.

Curiosamente, a pesar de que a Adán se le dio dominio sobre todo las cosas y controlaba al mundo, a todas las criaturas y a todo lo existente no era feliz. Tuvo una relación con Dios que era la respuesta a algo más grande que él y por lo tanto era una relación limitada, razón por lo cual pidió a Dios alguien que lo acompañara y que pudiera tener una relación a su propio nivel, como una forma de conocerse a sí mismo.

Como Dios quería crear un ser que lo conociera a Él, que lo entendiera a Él y lo reflejara Él para hacer su gloria más evidente, Adán quiso para él lo mismo. La respuesta a su petición fue una compañera, Eva. Mucho después, el profeta Mahoma nos diría que la mitad de nuestro camino está en el matrimonio; llegamos a conocernos a nosotros mismos a través de esa unión. ¿Y cómo llegamos a conocer Dios? Conociéndonos a nosotros mismos. Esto significa que la relación más importante en nuestra vida mundana es el matrimonio y en segundo término la humanidad. Dios puso lo que le dio a Adán en todos nosotros y la oportunidad de apreciarlo en todo el mundo. Algunos reconocemos a Dios en nosotros pero no en los demás, actuando como el ángel que se opuso a la creación de Adán

Satanás se quejó de que Dios llegara a crear un ser diferente a Él, separado de Él, una criatura que haría las con consecuencias espantosas para Su creación. El tipo de cosas que algunos decimos acerca de otras personas. ¿Cuándo lo hacemos, porqué nos gusta, a quién estamos imitando y por qué? Lo hacemos porque no reconocemos lo que Satanás y sus seguidores hicieron al rehusarse a reconocer al hombre. Nos negamos a inclinarnos ante otros, mientras nos inclinamos ante nosotros mismos y no respetamos a los demás.

Cuando no aceptamos a Dios en nosotros, atendemos a nuestros bajos deseos, al aspecto animal de nuestra naturaleza pero sin embargo somos diferentes a los animales de este planeta. Si miramos a los demás como animales, significa que hemos visto sólo a nuestro animal interior, el que habita en nosotros mismos. Si vemos a los demás como seres superiores, cercanos a Dios y en ellos su alma y su aliento, podemos descubrirlo en nosotros. Si no lo vemos en los demás, no podremos verlo en nosotros mismos.

La capacidad de actuar correctamente es importante en nuestra vida. ¿Cómo confiar en Dios si no confiamos en lo que Él ha puesto en los demás? ¿Cómo ser dignos de confianza? O somos dignos de ella o no lo somos. El ámbito de la honradez está en nuestras relaciones con el mundo, comenzando por la familia; la forma como actuamos la ampliamos a las relaciones con los profesores, los amigos y los conocidos.

Si decimos como es de importante y significativa nuestra palabra, si somos conscientes de lo que sale de nuestra boca, estaremos conscientes de la forma como actuamos? ¿Entendemos lo que es correcto y esa comprensión hace parte de nuestra vida? Dios nos creó como Sus administradores de este dominio, lo que implica Su confianza depositada en nosotros. Tenemos que adquirir un nivel de confianza mediante la obtención de la confianza de los que nos rodean; confiar en sus corazones y ellos en el nuestro.

Necesitamos reconocer nuestra igualdad, esa inmensa gloria donde reside la unidad de Dios. A medida que nos alejamos de ella damos un paso hacia nuestra alejamiento de Dios. Si nos resistimos a sentir afecto por nuestros compañeros nos resistimos al afecto por Dios; si rechazamos asociarnos con nuestros amigos y familiares nos resistiremos a entregarnos a Dios. Si tratamos de hacer valer nuestra supuesta superioridad sobre ellos, estaremos intentando ser superiores a Dios; si tratamos de asumir la autoridad en vez de escuchar lo que tienen que decirnos, pretenderemos ejercer autoridad sobre Dios.

Todos estamos hechos de la misma tela, tejida en el mismo telar, venimos de un solo Creador. Quien diga que su Dios es diferente de mi Dios, tiene un dios que no es más que un ídolo. O creemos que hay un Dios o no aceptamos esa verdad; si la aceptamos y creemos en Él, entonces es el Dios de todos. Necesitamos conocer nuestro lugar en la creación, porque la historia de Adán es nuestra historia. Cuando aprendamos que cada historia es la nuestra, podremos conocernos a nosotros mismos. Sólo hay una historia, Su historia y tenemos que incluirla en nuestra existencia.

Debemos conocer su historia completa, la razón de las cosas que Él creó. Debemos ir al reino de la sabiduría que está más allá del entendimiento. La sabiduría no puede ser explicada por la ciencia, porque sólo se puede aprender de los que viven en ese reino y están en contacto con el conocimiento divino, el verdadero, que han recibido de otros que tenían esa sabiduría. A veces parece que ese conocimiento se ha perdido en el mundo, que no se puede recuperar, pero no se pierde, simplemente no se busca. Tenemos que hacer el esfuerzo por hallarlo.

El mundo es un lugar poderoso, todo lo que Dios produce, todo lo que Él ha creado tiene ciertos poderes o fuerzas, con propiedades magnéticas, hipnóticas, que nos fascinan. Tenemos que tomar una decisión, o nos quedamos en la fascinación o avanzamos hacia Dios. El mundo nos puede señalar a Dios o a sus cosas, las cosas del mundo. Depende de la dirección que elijamos, podemos seguir en pos de las cosas del este o entender las que nos dirigen hacia Dios.

Un ser santo dijo que el mundo es el intérprete de Dios. O utilizamos el mundo para entender a Dios, o tratamos de encontrarle sentido al mundo. Si creemos que encontrar el significado del mundo es como pelar una cebolla, nada habrá al final. Si no buscamos a Dios no habrá nada al final tampoco Él es el único al que hay que encontrar. Si vamos en busca de las cosas equivocada, nunca estaremos satisfechos. Un ingrediente principal es el amor, porque este es el camino del amor. No podemos establecer la correcta relación con los demás, si no nos preocupamos por ellos y no merecemos de ellos el respeto necesario para respetarnos nosotros mismos de manera apropiada ante Dios. ! Que entendamos la naturaleza de la creación y sigamos por ese camino hasta Él, porque Él lo creó para nosotros.

CAPITULO VEINTISIETE

Las opiniones
bloquean la verdad,
nos impiden verla
porque,
por anticipado,
sabemos la respuesta.

CAPITULO VEINTISIETE

Examinar el Ego

El koala vive entre eucaliptos donde las hojas, tóxicas para la mayoría de las especies, son su alimento. Y como no son muy nutritivas tiene que comerlas durante todo el día para obtener el sustento necesario para vivir. Es una pequeña criatura que ha encontrado el sitio adecuado para vivir en paz, donde nadie la ataca y puede comer todo lo que quiera. En el Polo Norte, un lugar donde creemos es imposible vivir, prospera una pequeña sociedad. Allí los osos polares viven sobre el hielo, tan frío que es difícil para muchos de nosotros, pero adecuado para el oso. Los diferentes escenarios que proveen sustento, y que no podemos entender o tolerar, son de beneficio para otros porque les permiten continuar viviendo. Ciertas cosas que descartamos mantienen a otros con vida. Esto nos debe ayudar a reconsiderar la forma como vemos las cosas y a entender cuan irrelevantes pueden ser nuestras conclusiones cuando juzgamos las cosas de acuerdo con nuestras propias exigencias.

Tenemos diferentes aspectos de nuestro ego. Algunas partes, anti éticas para otras, no pueden existir si no controlamos las primeras. Como nos comportemos dependerá de nuestra disposición en un momento dado, pero la gama de variaciones es notable. Algunas se van a los extremos, donde no las podemos controlar y se describen como bipolaridad, porque actúan de maneras tan opuestas que suelen funcionar de manera inadecuada. Si encontramos a una persona así, en ese estado maníaco, nos formamos una opinión de ella basada en ese estado y si alguien más la trata, en su estado depresivo, se formará una opinión tan distinta, que parecerá que se trata de dos personas distintas. Todos sufrimos esos cambios hasta cierto punto. Cuando algunos aspectos prevalecen, otros se van al fondo donde más o menos dejan de existir. Si no controlamos nuestras energías, nuestro estado, lo que viene determinará lo que alguien ve. Podríamos entablar bastantes y diferentes relaciones con otras personas, con conocidos mutuos, quienes podrían pensar que no están tratando con la misma persona, aunque no hayamos caído en los extremos de la bipolaridad.

Necesitamos saber quiénes somos para darle sentido a ello, pero ¿cómo podemos resolverlo cuando tenemos que enfrentarnos a tantos seres interiores diferentes? ¿Somos persona felices o tristes , ¿tenemos un buen nivel de energía o ni siquiera podemos levantarnos de la cama, ¿somos capaces o incapaces de hacer cosas, ¿somos brillantes o ignorantes, ¿somos pasivos o activos? Puesto que somos todo eso en uno o en otro momento, ¿cómo zanjamos las diferencias, cómo determinamos quienes y como somos en determinado momento?

Los niños pasan por una fase conocida como los terribles primeros dos años, un período en que están fuera de control, totalmente auto centrados, queriendo todas las cosas. Sin el lenguaje para expresar sus necesidades lloran hasta que alguien entienda lo que desean. Poco a poco aprenden a comunicarse, a expresarse, en un proceso llamado socialización, por medio del cual aprenden a ser civilizados, a tener una conducta normal. Diversas culturas y tradiciones tienen nombres distintos para las reglas que especifican cómo actuar. Muchos de nosotros no saben cómo hacerlo; algunos aspectos del yo se sienten abrumados por el deseo, insistiendo en abrirse su propio camino. Ese es nuestro yo inferior, que insiste en tener el control y en colmar sus deseos sin considerar las circunstancias ni las consecuencias. Hay una historia sobre el profeta Mahoma que enseña algo sobre este tema. Parece que al Profeta se le preguntó si tenía deseos impropios. Su respuesta fue que sí, que los tenía, pero que los había convertido en creyentes y les había enseñado a adherirse a lo apropiado, a la conducta correcta, es decir los había entrenado.

Todos hemos visto a los perros ladrar y saltar a pesar de estar atados a una correa, razón por la cual el amo tiene que hacer un gran esfuerzo para evitar que lo ataquen. Otros escuchan las órdenes de su amo y se comportan como es debido. Dentro de nosotros residen diferentes clases de perros, cuyo comportamiento depende de la forma como los manejemos; algunos son como los callejeros, que arremeten contra lo que ven y otros suelen caminar en silencio. Los primeros no se pueden controlar, no escuchan nuestras órdenes porque no los domamos mientras nos convertíamos en adultos. ¿Por qué no lo hicimos? Es una pregunta difícil cuya respuesta implica que no hicimos lo debido. ¿Qué nos faltó, por qué no los entrenamos? Mientras caminamos por la calle con nuestro perro, que ataca a la gente, nos divierte verlo saltar, disfrutamos del miedo que experimentan

sus potenciales víctimas. Olvídanos sacarlo con una correa, ¿Qué pasa con la satisfacción que sentimos de nuestras respuestas a los perros que llevamos dentro y las cosas que les permitimos hacer? ¿Nos gusta eso, lo disfrutamos? ¿Omitimos entrenarlos porque nos causa satisfacción su mala conducta? En otras palabras, nos gusta a tal punto que no queremos cambiarlo. Hay quienes predican que nos hace sentir bien y por lo tanto es aceptable. ¿Quién define lo que es sentirse bien para nosotros, hasta dónde vamos antes de aplicar los frenos y cuando les aplicaremos a los perros algún tipo de restricción?

Los entrenadores saben que no pueden domesticar a un animal salvaje en unos pocos segundos, minutos, horas o días porque tal proceso exige continuidad. Así ha de ser el tipo de domesticación en el que tenemos que llegar a ser expertos. Vemos algunos programas de televisión donde alguien entrena perros susurrándoles, ordenándoles comportarse como sus amos no lograron hacerlo; otros sobre una nana que entrena a los niños y también acerca de hogares donde los padres no tienen la capacidad de controlarlos. Al final del entrenamiento de un niño, o de un animal, usualmente quedan bajo control porque se les han enseñado nuevos hábito, s que los hacen más manejables. Cuando nos fijamos en la conducta de los maridos abusivos, por ejemplo, vemos que después de los episodios de abuso insisten en pedir perdón por su mala conducta y sin embargo vuelven a ser abusivos, y a pedir perdón de nuevo. Algunos alcohólicos a menudo se sienten abatidos después de embriagarse, pero lo hacen de nuevo. Se trata de una falta del reconocimiento y del control de nuestros perros interiores, que nos hubieran permitido llegar a ser estar conscientes de nuestros malos hábitos, para corregir ese condicionamiento interior, que estaba fuera de control

¿Cómo hemos de proceder para ejercer ese control, cuales opiniones mundanas divergentes elegimos? Supongamos que queremos hacer algo sobre el deseo sexual y buscamos guías para regularlo. Si estudiamos cierta clase de revistas y seguimos sus consejo vamos a comportarnos de una manera, pero si tomamos el consejo de las Sagradas Escrituras actuaremos de otra muy diferente y adoptaremos soluciones diferentes. Esto significa que lo primero ha de ser buscar un maestro, porque, incluso si somos autodidactas, todavía necesitamos la guía que nos oriente en la dirección correcta, pero la elección es potestad nuestra, y solo nosotros decidimos qué camino seguir. En este país somos libres de hacer casi cualquier cosa; en otros hay que ocultar las cosas, pero aquí existen manuales de instrucciones para llevarnos a dónde queremos ir.

Algunos nos conformamos un grupo al haber decidido seguir un camino específico, adoptar un conjunto de principios y seguir las instrucciones sobre conducta apropiada, dados por los profetas de Dios. El siguiente paso es entender esas instrucciones y ceñirnos a ellas para formar los diferentes aspectos del yo. Hay una parte interna y otra externa de estas instrucciones, podemos aprender cómo actuar Hay una parte interna y otra externa de estas instrucciones que nos enseñan cómo actuar, y por supuesto no podemos comportarnos de manera inapropiada en el exterior y creer que estamos actuando de manera correcta.

Las acciones se pueden controlar de dos maneras: por la fuerza o mediante la comprensión de la realidad de lo que somos. Cuando queremos que los bebés se comporten de cierta manera, primero les mostramos cómo hacerlo y ellos empiezan a entender. Antes de entenderlo necesitamos aprender lo que es correcto y lo que es incorrecto y la manera de detener esto último. Empezamos con cosas simples, no robamos; puede que no entendamos por qué, ya que solo sabemos que no lo hacemos creyendo que es suficiente y no necesitamos saber más acerca de eso.

Otras cosas son más sutiles, y cuanto más lo sean más necesitamos acceder a un estado que nos permita entender; ¿qué significa ese estado? Significa la posibilidad de desplazar la voluntad y las necesidades de nuestro yo inferior, desarrollando la voluntad a través del estudio de las Sagradas Escrituras, donde aprendemos de los profetas, de la vibración de la realidad, de la verdad, de la vibración de Dios en este mundo. En esencia, este auténtico estado de bienestar significa la entrega del yo, que permite al número Uno venir a dar el soplo divino través de nosotros, para instruirnos, para enseñarnos a actuar de manera apropiada.

Ello es difícil cuando tenemos opiniones e ideas acerca de todo. Las opiniones bloquean la verdad, nos impiden verla, porque creemos saber la respuesta. Una vez pasábamos con nuestra esposa frente a una iglesia y oímos cantar el evangelio en un estilo que nos pareció seductor. Entramos al interior para escucharlo de manera respetuosa. Había mucha empatía en esa iglesia. Cuando el canto terminó, el pastor anunció que tenía un invitado y dirigiéndose a mí me preguntó si me gustaría decir algo. Como persona extraña a ese sitio estuve reacio a hablar pero observé una leyenda en la pared de la iglesia que nos recordaba que en la diversidad encontramos la fuerza. Repetí esa sentencia diciendo, en voz baja, que si pudiéramos seguir fielmente esa verdad iríamos mucho más allá por caminos maravillosos y regrese a mi asiento. Tuve en ese momento una gran experiencia personal, al hacer contacto con la realidad. Si mis prejuicios me hubieran impedido entrar allí, me habría perdido esa oportunidad. Del mismo modo nos resulta difícil creer que la gente viva en el Polo Norte, que los koalas v hagan de un árbol un árbol de eucalipto su sitio para vivir o que las personas toman su alimento de diferentes maneras. Reconocemos la cantidad de trabajo que resta por hacer en los lugares inmaduros e imperfectos dentro de nosotros mismos, ¿por qué deberíamos juzgar cualquier proceso en marcha en algún sitio, por qué juzgar el alimento de otras personas?

Un hombre sabio viendo a un animal comerse un insecto dijo que si este realmente entendiera lo que había dentro del insecto no se lo comería. Si realmente entendemos lo que está dentro de cada uno y el proceso al cual debe someterse, dejaríamos al otro en paz y trataríamos de ser un punto de apoyo para los demás, al igual que lo somos para nosotros mismos; el uno para el otro. A algunas personas les es fácil ser generosas con los demás pero no con ellas mismas. A otras les resulta fácil serlo con ellas, no con los demás. Esta es una calle de dos vías.

En la obra Mathnawi, de Rumi, alguien pregunta ¿"'Umar ibn al-Khattab? ¿ por qué Dios puso un alma en el hombre causando tanto sufrimiento? Omar responde preguntando el por qué hay una presunción de sufrimiento y además la pregunta involucra una respuesta incorrecta, porque existe la creación misma, más allá de la comprensión de la persona que formuló ese interrogante. Omar añade que ella se ha impuesto límites a sí misma obstruyendo la gracia de Dios y que lo correcto es guardar silencio sobre las cosas que no entiende, dejando dejar de hacer preguntas con agrias respuestas, planteadas dentro de las preguntas mismas . Tenemos que reconocer cuándo somos amargos, mientras fingimos ser dulces, y agrios cuando pretendemos comprender. La naturaleza tortuosa de la inteligencia y del ego está más allá de la imaginación; las fuerzas de la oscuridad y la ilusión nos siguen engañando con actitudes negativas, presentándose como si fueran la verdad. Tenemos que darle la espalda a la negatividad de las tinieblas y ser firmes y positivos en la creencia en una mano generosa de ayuda en este mundo.

Los profetas vinieron a este mundo por la misericordia de Dios. ¿Somos parte de ella? Debemos actuar para llegar a serlo para que a continuación sean abordados nuestros propios problemas internos, y para llegar a conseguir ayuda para todo alrededor nuestro.

! Que podamos hacer esta tarea para que sus resultados nos lleven por el verdadero y directo camino hasta Dios, reflejando Su luz!

CAPITULO VEINTIOCHO

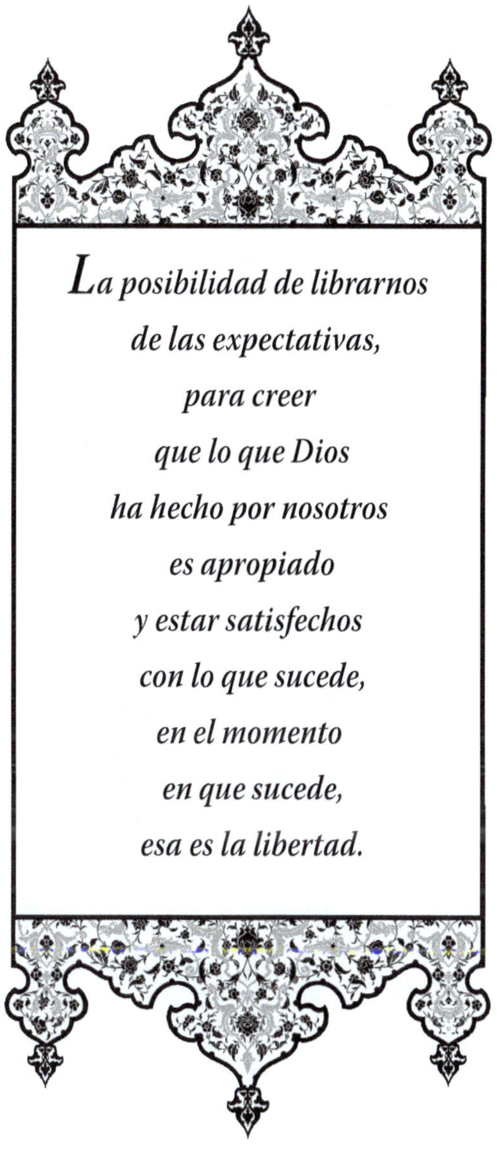

La posibilidad de librarnos
de las expectativas,
para creer
que lo que Dios
ha hecho por nosotros
es apropiado
y estar satisfechos
con lo que sucede,
en el momento
en que sucede,
esa es la libertad.

CAPITULO VEINTIOCHO

La Libertad

Libertad es una palabra de uso frecuente en la política y tiene muchos significados. Por ejemplo, en este momento hay noticias acerca de una seguridad social adecuada, que dé a las personas mayores mayor libertad económica. También vemos la libertad desde diferentes ángulos y existen diversas garantías sobre ella en nuestra Constitución: libertad de asamblea, libertad de religión, libertad de expresión. Eso significa que tenemos el derecho legal de hacer ciertas cosas, sin ser acusados y sin intervención de las instituciones gubernamentales. En nuestro mundo la libertad significa, en parte, el derecho de actuar sin ser interferidos.

En otras partes del mundo la forma como actúan las personas y las cosas que hacen y dicen están sujetas a lo controles del gobierno. Los fundadores de los Estados Unidos buscaron crear un sistema de gobierno menos involucrado en lo que hacemos como individuos, menos interesado. En muchos lugares del mundo, el gobierno tiene interés en lo que hacen las personas porque les teme. Sin embargo, la libertad desde el punto de vista individual, es algo muy diferente de nuestra relación con un gobierno. Es la capacidad de vivir libres de la ansiedad, tan libres de los tormentos de la existencia que podamos entender dónde radica la libertad, para que podamos ser libres para vivir en paz, para entender la clase de libertad de la cual estamos hablando.

El mundo podría decirnos que somos libres cuando tenemos más poder que la siguiente persona, que somos libres si somos capaces de dominar a los demás, libres cuando estamos más allá de su influencia. El mundo nos dice también que libertad significa tener suficiente dinero para hacer todo lo que queremos. Sin embargo, si nos fijamos en los hombres poderosos, en los gobernantes y observamos su lucha por conservar la salud, nos causará asombro la clase de libertad de que disfrutan.

Lo que podemos aprender de esos ejemplos es que las personas se unen para mantener las cosas como están, para aferrarse a lo que creen tener, para mantener el statu quo. Para ellas significa estar en control. Sin embargo, si tratamos de controlar el caos que se multiplica en el mundo, de una manera específica, seremos rechazados.

Nuestra libertad está sujeta a cosas que no están necesariamente bajo nuestro control, ni sujetas a la presión que aplicamos a los resultados a los cuales estamos apegados, como un cierto orden de cosas. Nuestra libertad es problemática porque seguimos tratando de cambiar las cosas, para sentirnos libres al fin. Perseguir esa libertad, esa paz, es nuestro esfuerzo constante.

Esa es consecuencia de una definición mundana, mientras que la definición de la libertad en el camino, significa ser un siervo de nuestro Señor, la servidumbre al Maestro, ya que la libertad está en ella. La posibilidad de desprendernos de las expectativas, de creer que Dios ha hecho por nosotros lo necesario y estar satisfechos con lo que sucede, en el momento en que sucede, esa es la libertad. Pero mientras nos aproximemos y nos retiremos, mientras la deseemos y pensemos que la necesitamos, no habrá libertad.

Algunas historias tratan de explicar esto de una manera precisa. Se refieren a menudo a los reyes que tratan de encontrar la libertad en un reino, pero que tienen que darse por vencidos. Otras pueden ser de mendigos que tienen tan poco como una moneda o un taparrabos y tienen también que darse por vencidos. El mendigo tiene tan poco y el rey tiene tanto y ambos han de renunciar a las mismas cosas, todo lo que tienen. Hay igualdad en la justicia de Dios, todos son tratados de la misma manera. Dios quiere lo mismo de todos nosotros. Él lo quiere todo; cuanto más acumulemos, más importante nos parece a esa acumulación.

He aquí un ejemplo. Había una vez un hombre pobre que trabajaba cortando leña. Al final de cada día recibía como paga cinco rupias que utilizaba para comprar frutas y compartirlas con sus amigos, con los que jugaba fútbol; entonces comían la fruta, y el hombre iba a la cama, cansado del trabajo y del juego. Al día siguiente cortaba madera de nuevo, ganaba sus cinco rupias y repetía la misma rutina.

Un hombre rico, que vivía en una casa grande, en una colina con vista a la choza del leñador, solía mirarlo y observar la libertad de la vida de los pobres y su tranquilidad. El rico se había convertido en un avaro lo largo de los años, cuidando lo que tenía y siempre pendiente de ello. Frustrado por lo que observaba abajo cada día fue consultar a un sabio, "Sabe usted, tengo un gran problema, yo no puedo gastar dinero en frutas y sin embargo, este leñador gasta todo lo que tiene en ellas. Yo no entiendo". El hombre sabio dijo: "Llena una bolsa con noventa y nueve rupias y tíralas en su choza cuando él no esté. Mira entonces lo que sucede. Así lo hizo el hombre rico y cuando el leñador regresó esa noche, se encontró con la bolsa y empezó a contar uno, dos, tres, cuatro, cinco, seis rupias, tanto dinero como no había visto jamás. Siguió contando, siete, ocho, hasta que finalmente llegó a noventa y nueve. De pie en la entrada de su pequeña cabaña imploró, "Oh Dios, te doy gracias por el don de noventa y nueve rupias que me has dado, Si tan sólo pudieras regalarme una más tendría cien.

Al día siguiente cuando fue a cortar la leña, las cosas ya eran diferentes, ahora tenía que ahorrar un poco de dinero para conseguir el centenar de rupias que quería, pero muy pronto pensó, "Con un poco de esfuerzo tendré doscientas." El pobre hombre ya no podía comprar fruta, ni disfrutar de la compañía de sus amigo, más pobres que él. Poco a poco su vida empezó a cambiar; se convirtió en un ser solitario, una versión más pequeña del rico de la colina, que continuó observándolo con interés.

O nos sentimos atraídos por el mundo, coleccionando sus cosas o nos pasamos el tiempo tratando de deshacernos de él. O tratamos de convertirnos en maestros del mundo, o en siervos de su Creador. Nuestra libertad está en esa servidumbre, en la capacidad de entender la relación entre el hombre y Dios y encontrar nuestro lugar en esa relación como siervos. En la capacidad de sentirnos pequeños está la de ser libres. El mundo nos dice que necesitamos más, que no hay crecimiento si regalamos nuestras cosas, que el crecimiento se basa el ahorro de todo, en la acumulación, en tragarnos el mundo si podemos, para ser más importantes.

Más la verdad está en lo contrario. La libertad nos llega cuando nuestros apegos terminan y nuestra relación con el mundo se vuelve menos importante y la relación con Dios crece. Cuando empezamos a perder nuestro egoísmo, nos hacemos más grandes en el sentido de que entramos a formar parte de algo grandioso. Cuanto más interactuamos acumulando, motivados por nuestro ego y cuanto más rechazamos practicar la servidumbre, e insistimos en interactuar con las cosas del mundo, más nos separaremos de la grandeza. Cada uno de nosotros puede ser un rey o un siervo. Es posible ser ambas cosas. La libertad que tenemos en este campo significa que podemos ser los reyes de nuestro propio castillo al no tener que ser siervos de los demás hombres, ni sus esclavos. Sin embargo, tenemos que llegar a una nueva comprensión de que le debemos servidumbre solo a Dios, no a los hombres.

Ser sumisos en la oración es una posición exaltada. Entender la grandeza de vivir en el mundo, y de la satisfacción interior, retirados de los vaivenes de las cosas que nos rodean. Nos alejamos de esos factores externos, mas no como un recluso que teme interactuar con los demás. Hay un camino interior que nos permite estar en el mundo, sin ser de él; vamos con Dios en el mundo, pero separados del mundo. Este es el camino que estamos estudiando; no dejamos el mundo, no nos convertimos en ermitaños, le decimos al mundo que creemos en él, pero no lo hacemos, creemos en Dios. Entender este estado de creencia con la confianza que nos separa de todos las presiones, puede ser difícil si estamos perdidos en el deseo, si esperamos premios por las cosas buenas que hacemos, o si tememos el castigo por lo malo que hagamos.

En el lugar del deseo, de la recompensa y del castigo vivimos en el mundo de la alabanza y la censura, un mundo de opuestos en el que todo tiene dos caras. Cuando practicamos la búsqueda fácil de manera simultánea le tememos al camino difícil, le tememos algo que nos parece difícil. Debemos evitar lo accesorio y esa manera de pensar. Cuando estamos divididos por diferentes formas de hacer algo, es importante dar un paso atrás en esa lucha de pensamientos conflictivos; Una vez que la abandonamos, la forma correcta puede ser evidente. Mientras los bandos que batallan dentro de nosotros compiten, esa lucha los conduce al caos, en una pelea externa. Una parte de nosotros insiste en actuar de una manera y la otra parte insiste en hacerlo de una manera diferente. Se declara una guerra, una guerra civil, que no es buena ni para un país ni para una persona.

La lucha dentro de nosotros, que nos dice haz esto, no hagas esto, haz aquello, trae confusión y caos. Sería risible si no fuera una tortura. La forma de salir de esta guerra es dejar ir el apego por lo que se percibe como un resultado aceptable. Mientras buscamos la satisfacción que hay en el mundo, esa agitación continúa, más cuando nos liberamos de esos apegos la turbulencia se detiene. Para llegar al lugar de la servidumbre tenemos que entender lo que hace un siervo: sirve al Maestro, por el bien del Maestro. Un siervo que no acumula cosas para sí mismo, que no espera nada para sí mismo; su satisfacción está en el cumplimiento apropiado del deber y en reaccionar de forma apropiada ante el Maestro, ante el Rey. Tenemos que situarnos en ese lugar, y ser consciente de nuestros deberes y capaces de cumplir con nuestro deber en nombre del Rey de una manera desinteresada. Tenemos que cumplir nuestro deber para con el Rey, no por lo que recibimos sino a causa de la verdad.

La gran santa Rabi'ah al-Adawiyya dijo que quería a Dios, no al cielo y que no le tenía miedo del infierno. Ella no estaba interesada en la recompensa o en el castigo, sino que estaba allí por su Maestro, por la alegría de su Maestro, no por lo que le habría de pasar o no le habría de pasar a ella. Debemos entender que por estar comprometidos con el mundo, cuando buscamos obtener la recompensa y evitar el castigo, y cuando necesitamos la alabanza y tememos la crítica, resultamos atrapados. Cuando nos vemos afectados por las cosas que nos atrapan, que nos impiden ser libres, estamos atrapados y pegados en el interior y en el exterior y a las cosas que nos inculcaron cuando éramos jóvenes. Nos dijeron que si éramos buenos sucedería una cosa y si éramos malos sucedería otra. Debemos sentirnos aliviados de tales pensamientos, libres de esas influencias mentales, liberados de los animales interiores que nos demandan su atención hacia lo que ellos quieren, Hay un zoológico lleno de diferentes intenciones dentro de nosotros. Debemos aprender a limpiarnos de ellos y a domesticarlos para mantenerlos bajo control, bien atados con una cadena. Al profeta Mahoma se le preguntó una vez "¿No tienes toda una colección de animales salvajes dentro de ti, como el resto de nosotros, no tienes los bajos deseos que todos tenemos?" Él respondió: "Sí, pero a los míos los he entrenado para que sean creyentes"

Tenemos que entrenar a nuestros deseos para que sean creyentes; adiestrar cada cosa interna en la sumisión, domesticarlas. Una vaca se entrega a su amo sin quejarse, con gran respeto. Esto no quiere decir que debamos ser vacas, Dios no nos creó como tales, Él nos creó con libre albedrío. Tenemos que luchar hasta la sumisión activa, ser servidores activos con un propósito, estar contentos con la servidumbre, entonces la libertad estará disponible, la paz estará disponible, el verdadero tesoro de la creación estará también disponible. Se dice que el tesoro está escondido entre las ruinas, y que los que viven en la servidumbre son esas ruinas. Pueden aparecer abandonadas, pero si nos fijamos bien podremos ver que Dios vive en ellas, Él vive en ciertos seres abandonados que parecen tan pequeño, tan escondidos, que no logramos encontrarlos. Debemos estar escondidos como esas ruinas aparentes pero iluminado por dentro con la luz radiante de la verdad. Este es el tesoro interior de la gracia de Dios, la verdad que viene con el entendimiento de que parte de nosotros somos Él. Cuando estamos en contacto con esa parte de nosotros mismos, ella se somete. ¿Quién se somete a quién? Este es nuestro camino, el camino que tenemos que entender. Saber lo que nos saca de él y lo que nos impulsa hacia el. !Que Dios nos haga fácil el ser atraídos por Él.!

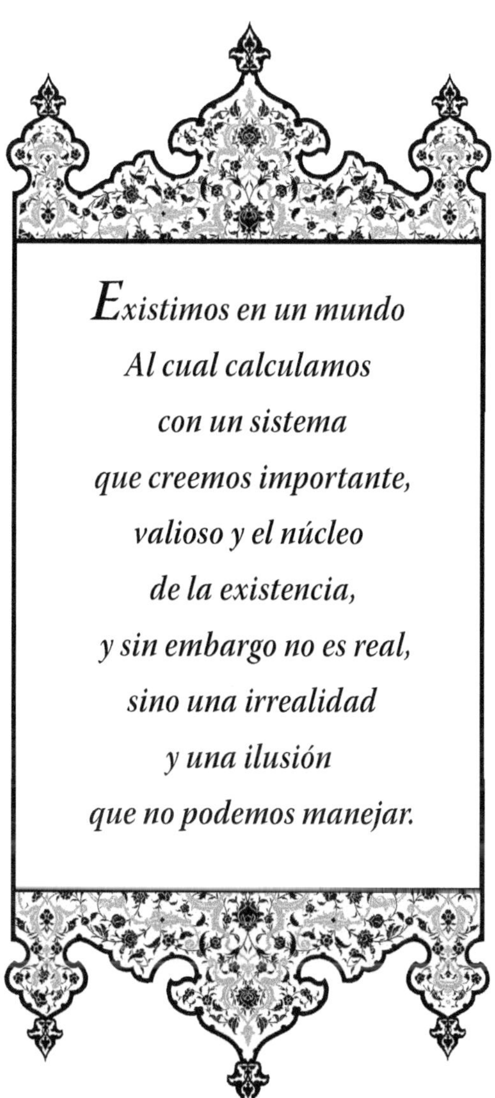

Existimos en un mundo
Al cual calculamos
con un sistema
que creemos importante,
valioso y el núcleo
de la existencia,
y sin embargo no es real,
sino una irrealidad
y una ilusión
que no podemos manejar.

CAPITULO VEINTINUEVE

Entender la Ilusión

Si usted habla con un esquimal sobre el mundo, su descripción será muy diferente a la de los zulúes en Sudáfrica. Cada uno encontrará la versión del otro incomprensible y como pura fantasía, ilusión o mentira. Desde la perspectiva del esquimal, el mundo zulú es una ilusión, una mentira, y desde la perspectiva Zulú el mundo esquimal es una ilusión, una mentira. Ambos han desarrollado un lenguaje y una cultura que reflejan el mundo en que viven, que posibilita la comunicación dentro de los parámetros de su mundo. Si sacamos a cualquiera de su mundo y lo ponemos en el del otro, su cultura, su idioma y sus hábitos tendrían que cambiar drásticamente y todo tendría que ser puesto al revés.

Todos venimos de una cierta cultura, tenemos nuestros hábitos y los aceptamos. Si alguien nos dijera que estamos viviendo una mentira, la mayoría de nosotros podría pensar que estaba equivocado. Antes de creer que existe algo más de lo que conocemos a través del tacto, del olfato, de la vista, del oído y del gusto, pediremos pruebas sólidas porque esa es nuestra forma de entender el mundo.

Cuando alguien dice que todo eso es una mentira, que nada de lo que vemos y oímos es cierto, no le creemos, nos enojamos, juzgamos que está tergiversando la manera como vivimos, lanzando nuestra existencia socio económica al caos y que quien que habla así es alguien peligroso. Si no creen en nuestro sistema, este se caerá a pedazos. Cuando nuestra vida está unida a un sistema, todo depende de él, sobre todo si estamos en el poder; un líder religioso, o un líder político, podrían reaccionar violentamente contra quien describa el sistema como una mentira.

El mundo entero sufre de esto en cierta medida. La raíz sánscrita de la palabra ilusión significa medir. Una cosa que usamos en nuestra vida cotidiana es la matemática; uno más uno igual a dos, hemos aprendido a contar y como esta podemos hacer muchas cosas útiles en el mundo ordinario de las cosas que vivimos. Sabemos que si tres personas están llegando a la cena, necesitamos tres platos, y esta información es útil. Históricamente, hubo un momento en que contar era todo lo que se podía hacer con las matemáticas, pero se avanzó más allá del simple conteo. Un antiguo texto de geometría griega tiene cálculos matemáticos de alta precisión. Llamaron a la parte exterior de un círculo la circunferencia, una línea divisoria que pasa por el centro del diámetro - la mitad del diámetro- se la llama el radio. Encontraron que si se divide el radio en la circunferencia hay una relación, consistente para cada radio, en cada círculo. Llamaron a este pi, (con la forma corta 3.14.16) descubriendo que con el radio de un círculo se podía calcular la circunferencia de cualquier círculo, usando esta relación.

Con el desarrolló el álgebra se pudo derivar una cantidad desconocida de otras cantidades conocidas. En la escuela se nos enseñan matemáticas sencillas para resolver un problema simple como este: si un tren se desplaza a cien kilómetros por hora, que distancia recorrerá en dos horas? La física de Newton llegó más tarde. La Física establece las formas de identificar las cosas en el mundo que nos rodea, y explica cómo funcionan. Más tarde Einstein cambió este entendimiento planteando la teoría de la relatividad. Si las cosas se mueven a una cierta velocidad, se alteran, cambian. Las cosas que hemos estado contando y la forma de hacerlo no se ajusta a ese recuento, a ese cambio.

Cuando la ciencia se hizo más sofisticada, con la capacidad de estudiar partículas más y más pequeñas, se entró en el mundo subatómico y se encontró que las leyes de la geometría y de la física newtoniana, tomadas para describir de la realidad, ya no se mantenían unidas. Algo más estaba pasando en el mundo subatómico cada vez más y más pequeño, y ya no se podía predecir lo que sucedería con las herramientas utilizadas hasta entonces para medir influencias más allá de su capacidad de ser explicadas, ni saber de dónde vinieron o que eran. Todo lo que la ciencia había medido en el pasado tenía masa. Sabíamos que si golpeábamos algo con la mano sentiríamos dolor, pero de repente había cosas que no tenían masa aparente, pero cuya influencia podía ser detectada.

Ahora todo lo que vemos, oímos, gustamos, tocamos y calculamos no tiene sentido en el mundo subatómico al que también pertenecemos. Lo que nos mantiene unidos es lo que esperamos cuando miramos con nuestros ojos, tocamos con nuestras manos y olemos con nuestra nariz. Esta ilusión exterior ha sido explicada de muchas maneras, pero no debemos creer en lo que vemos con los ojo externos, sino en lo que captamos con la visión

interna; no hemos de creer lo que escuchamos con el oído externo, sino con el oído interno; no hemos de creer lo que olemos con la nariz externa, sino de detectar el olor con las fosas nasales interiores; tenemos que degustar con la lengua interior y utilizar el sentido interno de la audición.

Existimos en un mundo en el que calculamos con un sistema que creemos importante, valioso, el núcleo de la existencia y sin embargo no es real, con una irrealidad y una ilusión que no podemos manejar. No podemos flotar en un espacio que no entendemos, en el que no creemos porque se nos ha enseñado a pensar en las cosas concretas de la naturaleza. Ahora, nuestro mundo se cae a pedazos, necesitamos algo para mantenerlo unido y que tenga sentido. Somos como el zulú al que se le dice que el mundo es todo de hielo y nieve y él piensa que estamos locos o que somos unos ilusos. Si decimos que este mundo, incluidos nosotros, está formado por partículas sin masa, algunos podrían también decir que estamos locos o somos ilusos.

Dios no está formado por átomos, no tiene masa ni forma. Él no fue creado. Él no es parte de lo que pensamos o vemos, Él es algo más. Ahora vamos a otro mundo subatómico, donde nos encontramos con partículas de influencia que no tienen masa, partículas que la ciencia ha llamado con un nombre que vamos a cambiar. Las llamaremos compasión, misericordia, paciencia, gratitud, perdón, indulgencia. Esas son las influencias que predicen y controlan, las influencias sin masa y sin forma que existen dentro de cada uno de nosotros. Existen como quién y cómo lo que somos sin embargo, no se ven y no creemos en lo que no se ve, porque solo creemos en lo que vemos, lo que la sociedad llama normal. Alguien que vive en el frío del Ártico puede pensar que el mundo es blanco, cubierto de nieve, mientras que alguien que habita en una selva remota pensará que el mundo es verde y húmedo. ¿Qué creemos nosotros, qué podemos creer? ¿Cuán importante es entender el mundo en que vivimos, podemos existir reconociendo que no sabemos mucho? Podemos existir en el entendimiento de que vivimos en Su gracia, que confiamos en Su misericordia y en Su compasión por nuestra existencia, y que nada tenemos que ver con ello?

Se nos ha dicho que sólo Dios puede conocer a Dios, que Dios es nuestro único y verdadero amigo, Él es compasivo, Él es misericordioso, Él es justo, paciente y tolerante. ¿Quiénes somos? Si también estamos hechos de todas esas cosas, somos parte de Dios o fuimos creados como algo más que llamamos nosotros? Si Dios es la totalidad, todo lo que existe, es posible afirmar que no somos piadosos? ¿Es posible decir que yo tengo la razón y usted está equivocado, que yo soy correcto y normal y usted no?¿ que mi color es correcto, pero el suyo no lo es, que mi posición es más alta que la suya, que mi nacimiento es más alto e importante que el suyo?

Si todos estamos hechos de la esencia que es la Suya, es su esencia diferente a la de Él? ¿Entendemos esto o creamos ídolos para adorarlos porque no podemos separarnos de nuestros sentidos, de nuestros ojos, de la nariz, de los oídos, de sentidos del gusto y el olfato? Necesitamos algo de que aferrarnos, no podemos vivir en el espacio abierto de la realidad. Ni entrar en el mundo del alma, con el cuerpo dentro del cual vivimos y por eso creemos que no podremos ir allí en absoluto. ¿Cuál es el fundamento de nuestra fe, quiénes somos cómo pensamos? ¿Nos damos cuenta que si queremos llegar a ser semejantes a Dios, tenemos que ser esas influencias subatómicas, sin forma y sin masa? Debemos convertirnos en la compasión, en la misericordia, en la tolerancia, en la bondad y en la justicia. A medida que lo hacemos ese material en bruto, que se puede medir, pierde importancia y comenzamos a vibrar con la realidad.

De repente comprendemos la ilusión. Si no somos justos no podremos entenderla, si no somos misericordiosos no podremos entenderla, si estamos enojados, no podemos entenderla,, si estamos resentidos tampoco podremos entender la ilusión porque somos la ilusión que etiquetamos como la realidad. Tenemos que llegar a este entendimiento con sutileza o de lo contrario nuestro camino estará irremediablemente ligado a la ilusión, dependiente de la ilusión. Si estamos llenos con el ego y la auto importancia, consideramos que es bueno ser importantes, que nuestra religión tiene que ser importante. Ese es el mundo de la alabanza y la culpa. Sin alabanza y sin culpa no podemos hacer comparaciones y sin ellas no podemos tener altas y bajas, ni ese sentido de las diferencias de las cuales depende la ilusión. Ésta existe para mantener la apariencia de las diferencias; el tiempo que vivimos en un lugar depende de las diferencias y somos incapaces de abandonar la ilusión, lo que es precisamente aquello que deberíamos hacer. Para conocer la realidad hay que salir de la ilusión, rechazar la versión ilusoria de nuestra existencia y eso no es fácil. El concreto sólo puede ser alterado rompiéndolo, pero el acero puede ser fundido y reformado.

No podemos llegar a ser parte de la realidad, ni vivir en la verdad, a menos que cambiemos de lo denso a lo sutil, a lo no existente. Debemos de ser inexistentes para el mundo de la ilusión, y cuando nos aferremos a este hecho podremos ser amigos de los demás así como nuestra verdad se hace también amiga de ellos. Dios es nuestro amigo, Dios en nosotros se convierte en un amigo de Dios en ellos. Luego está el amor verdadero en el mundo, debido a su amor que reconoce al amor en el otro; el otro y el yo son uno solo, enraizados en la realidad, el amor es sin masa, sin forma, sin estructura atómica, pero es la realidad.

No es fácil sostener esta forma de pensar, porque nuestra naturaleza es dualística, lo que constituye un hecho doloroso. Si no podemos sostener esta paradoja, no podemos vivir en la realidad. Incluso es doloroso, que la dualidad no sea real. Mi fe debe ser fuerte, a tal punto que cada prueba ilusoria que se ponga delante de mí, no pueda cambiar mis creencias. Los grandes seres sagrados fueron enviados a este mundo para manifestar nuestra creación sin átomos. Estas cualidades puras, sin forma, son sagradas. Antes de poder entrar en ese estado de santidad, tenemos que estar imbuidos en la pureza trascendente que nos protege de las fuerzas invasoras de la ilusión. Esto significa que tenemos que atraer ciertas nuevas formas, envolvernos en ellas, seguir ese camino, cerrar nuestros ojos a ciertas cosas, cerrar nuestros oídos a ciertas cosas, aprender a no decir ciertas cosas. Tenemos que vigilar nuestra lengua, mirar bien nuestra vida y tener cuidado con ella.

Tenemos una elección que hacer entre dos cosas: someternos a la verdad o acumular esas fuerzas internas para negarla y para que nos mantengan alejados de ella, estableciendo una permanente conexión con la ilusión. Lo hacemos una vez que le reconocemos realidad al mundo de la masa, una vez que entramos en el mundo de las comparaciones, de la alabanza y la culpa. A medida que lo hacemos vamos a la deriva, más lejos de la verdad; pero a medida que avanzamos más y más lejos del mundo masivo, nos acercamos a la verdad; más si violamos esas cualidades nos desviamos de ella. No tenemos el poder de hacerle daño a Dios con todo lo que hacemos, sólo nos dañamos a

nosotros mismos. Las personas inventan muchas formas de entrar en la ilusión, incluso pensar que así protegen la verdad. Pero la verdad no necesita protección, ella existe, siempre ha existido, siempre existirá. Ella nos protege.

Algunas de las herramientas que utilizamos en el mundo son útiles si se enfocan en Dios; si anhelamos a Dios, ese anhelo puede ser colmado. Cualquiera otro deseo no nos conduce a ninguna parte, sin embargo, si anhelamos que Dios esté, es un anhelo que se cumple. Usemos lo que nos han enseñado, pero buscando siempre la verdad. Oremos para que las medidas que tomamos sean apropiadas, para que nuestro anhelo sea el más apropiado y para que nuestras acciones sean correctas.

¡Oremos para que Dios acepte estas plegarias y nos lleve hacia Él!

CAPITULO TREINTA

CAPITULO TREINTA

Niveles de Comprensión

La gente en el mundo parece estar llena de ansiedad acerca del futuro. Basta considerar cuántas recetas de antidepresivos se formulan cada día. Debemos preguntarnos si estamos atrapados en esa red de preocupaciones y ansiedad para tratar de identificar lo que nos conturba realmente. S e dice que la preocupación significa anticiparse al dolor futuro, como si pudiéramos predecirlo, saber lo que va a suceder, concluir

lo peor y sentir el dolor ahora. Este es un problema común, auto creado, que nos plantea un dilema que nos hace sufrir. Todo tiene su origen en el intento de la mente para controlarnos y someternos a un estado de vulnerabilidad que nos impida encontrar nuestro verdadero ser, a partir de la comprensión de la razón de nuestro nacimiento, a sabiendas de lo que es de verdad disponible. Eso significa que las fuerzas de la ilusión han ganado su batalla, todo lo que tienen que hacer es mantenernos inquietos, preocupados, incómoda y en estado de ansiedad. Esos estados son velos que nos separan de la realidad y que menudo creamos nosotros mismos, escondidos detrás de esas fijaciones que debemos romper.

Desde que éramos jóvenes hemos seguido pautas de comportamiento muy difíciles de romper. Es importante encontrar una acción constante para eliminar los hábitos que han ocupado toda nuestra vida, descubrir nuevos para hacerlo y adoptarlos. Reconocer los malos hábitos y entonces adquirir nuevos para reemplazar esos que han ocupado nuestra vida. El mejor será la eliminación de los aparentes velos interiores que en verdad no existen, solo existe la realidad que no tiene nada que ver con ellos.

Tenemos que vaciarnos a nosotros mismos, literalmente vaciarnos. Cuando practicamos el recuerdo de Dios, junto con su hálito, entenderemos la primera parte de esa acción. Fisiológicamente tenemos que desocuparnos a través de la respiración; hay que respirar con la idea de que nos estamos librando de las ilusiones, con un esfuerzo activo, comprometido. Esto requiere la intención de pedir la ayuda de Dios, porque no podemos hacerlo por nosotros mismos. Combinamos nuestra intención con nuestra respiración y exhalamos el mundo de la ilusión, a través las ventana de la nariz izquierda, a continuación, inhalamos a través de la derecha, afirmando la realidad única de Dios.

¿Cómo hacemos para que nuestro propósito sea firme?, ¿cómo nos deshacemos de la ansiedad? Una forma es comprender cómo funciona nuestra mente y no darle credibilidad, paso importante en el combate de un asalto sin fin. ¿Qué pasa cuando resolvemos una dificultad o un drama y la mente nos presenta una nueva, y si resolvemos esa, viene otra, y así sucesivamente sin detenerse. Es importante saber que no lo hará. ¿Cómo tratar entonces un drama interior que no se va a detener? Lidiamos con el problema reconociendo la naturaleza del dilema que se nos presenta y nuestra interacción con él. Tenemos todas las personas que no le prestan atención a eso, que nos dicen cosas que sabemos son poco fiables. Nuestra mente es como ellos, no constituye una fuente confiable de información sobre la forma de vivir; puede serlo para otras cosas, pero no da buenos consejos sobre las cosas importantes. Estos deben provenir de otra parte, tenemos que encontrar una fuente confiable, buscar la sabiduría.

¿Cómo sabemos cuándo estamos en contacto con ella y no con nuestra mente? Cuando la mente da la respuesta a una pregunta, toma el camino más largo, va en círculos hasta que finalmente aterriza en algún lugar. La respuesta de la Sabiduría es inmediata, sin comentarios de la mente, sin la interacción de todas las circunstancias que se tienen en cuenta antes de que una decisión puede ser tomada. La sabiduría viene en un instante, debemos retenerla, si la dejamos ir regresa a la mente y a sus múltiples opciones.

Cada uno de nosotros tiene un grifo que libera la corriente de agua pura que lava tantos dramas, dilemas y problemas. Este grifo que da paso a la sabiduría y a la pureza para resolver nuestras dificultades depende del conocimiento para salir del camino, un proceso que implica la fe profunda, sin duda alguna, y la desaparición de la individualidad. Cuando esto suceda las cosas que antes no estaban disponibles, lo serán ahora. Debemos tener fe que existe en nosotros esa capacidad, que hay un Creador en contacto profundo con nosotros, guiándonos, dándonos lo que necesitamos. Tenemos que conocer lo que está disponible, como un aspecto de nuestra creación. A diferencia de cualquier otra, hemos sido creados con la luz de Dios, estamos conectados a su realidad donde todo está disponible, no hay nada oculto. Si queremos explicaciones hay que ir allá, porque no podemos estar aquí y allá al mismo tiempo. Tenemos que elegir dónde estar: ¿permanecemos en el contexto del mundo o entramos en la realidad.

Para entrar a la realidad, tenemos que dejar ir, aprender a alejarnos del mundo, a salir de el. Esto no puede ser un juego, sino lo que hay que hacer. Tenemos que dejar de esperar y renunciar a querer algo del mundo y a confiar en él, tenemos que dejar todos nuestros apegos al mismo. Todo lo que nos une al mundo nos aleja de la realidad; todo lo que consideramos importante en el mundo nos aleja de la realidad. Tenemos que vivir en el mundo sin estar en él, existir aquí sin esperar nada. Entender que tenemos una naturaleza verdadera y otra falsa.

La religión nos ha dado un primer nivel de comprensión, un primer entendimiento sobre cómo tratar con el mundo, sin depender de la mente. Más allá, en un segundo nivel, tenemos la comprensión que desarrolla la intención detrás de las acciones del primer paso o nivel. A continuación un tercer nivel que explica de donde viene esa intención y las cualidades que la constituyen. Por último, un cuarto nivel de entendimiento nos abre la puerta de entrada a la realidad.1 Todo esto ocurre al mismo tiempo, luego podemos estar en todos esos lugares a la vez y adecuarnos a cada uno de ellos de manera simultánea. El primer nivel no habla de amor, pero el amor es una obligación en el cuarto nivel. Si no estamos en un estado de amor no podremos trasponer esa puerta de entrada, incluso si somos los reyes en el primer nivel, la puerta del cuarto nivel no se abrirá sin amor. Es necesario entender el proceso de cada nivel o etapa y adecuarnos a todas las etapas donde nos encontremos, arriba y abajo. También tenemos que serlo para quienes están a nuestro alrededor, aunque lo que es apropiado para nosotros podría no serlo para ellos. No podemos dejar de respetar el estado de las otras personas.

La habilidad para actuar correctamente, de adecuarnos a todo eso es sutil. En el camino Sufí hemos determinado que es necesario ser sutiles, para entender la paradoja de tener dos, tres o cuatro cosas diferentes ocurriendo al mismo tiempo; las cosas que parecen contradecirse sin embargo no lo hacen. Sí no podemos manejar estas interacciones sutiles, no podremos entrar en el sendero. El camino de la verdad es estrecho, pero un cabello puede servirle de puente a una hormiga. Tenemos que ser como las hormigas, muy pequeñas, humildes, sin auto importancia, si queremos entender lo sutil. Una vez que lo

hacemos, accedemos en el respeto y la majestad de nuestro Creador. Él nos atrae hacia Él.

Rogamos que nos podamos adecuar a su llamado.

CAPITULO TREINTA Y UNO

Cuando
el orgullo del ego
siente dolor,
reacciona
emocionalmente.

CAPITULO TREINTA Y UNO

El Ego y la Emoción

Algunas personas llaman amor a una emoción, pero al denominarla así hacen que su nivel sea menor, como las cosas que nos dan satisfacción y que están inmersas en nuestro ego, nuestro sentido del yo, que es tan poderoso y con una variada gama de actitudes. El ego se siente orgulloso de sí mismo, se auto protege y a su manera desarrolla un sentido de honor propio. Eso no quiere decir que las cosas desarrolladas por el ego tengan una realidad última, porque sólo existen dentro del ser. Cuando el orgullo del ego está en el dolor reacciona de manera emocional. Puesto que está ligado al amor propio, al amor por las cosas a las que considera importantes para sí, siente que su orgullo, su arrogancia o su importancia están siendo atacadas de alguna manera y reacciona de dos maneras.

Primero siente un dolor similar al de una herida causada con arma blanca. Si es sensible y no aprendimos a resistir la presión de la existencia diaria, o si tuvimos experiencias difíciles cuando éramos más jóvenes, y no recibimos el amor y la atención adecuados, nuestro ego vivirá hambriento de esas emociones inferiores. Un ego necesitado de ellas puede ser un agente poderoso en busca de auto gratificación, profundamente ávido de ella. Cuando esas necesidades no se satisfacen de forma básica, el ego se siente herido y reacciona como un animal. Debemos conocer esta verdad acerca de nosotros mismos y comprender cómo y por qué reaccionamos cuando sentimos que alguien nos ha causado dolor, en respuesta a alguien que consideramos nos ha atacado a cualquier nivel. También debemos ser conscientes de que podemos pensar que es un ataque y de lo sensibles que somos, ante la falta de atención de otra persona hacia nosotros. ¿Por qué nos sentimos ofendidos, y cuando eso nos ocurre, ¿cuál es nuestra reacción?

La segunda forma de reaccionar ante algún tipo de dolor, es desarrollar un sistema para aliviarlo, cerrar la herida, coserla, detener el metafórico sangrado y la posible infección. Si alguna vez vamos a avanzar en este camino, debemos entender las actitudes que utilizamos cuando nuestro ego está herido. El resentimiento podría mitigar las heridas del ego y su dolor y después de reducir la importancia de la persona que nos hizo daño, bajando la intensidad del dolor ya que el agresor no parecerá muy importante ni digno de causarnos dolor, por lo cual podremos empezar a sanar.

No nos curamos analizando el dolor, sino minimizando las críticas y la importancia de la persona que nos lo causó. Pero a medida que el resentimiento se acumula y nuestra visión de la humanidad se reduce, el amor por nuestros amigos y compañeros se contrae, nuestra capacidad de interactuar con otra persona se reduce, a menos que ella nos abrume con sus elogios. Este proceso puede comenzar cuando somos jóvenes si no nos dan suficiente atención y amor, proceso que se desarrolla a través de nuestra vida, a menos que lo detengamos. Somos negativo en muchas situaciones para disminuir el impacto de lo que esperamos, nos anticipamos al dolor y negamos la experiencia antes de que ella ocurra; renegamos de las personas que nos van a ocasionar la experiencia negativa antes de que ella ocurra. Al subestimar a los que nos rodean y ensalzarnos a nosotros mismos, creamos una realidad donde otros no nos causen un impacto emocional que nos afecte, porque no los consideramos dignos de hacerlo, entonces nos volvemos fríos y duros, como una roca.

Dios envía gente que puede soportar su dolor en este mundo sin una queja, sin resentimiento, sin odio. Son llamados santos, seres iluminados, los amigos de Dios. Si estamos en el dolor y tenemos la suerte de encontrar a alguien que tome para él ese dolor, seremos aliviados. Quiere decir que necesitamos conocer a la gente que pueda soportar el dolor del mundo; convertirnos en seres capaces de soportar el dolor, con la capacidad para absorberlo y depositarlo en un lugar donde no afecte ni ponga el mundo y su gente en peligro.

Debemos ser capaces de comprender la causa de este dolor y saber cómo defendernos, sin reaccionar ante él. Es muy fácil aconsejar a los demás que se desprendan del mundo, que no esperen nada de él y decirles que si no tienen expectativas no sufrirán decepciones. Todo eso es fácil de decir, pero olvidamos cuan atados estamos a nuestro ego y que hemos perdido el control de ciertas respuestas que pueden acercarse, sigilosamente, a nosotros y capturarnos antes de que nos demos cuenta y que todas

nuestras reacciones aprendidas se repiten a medida que nos sentimos acorralados, a la espera del ataque.

Necesitamos conocer nuestra propia naturaleza, estudiarla con cuidado para descubrir que hemos aprendido encontrar como remediar el dolor. Para ser de veras independientes, para no ser objeto de ese autocontrol emocional, tan sobreexcitado y dramático, capaz de sobrepasarnos, necesitamos practicar la oración, negar el ego sobre una de manera regular. Si no realizamos esa repetida negación del yo, nos será difícil evitar ser abrumados por nuestras necesidades emocionales, por nuestros celos, por nuestro resentimiento y nuestra auto glorificación que demanda todo eso.

Los reyes no son diferentes a los mendigos en ese aspecto; todo el mundo tiene esa tendencia. Los que la tienen menos son escasos y nos pueden ayudar. No seremos capaces de dar mientras no superemos el negativismo y nos volvamos positivos. Debemos entablar una verdadera negación del yo perceptible, del yo egocéntrico, de los deseos básicos que funcionan a través suyo. Esto puede suceder sólo siendo conscientes de nosotros mismos, practicando de manera activa su negación, a través de diferentes ejercicios de oración.

La clave para ese entendimiento es la aceptación de que el yo no existe. Y si no existe, ¿cómo puedo mantener toda esta basura si el yo no existe, ¿cómo puedo estar ofendido, si el yo no existe ¿Por qué necesito protegerme, si el yo no existe, ¿por qué tengo que rugir en defensa de mi ser interior si el yo no existe, por qué entonces es tan importante? El punto es que hemos hecho del ego, del yo, algo muy grande y tenemos que reducir su tamaño; eso es lo que empequeñecer significa, ser capaces de desaparecer lo que nos llega de afuera.

Si vamos por la calle y observamos que alguien nos mira, no debemos darle importancia ese hecho; ni creer que alguien que se nos atraviesa mientras estamos conduciendo, lo está haciendo deliberadamente, ni que cualquier persona que nos toca la bocina tiene algún tipo de relación con nosotros; son personas que nunca hemos conocido, que nunca hemos visto, sin embargo solemos tomar sus acciones de manera personal y muy en serio.

Nuestra vida no es así de personal, no se trata de nosotros y ellos, sino de Dios y nosotros. Si agregamos cualquier otra consideración en la ecuación, podemos terminar con características que nos separan y nos destruyen y en una situación egocéntrica que surge cuando pensamos que no recibimos el respeto, el amor, la admiración y los homenajes que nuestro estado merece. Esto es difícil, porque no estamos inclinados a pensar en nosotros mismos como algo menos que excelentes, lo que constituye un aspecto de nuestra dificultad.

Que Dios nos ayude a entender lo que es el resentimiento, que nos ayude a entender lo que son los celos. Para comprender Sus cualidades necesitamos entender las nuestras. Que Él nos evite estar confundidos, que podamos ver las características negativas ocultas dentro de nosotros para poder tirarlas a la basura.

! Que Él nos de la fuerza para hacerlo!

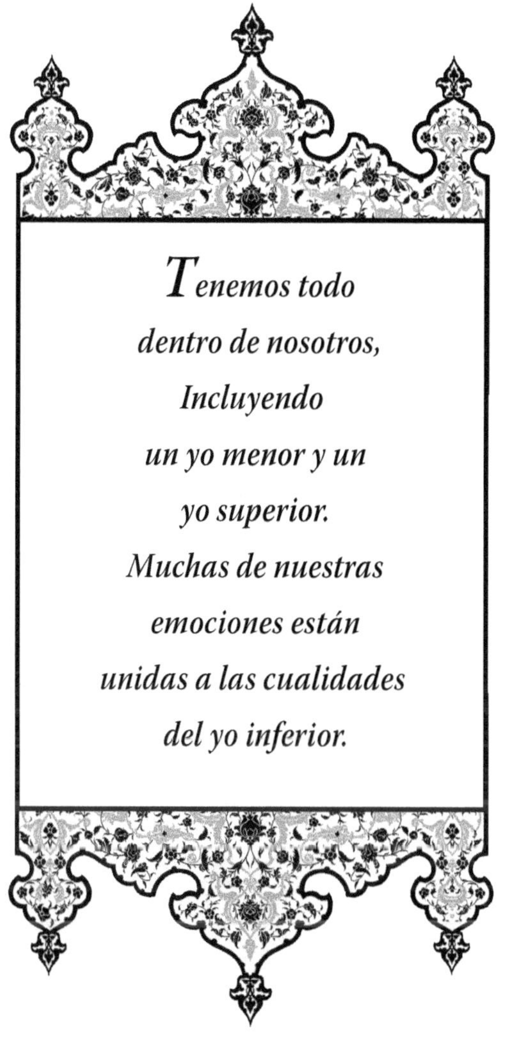

*Tenemos todo
dentro de nosotros,
Incluyendo
un yo menor y un
yo superior.
Muchas de nuestras
emociones están
unidas a las cualidades
del yo inferior.*

CAPITULO TREINTA Y DOS

Enfermedades del Corazón

Algunas personas son buenas para recibir amor, pero no tanto para devolverlo; más bien suelen dar la espalda. ¿Por qué actúan de esa manera ¿qué se necesita para saber cómo nos comportamos? Parece que tenemos limitada la capacidad de reconocer nuestras propias emociones, tal vez porque limitan la conciencia, la abruman, como el alcohol y las drogas. Las emociones fuertes ahogan la conciencia, a través de sus reacciones, impidiendo pensar con claridad. Reaccionamos a través de la emoción y de las características que nos traen.

Lo tenemos todo dentro de nosotros, incluidos un ser inferior y uno superior. Muchas de las emociones están unidas al yo inferior. Cuando las más bajas toman el control, pensamos que somos como ellas; estaremos confundidos, no seremos capaces de ver que son constituyen una extraña fuerza que nos invade, haciendo que nos comportemos de maneras inaceptables. Vemos tal conducta como normal, como si fuéramos nosotros mismos y como decíamos antes, es igual que si consumiéramos alcohol, lo que nos lleva a comportarnos de manera diferente. No hay nada que podamos hacer al respecto, es como con el alcohol que debe pasar a través de nuestro organismo hasta que ya no afecte nuestras capacidades físicas y mentales.

Aquí surgen dos consideraciones: la primera ¿qué significan esas condiciones para nosotros y la segunda qué podemos hacer para entendernos mejor cuando aparecen en nosotros o en los demás?

Muchas se originan en lo que podrían llamarse enfermedades del corazón, de un corazón sin pureza que provoca conductas inapropiadas. Si por contrario pudiéramos entender las condiciones normales y apropiadas sabríamos cuándo estamos abrumados por algo equivocado e inapropiado, que una vez descubierto puede ser controlado por completo.

Pensemos en eso - la sicología nos dice que hemos de dejar salir nuestras emociones y permitir que afloren los sentimientos, para expresarnos mientras eso ocurre. Pero no es esto lo que realmente somos, se trata de un estado pasajero que puede causar daño, en especial por ser algo momentáneo, que dura una hora y se va. Cualquiera que haya tenido una pelea con su esposa y dijo cosas que después lamentó, entiende lo que queremos decir; quien haya tenido una pelea con su hijo o con un amigo y dijo cosas de las cuales se arrepintió más tarde, sabe a qué nos referimos. A todos nos han ocurrido ese tipo de cosas, de las cuales llegamos a arrepentirnos.

Si ejercemos control sobre nuestras palabras sabremos cuándo estamos abrumados y cuál es el momento para alejarnos de esa incómoda situación, ir a un lugar privado, cerrar la puerta y esperar hasta que nos pase esa molesta emoción. Se necesita moderación, conducta apropiada, buenas cualidades y respeto por nosotros y por los demás. Cuando adoptamos una conducta apropiada, con control de nuestro lenguaje, de nuestras palabras y nos mordemos la lengua antes de decir cosas no apropiadas, ejercemos la disciplina correcta, el autocontrol, la capacidad de alejarnos de una situación conflictiva.

¿Por qué a veces nos tenemos que morder la lengua, ¿por qué tropezamos con situaciones que nos causan enojo con otras personas, cuales los motivos para eso? Hay tantas razones que es imposible elaborar una lista completa; tenemos una cantidad de ellas, un patrón distinto, en su mayoría adquiridas durante la niñez. Existen muchos ejemplos; pensemos en un niño con un padre cruel, tan cruel que cuando entra en la habitación el pequeño se siente profundamente incómodo y con miedo que se convertirá en la emoción dominante en su vida. Cuando sea adulto podrá auto medicarse con alcohol, pero como niño eso no es posible. ¿Qué puede hacer entonces? Crear otra emoción para enmascarar el insoportable miedo, tal como hace el alcohol que lo disfraza.

Pero, ¿qué emoción le quita el miedo? La ira, esa ira que reemplaza el miedo al padre, porque es más fácil vivir con ira que con miedo.

Cuando pensamos en eso y recordamos alguna situación cuando estuvimos temerosos, nos damos cuenta que la ira da más auto control que el miedo. Ambos son agujeros en el corazón, aunque distintos entre si. Durante el crecimiento casi todo lo que

hacemos, se convierte en un patrón de conducta. La ciencia reconoce que una acción que repitamos, una y otra vez, deja una huella más fuerte en nuestro cerebro que las no repetidas muchas veces. La repetición espaciada es una buena forma de aprender; por ejemplo las tablas de multiplicar se enseñan todos los días, una y otra vez; eso se convierte en un patrón que nos permite desarrollar una destreza en en el cerebro, a tal punto que no tenemos que pensarlo dos veces; cuando alguien dice tres veces cuatro, el doce salta de nuestra boca, sin que tengamos que hacer un esfuerzo para pensar la respuesta.

Treinta, cuarenta o incluso cincuenta años después, si hemos desarrollado modelos de respuestas a situaciones incómodas, vamos de manera automática a la zona más accesible de nuestro cerebro cuando estamos preocupados. Si la ira es la vía más accesible, cuando estamos incómodos, nos enojamos. Lo que aprendemos cuando niños está grabado en piedra y lo aprendido en la edad adulta es como si hubiera sido escrito en el agua. La ciencia habla de surcos en el cerebro; los surcos en la piedra son similares. Las experiencias de la primera infancia y la forma como interactuamos con nuestros padres tienen mucho que ver con la forma como crecemos y con las respuestas emocionales cuando somos adultos.

Alguien que ha fue amado durante su niñez, con padres decentes que lo cuidaron de manera adecuada, no está seguro todavía. Por ejemplo los niños en la calle, han de enfrentar una variedad de situaciones difíciles de manejar. Cuando adultos tenemos cosas similares a las que debemos enfrentar, pero no es fácil si ignoramos cómo actuar. Tenemos tantas respuestas al dolor, que lo interpretamos como un ataque externo que nos da licencia para reaccionar de cualquier manera. Racionalizamos nuestra acción y si una persona nos causó dolor, la abofeteamos como si estuviéramos espantando una mosca.

Una lengua sarcástica puede ser automática y la indignación emocional también. ¿Cómo curarnos de esa condiciones ¿cómo encontrar esta y tantas otras respuestas para nosotros y para los demás? Hay una serie de cosas sutiles que podrían surgir, ya que la ira no es la única respuesta; podrían ser la calumnia, la envidia, el resentimiento o la intriga. Hay personas obsesivas que creen haber sido tratadas injustamente. Eso puede ocurrir si analizamos las situaciones de manera equivocada. Si vemos que la gente reacciona a causa de su dolor y nosotros a causa del nuestro y que tales respuestas no son más que formas para tratar de enmascarar el sufrimiento, sabremos que tenemos que hallar un remedio adecuado que resuelva el problema, que corrija la insuficiencia del corazón, en lugar de disfrazarla porque eso sería peor. La respuesta es el amor, el verdadero amor, el amor real. Si hemos sido extraños para el amor toda nuestra vida, podríamos ser incapaces de amar si no se da la intervención de un ser amoroso Uno de los atractivos de los verdaderos y grandes maestros es su extraordinaria capacidad de amar; uno de los atractivos de un grupo exitoso es su facultad de hacernos sentir seguros, para permitirle al amor desarrollarse y crecer.

El amor hace dos cosas, nos permite entender las dificultades que otras personas tienen y entenderlas. El amor nos enseña a actuar de manera diferente a la habitual en nuestros surcos cerebrales. Si un bebé ensucia su pañal, el adulto racional, que lo ama, lo limpia, y nada más ocurre. Los padres que gritan a sus hijos no saben cómo lidiar con ellos; cuando esos niños se conviertan en adultos no estarán en capacidad de manejar una situación sin gritar.

La capacidad de absorber el dolor que otros nos causan es algo que tenemos que adquirir. Si no logramos hacerlo, hasta cierto punto, reaccionando como si nos detuviera alguna fuerza externa, estaremos perdidos en nuestra propia fragilidad emocional. El dolor no viene desde el exterior, a pesar de que podría hacerlo. No estamos hablando del holocausto de Camboya o Ruanda, sino de las interacciones en una sociedad pacífica en teoría, donde nos causamos inmenso dolor los unos a los otros. Tenemos que aprender a asociarnos con quienes actúan de manera equivocada, sin dejar que sus acciones nos afecten.

Hay diferentes maneras de hacerlo; una sería evitarlas por completo, ya que la ruptura de una relación es, a veces, la única solución; tenemos que ser radicales en una situación así. Llegar al nivel en que podemos remediar situaciones personales es difícil, porque primero tenemos que ser nuestro propio médico, para sanarnos a nosotros mismos. Una vez que estemos curados podemos curar, entender el dolor ajeno y ayudar a detenerlo.

¿Cómo hacer para que el amor sea reconocible? En su movimiento por los los derechos civiles, Martin Luther King, Jr. hizo algunas cosas sorprendentes sin violencia, como pacifista que era. Al mirar algunas de las imágenes noticiosas de sus manifestaciones se ve a ciudadanos afroamericanos portando pancartas que decían "Yo también soy un hombre". Eso avergonzó a la gente y estimuló la comprensión de las cosas, sin agresividad. Si había algún sentido humanitario en quienes vieron ese mensaje, los movió los impulsó a trasladarlo a las personas con el poder de redactar las leyes y hacer cambios en la sociedad.

Tenemos que llegar hasta el sentido humano dentro de cada ser, algo que no se consigue de la noche a la mañana. Empecemos por hacerle comprender a cada persona que también somos vulnerables, que entendemos que existe un problema, que comprendemos su dolor y tenemos la intención de ayudarles, todo esto dicho con amor. En una librería en Toronto recientemente alguien nos preguntó cómo podía ayudar a su amigo alcohólico que no escuchaba los consejos que le daba. Cuando las personas están en un estado como ese, o cualquiera otro, para enmascarar el dolor como la ira, el resentimiento, los celos, la obsesión o cualquier difícil estado emocional, no escuchan lo que les decimos. Están tan ocupados con su propia situación que se niegan a creer que alguien los pueda entender.

¿Qué podemos hacer con la gente en ese estado? O bien pactamos un compromiso con ellos o no lo hacemos. Con algunos no deberemos hacerlo porque eso puede llegar a ser autodestructivo; con otros podríamos ser nada más facilitadores, aunque podemos darles amor incondicional, pero sin aceptar lo que hacen. Si confían en nosotros, si saben que el amor es real, que es verdadero, podrían comenzar a escuchar y a permitirnos darles ayuda adicional. Estas situaciones no se corrigen en un día.

Así como las personas son adictas al alcohol, hay quienes lo son a sus emociones. Estas cosas se han clavado en nuestro cerebro, de manera tan profunda, que tenemos que reacondicionarlas. La transformación es muy difícil y este camino conduce a ella. La mayoría de la gente no quiere cambiar, porque se perciben a sí mismos de forma incorrecta; no ven nada malo en su conducta. La persona que arremete contra nosotros,

por alguna percepción equivocada, se ve a sí mismo como la más amable y adorable criatura, sin reconocer que es un monstruo protegiendo a su bebé, que ya no es un bebé sino un monstruo que lo ronda. Solemos encontramos con monstruos de diferentes grados que debemos manejar; unos internos y otros externos.

1Que Dios nos ayude con esa comprensión, con esa paciencia, es amor transformado por nosotros mismos y por los que nos rodean!

CAPITULO TREINTA Y TRES

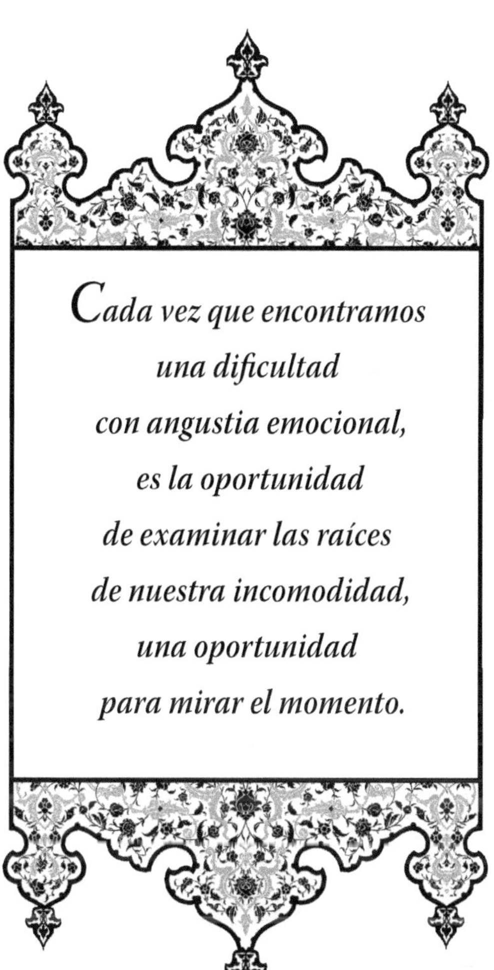

CAPITULO TREINTA Y TRES

Entender la Comunidad Espiritual

Los miembros de las comunidades espirituales se asombran de tener que lidiar en ellas con problemas similares a los que se presentan en todo el mundo, porque ellos tienen actitudes semejantes o peores, o en ocasiones sus dificultades son más exigentes que las del mundo secular.

Cuando nos fijamos en los detalles de ciertos problemas, a menudo encontramos el mismo patrón en diferentes circunstancias. Los hechos, por lo general no determinan lo que está pasando; con frecuencia tienen que ver con las necesidades emocionales de quienes actúan fuera de su ámbito. Pueden ser diferentes en cada caso, pero las reacciones e interacciones son las mismas. Hay dos tipos de problemas de la gente: demasiada atención a la vida de otras personas y muy poca a la propia. El camino espiritual es de auto descubrimiento; tenemos la capacidad de saber lo que somos pero no quién es nuestro prójimo, que está haciendo, cómo lo está pasando. Si nuestro enfoque cambia del auto examen a lo que les ocurre a otros, hemos pasado de la senda espiritual a algo diferente, a un camino mundano conectado con los incentivos, el poder, la necesidad de cotejarnos con los demás para sentir que salimos bien en la comparación.

Las comparaciones entre nosotros y los demás en el mundo, no son como con la realidad. Si no tenemos un concepto de realidad, si todo lo que conocemos es el mundo, la única cosa con la cual podemos compararnos es con él. Luego, cuando las cosas en parecen ser muy diferentes a nosotros, sentimos miedo, somos incapaces de hacerle frente a la situación. Creemos que debemos corregir a los demás, ponerlos en su lugar, reprenderlos, hablar en su contra, levantar chismes o murmurar con el fin de proteger nuestra integridad. Pero tal integridad no tiene sus raíces en la realidad; la única manera de protegerla es con otras cosas que no tienen sus raíces en la realidad, porque las cosas que son mentiras, carentes de verdad.

La gente en el camino espiritual tiene que ser consciente de ello. Hay dos cosas en que pensar: en primer lugar ser conscientes de nuestras propias reacciones hacia las personas distintas a nosotros y en segundo lugar, en ser también conscientes de la forma como reaccionamos frente a aquellos que lo hacen contra nosotros, porque le temen a nuestra diferencia. ¿Utilizamos las mismas tácticas que ellos usan contra nosotros, o en cambio somos capaces de comportarnos de manera diferente, apoyados en la verdad, en la realidad, en las cualidades de Dios?

Cuando la gente dice que Dios lo resuelve todo, esa afirmación se presta a malas interpretaciones. Cuando dicen que esto puede ser, porque Él todo lo resuelve como ellos quieren que lo haga, pero la verdad es que Dios resuelve todo, Él determina como deben resolverse las cosas. Hay aquí una lección: cuando las cosas se resuelven como Dios quiere y no de acuerdo con nuestras expectativas, ¿cómo lidiamos con ese hecho? Ese no es un problema de Dios, es nuestro y la lección es cómo manejar la decisión de Dios cuando ella no se adapta a nuestras necesidades? ¿Qué tan flexible somos en la aceptación de la realidad de la situación en la que nos encontramos, diferente de nuestras expectativas y de los resultados que esperábamos?

El crecimiento espiritual puede tener lugar aquí, ese crecimiento que tiene que ver con la actitud, con la comprensión de nuestro lugar en la existencia y en la realidad. Si nos equivocamos en este punto nunca corregiremos nuestro nivel de comprensión, nunca atraeremos la corriente real de las cosas, porque estamos nadando en contra la corriente, luchando contra lo que está pasando y tendremos nuestra propia noción de las cosas como se supone han de ser.

Somos humanos, tenemos fallas, no podemos dejar de tener expectativas, pero ¿cómo respondemos cuando no se cumplen nuestras expectativas? ¿Qué sucede cuando el camino es pedregoso, que ocurre con nuestra estabilidad y con la capacidad de hacer frente a las cosas, para no salten pedazos? ¿Nos enojamos, sentimos resentimiento, celos . ¿Sentimos auto compasión cuando las cosas no salen como esperamos, o somos capaces de mantener nuestra fe cuando llega la adversidad?

Eso es lo que significa el crecimiento, lo que la comprensión de nosotros mismos implica. Cada vez que tropezamos con una dificultad, con una angustia emocional, se nos presenta la oportunidad de examinar las raíces de nuestra incomodidad, para analizar el momento. Algunos dicen que Dios les crea dificultades a quienes ama para acercarlos a Él, a través de la adversidad. Una de las herramientas de satanás es hacernos sentir cómodos, y creer que hacemos lo correcto, que somos personas ejemplares. En esa situación, que nos ha atrapado, estamos detenidos y ya no podemos movernos, ni progresar. Este es el momento en que Dios nos puede sorprender en la inmovilidad, en ese lugar donde nos hemos detenido a descansar.

Tenemos que desarrollar la actitud correcta en nuestra vida, entendiendo como comportarnos en todas las situaciones, incluyendo las de carácter espiritual, que no se mueven de la misma manera ni de manera simultánea tiempo y que no podemos aceptar. Si algunas avanzan y otras no, solemos fallar en entender por qué muchas cosas del mundo entran en juego; el resentimiento, los celos y la ira causan sufrimientos. En el camino espiritual, si estamos retirados del mundo, si oramos más, si hacemos cosas que otros no hacen, ellos tendrán algo que decir. "¿Por qué necesita hacer eso, ¿cuál es su problema, qué está mal con la forma como siempre hemos hecho las cosas?" "¿Por qué interviene , no hay necesidad de eso ". ¿Lo que hacemos no es suficientemente bueno para usted?

Para los que no viven en la realidad, todo confluye en una preocupación por el deseo egoísta de que el mundo se concentre en ellos, para convertir su situación en la de los otros. Si perdemos nuestro enfoque estaremos igual que ellos, con los que señalan con el dedo, los que propalan chismes, los que no pueden entender que la gente haga cosas diferentes y sin embargo sigue siendo perfectamente aceptable.

Como individuos deberíamos saber que la gente puede ser diferente pero aceptable y que ni nuestros caminos ni los medios de crecimiento son idénticos; la gente tarda un tiempo diferente. El crecimiento de un roble no es el mismo al de un árbol de cornejo. A pesar de que ambos vienen de una semilla y ambos alcanzan la madurez, pero lo hacen en

un tiempo diferente. Deberíamos estar pensando en nuestra propia madurez, nuestro propio crecimiento, no en el de las otras personas.

Las religiones están llenas de cismas. Cuando llegaron los profetas la gente formó una comunidad alrededor de ellos; comenzaron las prácticas y las discusiones acerca de la palabra que venía de Dios; cada grupo insistió en propalar su propia interpretación llamando a todo el mundo a seguirla. Finalmente, cada uno de esos grupos fundó una iglesia con su propio templo y la comunidad original se dividió, con cada nuevo grupo afirmando ser el camino verdadero. Esta es la historia, decir que camino es el único verdadero, siendo un problema esa afirmación individual de que el de cada uno es el único correcto y deberá ser respetado. Las religiones tienen su propio camino, que según afirman es el único y cada uno tiene que hacer lo que ordenan por su propio bien.

Esto significa que todo lo que es bueno para nosotros ha de ser bueno para usted. Todo lo que hagas, que esté en desacuerdo con nosotros, causa tal falta de unidad y dolor que tenemos que imponer nuestra voluntad. No sólo nos causa dolor, sino que es moralmente incorrecto, totalmente inaceptable y constituye una conducta inapropiada. La intolerancia individual que se extiende a la comunidad, a la sociedad, a la religión y al país entero, aunque comenzó de manera individual. Si las personas fueran tolerantes a nivel individual, la comunidad sería tolerante, porque ella es el reflejo del individuo. Unos pocos pueden cambiar la comunidad si son sinceros de verdad, basados en la realidad, Dios puede manifestarse a través de ellos para influenciar a toda la sociedad. Esas personas han llegado en momentos diferentes.

Cada uno de nosotros puede ser uno de ellos, nos incumbe llegar a serlo. Este es la misión que se nos ha dado, dar ejemplo en la verdad. Incluso si nos sentamos en un rincón sin hablar con nadie, sólo existiendo en la verdad, la vibración que pasa a través de nosotros se extiende a nuestro entorno y cambia las cosas. El mundo existe gracias a los que encarnan la verdad, cuando ellos ya no existan el mundo tampoco existirá.

Dios nos creó y creó este mundo para que Él pudiera experimentarse Él mismo. Su propia vivencia. Dios puede experimentarse a sí mismo a través de los seres humanos

que existen con sus cualidades. Esa es la razón por la cual existe la creación y esa es la obligación que tenemos con ella. Cada uno de nosotros tiene responsabilidad sobre lo que sucede a su alrededor, teniendo en cuenta que todo lo que en el pasado existió con Sus cualidades, encontró reacciones adversas. Cuando elegimos la verdad no debemos esperar encontrar todo pacíficamente solo porque estamos en ella.

Miremos las vidas de los profetas y sus dificultades, busquemos inspiración en las vidas de los santos y sus dificultades, ¿acaso pudieron ellas disuadirlos? Si vamos a llegar a ese nivel, podemos ser disuadidos? Basta leer sobre Job y lo que le pasó. Estudiar la vida de Jesús y lo que le pasó. Moisés y sus penalidades con las personas que dirigió para que cruzaran el Sinaí. La vida de Mahoma y las peleas que ocurrían a su alrededor. Pensar en las vidas de los profetas, de los santos enviados por Dios. No los disuadieron las ofensas ni las persecuciones.

Si estamos tan sujetos al mundo, del cual exigimos respeto, no podremos acceder al camino; si nos liberamos de la necesidad de ese respeto, renunciaremos a todas las necesidades y requisitos mundanos que hemos acumulado a lo largo de los años y podremos encontrar nuestro destino en este camino. Luego podremos entender el tesoro, el camino verdadero, que está realmente disponible. Si negociamos nuestra herencia por un par de objetos brillantes, por cosas que podemos sentir, tocar y ver, hemos perdido nuestra herencia. No somos lo que parecemos; no somos tan solo lo que los ojos ven, lo que aspiramos con nuestra nariz y captamos con nuestros oídos, somos mucho más que eso. Entender qué es, concentrarnos, ver con nuestros ojos internos requiere gran concentración, gran enfoque. No es algo sencillo, es la tarea más importante en nuestra vida. Que cada uno de nosotros tenga la fuerza para ese enfoque y pueda mirar la realidad y ver Su esplendor.

CAPITULO TREINTA Y CUATRO

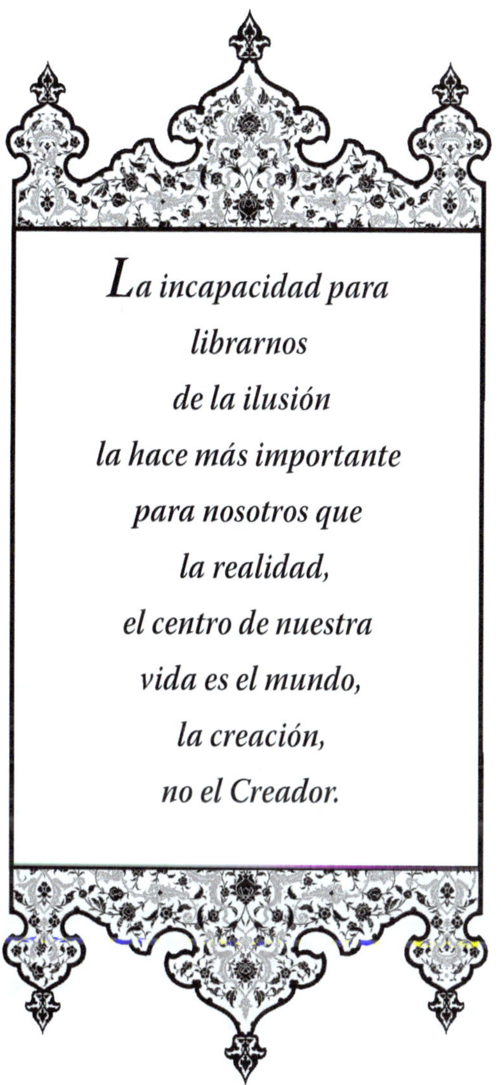

La incapacidad para
librarnos
de la ilusión
la hace más importante
para nosotros que
la realidad,
el centro de nuestra
vida es el mundo,
la creación,
no el Creador.

CAPITULO TREINTA Y CUATRO

Observarnos a Nosotros Mismos

Tenemos diferentes centros dentro de nosotros y cada uno ejerce un efecto específico, en un momento dado. Actúan de una manera que los asemeja a elementos como el fuego violento, consumidor y cáustico; como el agua, calmante y refrescante, o abrumadoramente feroz, como las tempestades de la lujuria. Todos nos afectan de manera diferente, y si no tenemos conciencia de ellos, podemos tomarlos como un paseo en la montaña rusa, cuyos vagones no tienen controles individuales sino que se desplazan sin que los podamos detener. ¿Cómo salir del vagón una vez que está en movimiento? Es difícil, podríamos matarnos. Por eso pensar en saltar nos hace anticipar una situación desagradable.

Debemos aprender a reconocer el estado en que nos encontramos, tratar de mejorar lo mejor que podamos y buscar el momento preciso para cambiar. Manejar la situación dentro de sus parámetros y sólo podemos actuar dentro de ellos. No estamos obligados a hacer lo imposible, sólo lo posible. Si nos relacionamos con los demás y estamos en un estado violento, es posible que la violencia estalle. Es mejor retirarnos a un lugar donde nuestro estado de ánimo no afecte a los demás; ir a otra habitación y cerrar la puerta, para saber cuándo somos capaces de interactuar o cuando no podemos hacerlo. También tenemos que aprender cuál es la razón de esas condiciones explosivas, para no estar sujetos a ellas, para que podamos centrarnos en una forma pacífica.

Debemos reconocer que para progresar espiritualmente

tenemos que estar centrados. Es decir no tener siempre listo un puñado de predisposiciones o actitudes rígidas que determinen como deben ser las cosas. Estar centrado significa ser libre dentro de la corriente de lo que se presenta, aceptarlo como viene, manejarlo de acuerdo con la situación dada. La excesiva reacción es uno de los enemigos que enfrentamos, pero aprender a manejar cada situación con una respuesta adecuada, es una técnica que se debe adquirir.

Una versión de la historia de Adán y Eva hace énfasis en la sobre reacción. Dios le recomienda a Adán decirle a Eva que no coma del fruto de cierto árbol. Adán, para asegurarse de que ella ni siquiera intente acercarse le advierte: "Dios dice que nos debea comer nada de ese árbol, de hecho, ni siquiera habrás de tocarlo". Satanás se acerca a Eva cuando ella está en las proximidades del árbol prohibido y camina con ella hasta allí y le sugiere que lo toque, a lo que ella accede, no resiste la tentación y lo hace. Al día siguiente, satanás regresa y le que sugiere comer la manzana. Ella le responde "pero Adán me dijo que no puedo comer el fruto de ese árbol: '

Satanás replica: "¿No te dijo también Adán que no debías tocar el árbol?" "Sí: '

"Bueno, ¿lo tocaste o no?"

"Sí: '

"Y no pasó nada, ¿verdad?"

Entonces ella se comió la manzana.

Podemos condicionar a la gente para que fracase si exageramos y la someterlos a consecuencias inadecuadas y si creemos que es necesario exagerar para protegerla. Esto sucede cuando los padres sobreprotegen a sus hijos en lugar de ser sencillo con ellos. Es necesario que se les diga la verdad acerca de lo que es peligroso y de lo qué no lo es, pero sin exagerar, sin sacar la situación de sus justas proporciones. Si lo hacemos empeoramos las cosas porque perdemos la perspectiva. Lo que hacemos hacia el exterior lo hacemos también al interior. Si alguien grita en el exterior, estará gritando también dentro de su cabeza. Si alguien está paranoico por fuera, padecerá constante miedo por dentro.

Para observar nuestras acciones, miremos lo que hacemos y la forma cómo reaccionamos externamente a ellas; esa es una clave para resolver nuestros problemas internos. La duda es un problema que causa mucha confusión y se presenta en distintas formas y variedades. Puede salir a la superficie a través del temor, cuando tenemos una serie de expectativas, junto con el temor de que las cosas no saldrán como deseamos, la duda nos arrastra. La duda lleva a recelar, ¿cómo podemos corregir esa situación, cómo hacer que las cosas funcionen de manera correcta? Esa confusión y esa ansiedad pueden conducir a acciones exageradas, incluso crear el caos en nuestro intento por conciliar las cosas.

Hay historias para ilustrar este asunto acerca de ser arrestados, atrapados, que hablan sobre individuos que se encuentran en mayores problemas cuando son capturados. Supongamos que un jovencito roba una bicicleta, un policial viene a arrestarlo y el joven le dispara en su intento de escapar. ¿Qué causa esta reacción? El chico robó una bicicleta, falta para la cual el castigo es leve, pero matar a alguien es algo grave y muy diferente. El miedo del muchacho lo lleva a la confusión y al caos, a la pérdida del auto control y de la conducta apropiada. Algo similar nos puede suceder interiormente en otras situaciones de la vida.

Hemos de ser equilibrados para evaluar la importancia relativa de los acontecimientos; saber que no podemos vivir con demasiadas expectativas o sufriremos decepciones. Si tenemos una sobrecarga de expectativas estaremos de vuelta en la montaña rusa, dando un paseo sobre los rieles que están fijos, agarrados en su lugar. Una vez que entremos allí, no nos podremos bajar. Requerimos de algo que nos permita liberarnos. Tarde o temprano todo el mundo se desacopla de la vida y cuando eso sucede todo en la vida ha terminado, pero podría no estar listo para esta desconexión final. Por lo menos debemos estar preparados para los pequeños desenganches que aparecerán en el camino. Si no lo estamos, significa que algo en nuestra vida es inapropiado, que nos aferramos a las cosas que deberíamos dejar de lado y a las cuales les estamos dando más importancia de la que tienen en realidad.

Después de todo, creemos que estamos cumpliendo nuestros deberes, asumiendo las responsabilidades, haciendo lo que estamos destinados a hacer, satisfaciendo nuestros propósitos y respondiendo a la razón por la que estamos aquí. Este tipo de de pensamiento nos obnubila, racionaliza el apego y compromiso con las cosas que creemos son más importantes que nuestra alma.

Las religiones funcionan en esa forma; el concepto de religión se hace más importante que la relación entre el hombre y Dios y entre Dios y Su pueblo, la verdad que los profetas de cada religión vinieron a promulgar. Sí eso sucede con el consentimiento de aquellos que aprendieron de cada una de ellas, pensemos en nuestra propia vida en qué

es una religión y también la historia de todo el mundo. Nuestra vida es un ejemplo de todo lo que pasa en el mundo y todo lo que sucede en el mundo es un ejemplo para nosotros; el mundo es nuestro intérprete de la realidad. Estamos hechos para entenderla a través de nuestra propia experiencia, a través de lo que vemos en la vida y destinados a adelantar un estudio activo y correcto de lo que somos dentro de este tramo de nuestra existencia. Si nos mantenemos lidiando con lo que creemos ha sido dispuesto para nosotros, estaremos encerrados en un agujero, viajando sobre rieles que no podemos dejar. Nos dirigimos por derroteros que nos llevan, sin darnos cuenta, a elegir la ruta equivocada para nosotros mismos.

Salir a ese espacio abierto, en el que nada está predeterminado, donde existe la realidad, es difícil. Tenemos criterios específicos con los que identificamos la realidad, más sin embargo debemos ir más allá de ellos, caminar por la cuerda floja, al borde de lo que ya sabemos. Este es el verdadero camino recto, que se dice se asemeja al filo de una espada; tenemos que ir más allá de lo que entendemos, más allá de lo conocido. Si persistimos en quedarnos en el lugar donde nos criamos, porque estamos cómodos, repetiremos una y otra vez las mismas situaciones, impidiendo que nuevas experiencia nos conduzcan más allá de donde nos encontramos .

La oportunidad de aprender, de obtener nuevas experiencias, significa que a veces nos vemos en situaciones que nos demandan lo mismo que estamos tratando de aprender, cualidades como la paciencia, la compasión o la misericordia. Esto es lo que sucede en el mundo, los que favorecen su amor a Dios son favorecidos por Él y tienen la oportunidad de comprender sus cualidades. Si queremos aprender a ser misericordiosos, Él nos alerta en cualquier situación en la que se requiera la misericordia; si queremos la paciencia se nos darán pruebas que exijan la paciencia. Así nos será posible comprobar si podremos ser pacientes, en lugar de sólo hablar de la paciencia? ¿Deberemos tener discusiones acerca de la paciencia y la misericordia, o tener estas cualidades? Algunos dedican la vida a hablar del tema, en grupos de estudio, en reuniones y foros en los que se invita a todos pensar en esas verdades.

Pero debemos entender la diferencia entre las discusiones y la realidad para elegir en consecuencia. Esa es nuestra disyuntiva: vivimos con Dios, reconociendo Su supremacía o vivimos tratando de atraer al mundo en nuestra dirección? Esta es la elección que se nos plantea cada día, cada hora, incluso cada minuto y cada segundo. ¿Caminaremos por la orilla o correremos de regreso al mundo? Tenemos que decidir, ¿podemos ser honestos con nosotros mismos, con todo el mundo o nos dirigimos de vuelta a la seguridad y a la comodidad acostumbradas? Esa comodidad puede ser el resentimiento, los celos, la lástima por nosotros mismos, creernos mejores que otros, pensar que somos diferentes en esos lugares donde el mundo se siente cómodo. Nosotros sabemos que las falsas comodidades no son buenas para nosotros.

! Que Dios nos ayude a entender!

CAPITULO TREINTA Y CINCO

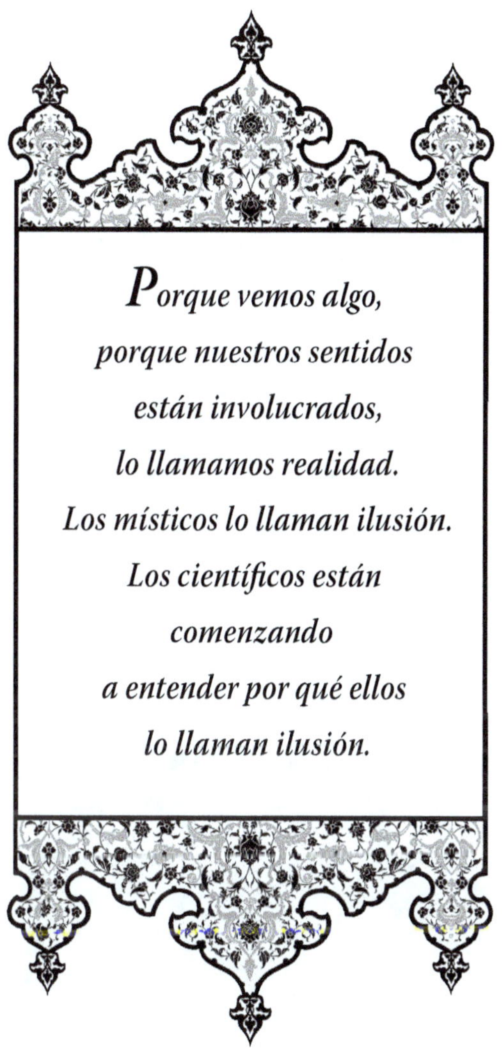

Porque vemos algo,
porque nuestros sentidos
están involucrados,
lo llamamos realidad.
Los místicos lo llaman ilusión.
Los científicos están
comenzando
a entender por qué ellos
lo llaman ilusión.

CAPITULO TREINTA Y CINCO

la Física Quántica y el Libre Albedrío

Las leyes de la física newtoniana no funcionan cuando se aplican a las partículas subatómicas. Cuando tenemos un objeto, que podemos ver con nuestros ojos y lo lanzamos, podemos establecer dónde estaba cuando llegamos, adonde se fue y que tan rápido iba. En el mundo de las partículas subatómicas, sabemos dónde están, pero no podemos decir qué tan rápido viajan y si no sabemos a qué velocidad viajan, tampoco podremos decir dónde están. Este es el principio de incertidumbre de Heisenberg, que aclara que no entendemos las cosas de la misma manera en el mundo subatómico que en el atómico.

Es más, las partículas subatómicas no reaccionan como las atómicas en el mundo; las cosas no suceden de manera predecible. Si utilizamos la física newtoniana, para partículas subatómicas, no obtendremos los resultados que esperamos. La espiritualidad es similar; la comprensión de la realidad es algo parecido. Una vez entendemos que dentro lo que vemos hay facetas que no vemos y nos damos cuenta que son como bloques de construcción de lo que vemos, podemos comprender que lo que vemos no es real, que hay mucho más en juego que no salta a la vista y no hay mucho que explicar que lo que vemos. Lo que vemos es una versión abreviada de la incapacidad de contemplar la realidad, una ilusión computarizada que podremos abordar.

Porque vemos algo, porque se involucran nuestros sentidos, lo llamamos realidad. Los místicos lo llaman ilusión. Los científicos comienzan a entender por qué ellos lo ven así. Distintos tipos de ellos como los ingenieros, aplican la física teórica y química al mundo aparente de las cosas que vemos, con resultados predecibles. Por eso creen que sus teorías son válidas, y al hablar de la física teórica lo hacen como si tuvieran bases entendibles; pero un físico teórico no dirá tal cosa, opinará que no entendemos de que están hablando, que no hay explicación científica que verifique lo que dicen; ningún estudiante avanzado puede entenderlo, porque ni ellos mismos saben de que están hablando.

Los que están en el borde saben que no saben. A medida que nos alejemos de ese borde, donde el abismo ya no es visible, creemos estar en tierra firme. Muchos caminan en la ilusión, creyendo pisar esa tierra firme y la religión establece reglas que nos hagan creer eso.; nos dice que ya encontramos el camino, que sabemos las respuestas, esto eso es lo que es. Que sigamos nuestro plan de juego, que no hagamos preguntas, que atendamos lo que se nos dice para asegurarnos un lugar en el cielo. Los que así hablan esto son los trabajadores del campo que están muy lejos de la orilla.

En los cálculos de Newton la fuerza de gravedad era la respuesta instantánea a algo que nadie puso en duda, hasta que Einstein dijo que nada puede viajar más rápido que la luz, que no puede haber respuestas instantáneas, que nada es más rápido que la velocidad de la luz. El llegó a la conclusión de que la gravedad viaja a la velocidad de la luz, pero hay que hay un lapso sin un resultado inmediato. El lo puso en duda. Quienes hemos mirado, de manera profunda en nuestra propia existencia llegamos a plantearnos ese interrogante, no sobre los aspectos físicos de las cosas que se mueven a nuestro alrededor, sino de la física conectada a nuestra propia existencia, a su esencia. ¿Quiénes somos, qué somos, que leyes nos rigen? ¿Cómo podemos estar en contacto con lo que somos?

Hay leyes en la creación establecidas por Dios; hay maestros que nos enseñan algunas que nos dicen que tenemos libre albedrío. ¿Pero qué es libre albedrío? ¿ la libertad de introducir una cuchara en una taza significa que tengamos libre albedrío? ¿Ejercer el derecho al voto en una democracia es libre albedrío? ¿Serán esas cosas el libre albedrío, o solo movimientos al azar, de una bolsa de protones o, como diría Rumi, un saco de huesos flotando y rebotando a través de las cosas. Hay algunas que podemos tocar y otras que no, si decidimos hacerlo. Eso es libre albedrío o nosotros determinamos cómo reaccionar.

El libre albedrío se reduce a la simple elección que hacemos. Creemos que hay un poder supremo que rige todo lo que existe, o nos negamos a aceptarlo? Si creemos en un poder supremo que todo lo gobierna, tratamos de alinearnos con su voluntad? Este es el alcance y el rango de nuestro libre albedrío. ¿Con que consecuencias para nosotros? Todo fluye y nosotros decidimos si vamos a avanzar con el flujo o ir contra el. Eso es todo lo lejos lo que podemos avanzar, un paso importante para alinearnos con el Poder Supremo, toda una magnífica aventura. Hay que entender su magnitud y entender que la recompensa de estar de acuerdo con este flujo y poder pasar a formar parte de él. El castigo por no elegir estar en el flujo, por no formar parte de el es ser excluidos de la gracia de la realidad. Esta es la opción que se nos ha dado, este es nuestro libre albedrío.

Ese eterno poder supremo nos ha enviado instrucciones sobre cómo involucrarnos en ese flujo, que vienen en los libros sagrados, recogidas por los seres santificados y puestas a disposición nuestra, tan claras y puras como la voluntad de l forma todo todo lo que existe, de la voluntad de la eternidad, de una fuerza que impulsa todo lo que fluye a través de ella. Ellas nos permiten atestiguarlo e imitar lo que hacen, para que podamos también ser claros, puros, impulsados a ese espacio donde iremos con el flujo de las cosas.

Las leyes que rigen a las sociedades y el mundo, incluso algunos segmentos de las religiones, no fueron dadas necesariamente por el Eterno. Sus leyes son la naturaleza de las cosas, la realidad a la cual debe ir nuestro propio yo, pero es difícil hacerlo por muchas razones; hemos establecido dentro de nosotros mismos lo que creemos es el sentido común, lo que nos gusta y lo que no, la forma como vemos las cosas y como creemos que deben ser.

Nos sentamos a la mesa condicionados, esperando que todo se de en una forma determinada. A menos que podamos suprimir lo que hemos imaginado, llevar todo a a cero y sin expectativas sacudirnos de la fase de pre acondicionamiento y eliminar todo lo que consideramos sagrado pero no lo es, cuando estemos ante la verdad, no vamos a poder reconocerla.

Hay una historia acerca de Khidr Nabi, el profeta eterno que camina la tierra. Había una vez un hombre que tenía la firme intención de encontrar a Khidr Nabi; para ello se sentó a meditar durante días, semanas, meses y años, hasta que finalmente tuvo una visión de Khidr la que dibujó para sí mismo, en un pedazo de papel, lo dobló y lo puso en el bolsillo. Se dijo: "Ahora estoy listo para encontrarlo". Algunos años más tarde alguien se acercó diciéndole:

"Yo soy Khidr Khidr Nabi, tu intención ha fructificado". El hombre tomó el pedazo de papel de su bolsillo, miró la imagen que no coincidía con lo que esperaba, dio la media vuelta y se marchó.

Esa es la historia de la gente que no renuncia a las imágenes que considera sagradas y que no está dispuesta a librarse de ellas cuando va en busca de la verdad. Quiere que esta se adapte a su propia definición y si no es así, la niega de plano. La parte más difícil está en llegar a la conclusión de que no sabemos nada y cuando algo de valor es traído a nosotros, no seremos capaces de reconocerlo entre todo lo que hemos aprendido en el pasado, a menos por supuesto, que hubiéramos sido educados por los seres iluminados.

Las reglas o leyes que trabajan en la espiritualidad, en el mundo de la realidad, son diferentes de las que funcionan en el mundo, donde necesitamos hacer cosas básicas para sostenernos, mantener a nuestras familias, tener un trabajo, comprar cosas y cuidar el cuerpo físico. Todas se volverán esenciales y si no nos ocupamos de ellas, el cuerpo se marchitará y desvanecerá. Pero el mundo de la espiritualidad es lo opuesto. En el camino hacia la realidad tenemos que aprender a renunciar a lo acumulado en el mundo y al apego hacia ello, sin recoger, las cosas que nos impidan seguir adelante, a medida que avanzamos. Las cosas que acumulamos, las que nos impiden ir hacia adelante suelen llamarse karma. Tenemos que ser cuidadosos para no recoger el karma mientras caminamos, quitando además con cuidado el que habíamos adquirido. ¿Pero qué es el karma, ¿cómo funciona? Hay una historia acerca de un gran ser santo en el norte de Sri Lanka, que nos ilustra al respecto. Hubo un hombre que se fue por la ciudad calumniando a un sabio, diciendo vilezas acerca de él. Un día, el santo se encontró con quien que lo calumniaba en la calle; se detuvo y le dio cincuenta rupias, una gran cantidad de dinero en ese momento. Esto sorprendió al hombre, pues él sabía lo que había estado haciendo, "¿Por qué me das este dinero?", le preguntó.

El sabio respondió: "Yo sé lo que has estado haciendo, quería darte las gracias por ello: "¿Por qué? ", replicó el otro.

"Porque calumniándome tomaste mi karma y lo agregaste al tuyo, equilibrando así el mío. Pensé que debería pagarte ese señalado servicio.

Esa fue la lección de un gran ser, enseñarnos a recoger el karma, en la forma más sutil posible. Si una palabra inapropiada sale de nuestra boca, inapropiada para nuestro

flujo, recogemos karma; si hacemos cosas que perjudiquen el flujo, recogemos karma. El mundo que vemos ante nosotros es el flujo y si hacemos algo para dificultar su camino estaremos interfiriéndolo el flujo y recogiendo karma. Debemos deshacernos del que recogemos hoy, más tarde. Esta es una de las partes más difíciles de la ruta, porque todo lo que hemos acumulado es karma. Desde niños nos han engañado, nos han mentido, nos han dicho cosas que no son ciertas. Creemos en ellas y se las transferimos a otras personas. No sólo fuimos engañados, sino que nos convertimos engañadores, a cumulando karma, incluso siendo inocentes.

La mayoría de la gente cuando entiende su karma, cuando tropieza con ese muro que le impide realizarse, siente dolor y pesar. Entonces pueden suceder varias cosas: se deja confundir por el dolor y el pesar, huye del todo, cambia de rumbo, renuncia a su búsqueda o tiene el coraje suficiente para transitar ese valle de dolor y lágrimas. Se necesita valor para enfrentarse a los demonios que se han acumulado y diseminado, coraje para hacer frente a las cosas que hemos hecho y para continuar estando consciente de lo que se ha hecho.

Todo el mundo choca con este muro, el punto donde tiene

que tomar una decisión entre continuar, romperlo, o aceptar que la mente y la imaginación son más importantes que la realidad y seguir haciendo lo que siempre ha hecho. Hay muchas razones vinculadas a nuestro sentido egocéntrico, ¿por qué elegimos seguir haciendo lo de siempre, en lugar de tratar de encontrar a Dios, en lugar de convertirnos en dios, equiparando la propia voluntad con la realidad, en una fase donde se bloquean las ideas preconcebidas, que pueden aparecer en cualquier nivel.

Cuando tenemos miedo de ir hacia adelante o muy asustados para alejarnos, cuando vemos ese abismo por cuyo borde caminamos sin saber si habrá algo allí para ayudarnos a dar el paso siguiente cuando lleguemos al punto donde la vida cambia, donde nosotros cambiamos. Eso no sucede sólo una vez, ocurre todos los días, una y otra vez, sin detenerse. Hay una historia acerca de un gran santo que estaba dormido y en camino hacia a los cielos. Cuando estaba a punto de llegar a su destino, su esposa corrió a la habitación y comenzó a sacudirlo, gritando su nombre. El la oyó, la volvió a mirar y regresó.

Hay tantos desafíos, muchos de ellos que consideramos apropiados, que sentimos que debemos hacer, pero al final nada existe sino Dios, todo lo demás es ilusorio.. Hasta cuando realmente creamos en ese punto y estemos libres de apegos, nos enfrentaremos a ese abismo cada día.

! Que podamos afrontarlo con valentía, que podamos enfrentar la ilusión con medidas adecuadas!

CAPITULO TREINTA Y SEIS

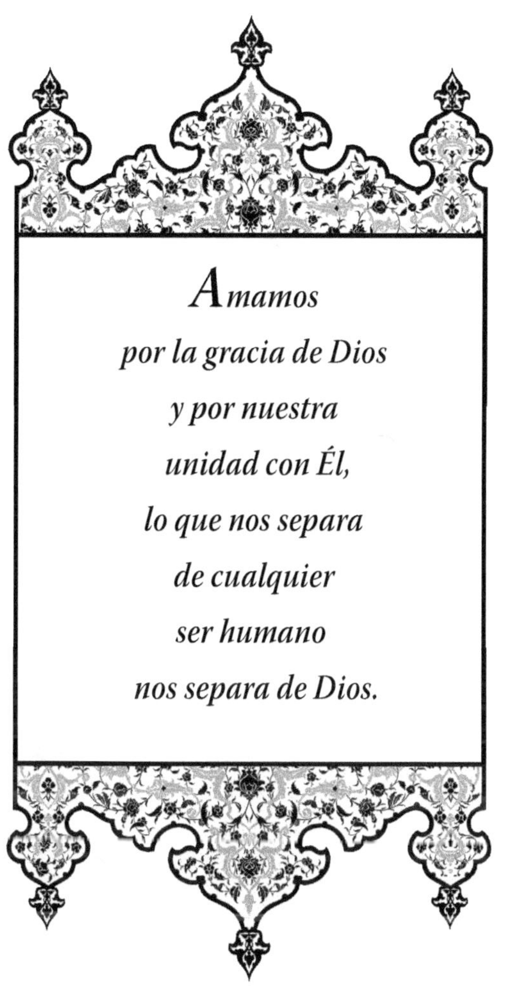

Amamos
por la gracia de Dios
y por nuestra
unidad con Él,
lo que nos separa
de cualquier
ser humano
nos separa de Dios.

CAPITULO TREINTA Y SEIS

Un Código de Conducta

La caballería tenía un código tradicional de conducta, compartido por oriente y occidente, de lealtad y acuerdo entre caballeros y reyes, similar al código Sufí en muchos aspectos, porque incluye la comprensión que debemos tener por nuestras creencias y la necesidad de hablar de ellas. El mundo hace comentarios sobre el amor y sin embargo nadie es sincero en el amoroso, aunque se supone que debemos poner nuestras creencias en acción. Dado que en la práctica eso es muy raro, los que desean regirse por códigos específicos de conducta suelen formar pequeños grupos, como el del Rey Arturo y la mesa redonda y sus caballeros o como los Sufíes que les cumplen con lealtad a ciertos maestros o jeques.

Entre los miembros de esos grupos existe un sentido de lealtad mutua, basada en declaraciones del amor en acción. El matrimonio es un ejemplo de ese tipo de conducta; el más pequeño de los grupos que se hace promesas mutuas de amor y lealtad y busca cumplirlas de manera activa, creando una simple y sencilla institución basada en la comprensión. Se ha dicho que el matrimonio es la mitad de nuestra religión. Hay muchas maneras entender esto, ante todo como la sutil comprensión de que sólo Dios existe; Y sí solo Él existe cualquier pensamiento que consideremos separado nos aleja de la verdad de que somos parte del todo. Como parte del todo somos parte del que es Uno; Cuando nos separamos perdemos nuestra conexión con el Uno. Si aprendemos a ser un solo ser con nuestra esposa o esposo iremos por el buen camino, el camino de ser uno, no separados.

Los caballeros de antaño estaban listos a dar la vida el uno por el otro, al igual que los antiguos derviches estaban comprometidos entre ellos y su jeque. El compromiso con un pequeño grupo es importante, pero puede surgir un problema cuando el grupo se separa. Sus miembros pueden empezar a reunirse con ideales maravillosos, hasta que se institucionalizan; luego al tratar de proteger la institución dejan desvanecer esos ideales

y entran en conflicto con otros grupos. Adoptan un sentido de exclusividad, pretendiendo que su religión y su camino son el único camino a la verdad, a la realidad, a la relación con Dios.

En primer lugar debemos practicar el amor, entenderlo, identificar lo que sucede cuando hay verdadera armonía entre la gente. Las religiones hablan de amor profundo entre sus discípulos, los apóstoles, los derviches, los caballeros, los Hasidim etc. Hay ejemplos en cada fe de lo que sucede con la expresión y la práctica del amor e historias de personas que cruzan el puente de esa exclusividad. Se dice que San Francisco de Asís caminó una larga distancia para realizar un intercambio sobre el amor de Dios con Saladín. Hoy en día hay un movimiento entre las religiones para cruzar el puente y reconocer la legitimidad de la fe personal, en diferentes formas. La negativa de muchos a aceptarla causa problemas, sobre todo cuando se termina degradando a los demás, considerándolos inferiores, menos que seres humanos atribuyéndose el derecho de tomar decisiones con respecto a la fe.

Cuando establecemos condiciones generadoras de conflictos, cuando no podemos amar, dañamos nuestra capacidad para acceder a la realidad, para avanzar en el camino hacia Dios. Una vez que creamos situaciones en las que nos inclinamos a odiar, abrimos un espacio dentro de nosotros mismos para albergar esa pasión y para que ella persista.

Si pensamos que una reacción de odio o desprecio es apropiada en ciertas circunstancias, sin tratar de entender lo que verdaderamente somos, lo que nos llevamos con nosotros. No importa cuál sea el blanco de nuestra ira ni importa que pensemos que la ira es correcta o apropiada, la ira es siempre el velero que transporta el odio, no el amor.

Alí, el yerno del profeta Mahoma, participaba en una batalla y estaba a punto de matar a un enemigo y en ese momento este lo escupió. Alí dejó bajó su espada. Sorprendido el hombre le preguntó por qué se había detenido. La respuesta fue: "Cuando usted me escupió sentí enojo; vine aquí, por una causa justa, a defender nuestra ciudad que ha sido atacada, pero en este momento iba a matar porque estaba enojado y eso es inapropiado". De acuerdo con la historia, el enemigo se convirtió debido a la explicación de Ali. Lo que necesitamos entender es la naturaleza de la ira, como nos aferramos a ella, que le hace a nuestro ego, a nuestras intenciones, cómo nos hace sentir, y por qué.

Es probable que encontremos gente difícil con la que no debemos interactuar. Es mejor alejarnos de ella, que enojarnos; ponerle fin a cualquier situación que no podamos manejar; entender el estado de amor, y por qué amamos; saber que podemos hacerlo por la gracia de Dios y por nuestra unidad con Él. Lo que nos separa espiritualmente de cualquier ser humano, nos separa de Dios. Debemos evitar entrar en conflicto y aprender a ser incluyentes. Tenemos un alma indiferenciada que viene de Dios, todos hemos sido creados iguales. ¿Cómo podemos ver la igualdad dentro de nosotros? ¿Cómo aprender a cuidarnos los unos a los otros, como cuidarnos nosotros mismos? Podemos hacerlo reconociendo la igualdad, porque si no podemos ver a los demás como a nosotros mismos, no los trataremos como a nosotros mismos. Podemos hacer esto entendiendo que no hay diferencias, aunque el mundo se mantenga creando diferencias de raza, de idioma, de religión, de fortuna, de estatus, de educación y de poder, es decir diferencias entre lo que tenemos y lo que no tenemos.

Por nuestra propia seguridad debemos aprender a evitar ciertas situaciones y a comprender que así como algunos tienen un brazo o una pierna rota, otros padecen enfermedades del corazón que necesitan ser corregidas, que no son normales. Cuando lo vemos así, cuando reconocemos la igualdad en los demás, empiezan a surgir diferentes relaciones con la gente, algo extraordinario puede pasar. Cuando descubrimos la unidad se produce una cierta gloria de la cual se nos permite participar, y que pone al ser limitado a un lado y nos coloca en forma profunda en el ser indiferenciado que existe dentro de nosotros.

Este proceso de expansión debe comenzar con los que están en nuestras vidas. No es un accidente que tengamos contacto con ellos, no debemos tratarlo como si lo fuera. Son personas a las cuales podemos ayudar, e interactuar con ellas con amor, porque todos tenemos esta gracia. Estamos frente a qué y quienes somos; amamos lo que se nos ha dado, lo que ha sido puesto delante de nosotros. No debemos mirar el plato de la persona que está a nuestro lado, sino comer la comida del nuestro, tomar la porción que nos corresponde

Una vez que nos fijamos en el plato de otra persona, perdemos el foco en el amor, nos involucramos en actividades que hacen le hacen difícil al amor existir. Cuando nos asombramos porque alguien tiene más que nosotros, la duda nos arrastra y cuando nos preguntamos por qué, estaremos dudamos de la perfección de los planes de Dios para con nosotros, perdemos nuestra conexión con Él, nuestro amor por Él, nuestra gratitud hacia Él, nuestra camino hacia a Él porque la duda y el camino no pueden coexistir, se excluyen entre sí; la duda nos aleja de Dios y de los demás. Tenemos que ser amorosos, tenemos que estar en el amor, encontrar maneras de ser el amor, vivir en situaciones de amor, en las cosas que ofrecen amor. Tenemos que cuidar a los demás y olvidarnos de nosotros mismos, porque así nuestra atención se puede enfocar en otro lugar, un lugar donde existe la oportunidad de amar.

Hay un tipo especial de relación en un lugar especial, la cornucopia de la abundancia de Dios donde siempre hay más para dar. Dios siempre da, cuando hacemos parte del deseo de dar; cuando esa es nuestra intención Él nos ofrece Su abundancia. Tenemos que ir a ese lugar, donde hay tanta alegría que nos produce lágrimas de gratitud, de alegría y a salvo, protegidos, entre las personas con las que compartimos la realidad y la unidad de la existencia. Esa es la razón por la cual la gente se reúne, por la cual la gente ama. Ese amor puro es la puerta que abre el camino hacia Dios, nuestro tesoro supremo, disponible para nosotros a medida que nos hacemos disponibles a Él.

!Que nuestros corazones se abran, que este amor sea la intención detrás de nuestras acciones en el mundo!

CAPITULO TREINTA Y SIETE

Tenemos que renunciar
a los atributos
que no son Suyos,
para vivir
los que sí son.

CAPITULO TREINTA Y SIETE

Resonancia y Luz

Hace poco encontramos dos personas creyentes en Dios, entusiastas por sus creencias, que deseaban reunirse con otras igualmente creyentes para compartir su gozo. Como todos teníamos ese entusiasmo, la experiencia fue hermosa, gratificante, porque disfrutamos de nuestros sentimientos, emociones y comprensión comunes. Había un gran acuerdo que nos trajo la unidad y cuando hay unidad Dios se une a nosotros, porque Él quiere que seamos uno. Si hacemos lo que Él quiere, su voluntad estará con nosotros. ¿Por qué tenemos este tipo de celebraciones, ¿por qué nos reunimos? Lo hacemos para comprender cómo alinearnos con Su voluntad y para que sus virtudes vengan y permanezcan con nosotros para que recibamos Sus cualidades que comparte con toda la creación.

Aquí hay un Creador compasivo, un Creador misericordioso. ¿Qué ha hecho por su creación? Él nos ha permitido conocer la compasión y la misericordia. En su misericordia nos ha dado la capacidad de experimentar la compasión, en su misericordia nos ha dado la capacidad de experimentar la misericordia, y que pasa cuando degustamos este Su alimento, cuando aceptamos estos regalos? Nos acercamos a él, y por acercarnos a Él, un nuevo campo de visión se abre ante nosotros, nuevas maneras de ver y el amor, que es nuestro estado natural, comienza a crecer. Cada vez que nos reunimos traemos un leño y lo arrojamos al fuego para que aumente la llama que crepita dentro de nosotros, para que el amor crezca y se haga más brillante a medida que nos acercamos a Él. Con la certeza de que Él está con nosotros y que estamos con Él, nos conmueve saber que nuestro Padre está con nosotros, que estamos con Él, y entonces somos más fuertes, más firmes en esa certeza.

Cuando nos sentamos juntos compartiendo el espacio, el aire, enfocados en el mismo punto, al mismo tiempo, cuando hablamos no estamos pensando, cuando escuchamos no estamos pensando, compartimos lo que se nos da. Eliminamos la posibilidad de involucrarnos en cualquier cosa diferente a Él. Se realiza para nosotros el milagro de dejar que Él nos provea lo que compartimos. Cuando pensamos que podemos presionar al mundo para que actúe como queremos, nos engañamos al pensar que podremos hacerlo. Cuando nos quedamos ahí, en ese lugar pensando que somos los proveedores, que somos los hacedores, los conocedores, nos desligamos de Él. Tenemos que entender nuestro estado y al mismo tiempo la dificultad y la gloria de ello, tenemos que entender lo que Él nos permite hacer y lo que Él ha guardado para sí mismo, entender lo que está bien y lo que está mal y elegir el camino correcto. Aquellos que se han entregado a un maestro, un jeque, o un gurú, necesitan entender lo que significa la palabra rendición. Rendirse tiene implicaciones extrañas para nosotros en occidente, pero hay mucho más aquí de lo que pensamos.

Si un niño está enojado con su padre o madre, o un padre está enojado con su hijo, ¿qué sucede? Se produce el dolor de la separación, dolor que se se siente porque sucedió, algo que el niño o el padre hicieron. Ahora, ¿cómo se reconcilia esta herida? Solo si una de ellos se rinde ante el otro y uno de ellos perdona al otro. La rendición permite el perdón, la entrega y los dos generan la unidad. Cuando una mujer se pelea con su marido o un marido se pelea con su esposa, necesitan la reconciliación para restablecer la unidad, como lograrla? si las voluntades se alinean, vuelve la unidad. Así ocurre entre los seres humanos, entre hombres y mujeres y es el camino entre el hombre y Dios, entre el hombre y su maestro. Se nos explicado que la voluntad de Dios se manifiesta a través de ciertas cualidades; cuando nos alineamos con ellas, nos aferramos a Él, cuando no estamos alineados con ellas, nos separamos de Él. Hemos de renunciar a las que no son de Él y vivir en las que si le pertenecen. Cuando eso ocurre nos involucramos con Él. Él puede mostramos como es Él si permanecemos unidos a Él. La paz real del mundo viene sólo cuando se produce un alineamiento y hay la quietud suficiente para que podamos percibir su armonía.

Pensemos por un momento en nuestros cuerpos. Estamos hechos de diversos elementos que se combinan para hacer de nosotros seres funcionales. Han dicho los profetas y amigos de Dios que una partícula de lo eterno fue puesta en el interior de cada uno de nosotros, una pequeñísima partícula que radica en el corazón que nos ha dado Dios y sin embargo estamos tan abrumados por la influencia de los elementos que hemos perdido la capacidad de comprender esa partícula de Dios. Nuestro trabajo en este mundo es enfocarnos en esa pequeñísima parte de nosotros mismos que es de Él, entonces podremos emitir su armonía. Todo lo que vemos la tiene en cierto grado. Un científico puede explicar la diferente naturaleza vibratoria de las cosas. Toda la creación tiene una naturaleza específica; el Creador tiene una naturaleza vibratoria, Su resonancia. ¿Estamos entonces interesados en la resonancia de la creación o en la de Dios?

Parece que tenemos muchas opciones en nuestra vida diaria a medida que avanzamos a través de nuestra existencia, pero son de hecho, bastante limitadas. Podemos elegir entre el mundo y todo lo que ello implica o elegir a Dios. Cualquier elección que hagamos asociada con el mundo, no es la elección de Dios. Cada vez quc elegimos a Dios nos olvidamos del mundo. ¿Cómo elegir a Dios, ¿cómo llegar al punto en el que ello sea simple en lugar de una lucha? Necesitamos una cierta actitud sobre nuestras vidas que lo haga más fácil. Si pensamos que la vida es una lucha, que es difícil, que tenemos que esforzarnos simplemente para mantener nuestra propia existencia, no tendremos tiempo para pensar en Dios. Pero si vamos a través de nuestras vidas con facilidad, sin dificultad, sin centrarnos en las cosas que parecen complejas, se nos hace más fácil elegir a Dios.

¿Cómo cultivar una actitud que lo haga posible cuando fuerzas contrarias nos hacen pensar de otra manera? Nuestro ego dice que somos grandes, que podemos lograr grandes cosas, afrontar las dificultades y superarlas, mover las cosas, tomar decisiones importantes y abrumadoras. Nos movemos hacia el auto comprensión, o nos alejamos del estado necesario para la interacción con Él. Caemos en situaciones difíciles, que no consideramos complicadas.

Tenemos que buscar línea de menor resistencia para transitar a través del mundo. Este nos ofrece muchas opciones y de vez en cuando decidimos que queremos cosas que no vienen de manera fácil, que deberían estar destinadas para nosotros. Tomemos por ejemplo el alcalde que quiere ser gobernador, el gobernador que quiere ser presidente, el presidente que quiere ser emperador. La incapacidad de estar satisfechos con nuestra propia posición, con la porción que se nos da, es un obstáculo en Su camino.

Hay una historia acerca de un hombre pobre que se ganaba cinco rupias diarias. Al final de cada jornada iba a gastar su dinero en comida y frutas que compartía con sus amigos y por la noche se iba a dormir para levantarse al día siguiente e ir a su trabajo como leñador, ganar cinco rupias más y hacer lo mismo de todos los días. Había un avaro que vivía en una colina, un hombre muy rico que podía ver cómo vivía el pobre. Pensaba entonces: "No entiendo cómo ese hombre puede gastar todo el dinero que gana a diario y yo ni siquiera me doy el lujo de gastar una rupia para comprar fruta, ya que disminuiría mi riqueza, lo más importante que tengo".

Fue a ver a un hombre sabio, quejándose de lo que veía y este le dijo: "Bueno, haz lo que te voy aconsejar y ya veras qué pasa. Pon noventa y nueve rupias en una bolsa, tírala en la cabaña de ese hombre pobre, vuelve casa y mira lo que pasará.

A la mañana siguiente, el hombre pobre se despertó, encontró la bolsa con las rupias en el interior; empezó a contar: "Dios mío", dijo "Tu haz sido tan generoso conmigo que me has dado noventa y nueve rupias, y ahora soy un hombre rico. Si sólo me hubieras dado una más, tendría cien, me gustaría realmente tener algo de la riqueza de este mundo". Después de eso, el hombre ya no podía gastar el dinero en atender sus amigos, ya no podía comprar comida para regalarla libremente. Estaba demasiado ansioso, preocupado por la pequeña bolsa de dinero que seguía tratando de incrementar a cien rupias. Cuando tuvo cien quería doscientas, cuando acumuló doscientas quería trescientas, era una cuento de nunca acabar.

¿Cuándo decimos suficiente? ¿Cuándo le ofrecemos nuestra alabanza a Dios que nos ha dado una porción tal que sólo deberíamos alabarlo por Su bondad, por Su benevolencia? ¿Cuándo estaremos en un estado de completa gratitud? Sólo llegaremos a ese estado si nos decidimos a no ser ambiciosos, a sentirnos satisfechos. Tenemos que entender esa clase de satisfacción y aceptar que es por Su gracia y es lo que Él tiene para dar. En el fondo todos somos iguales a pesar de que nos veamos un poco diferentes; hemos sido criados de una manera y en unas circunstancias un poco diferentes. Cada creación es distinta de las demás; sin embargo, si nos pasamos el tiempo mirando las diferencias nunca vamos a entender Su punto. Si nos miramos el uno al otro, juzgando que este tiene eso y aquel tiene lo otro pero yo no lo he recibido, nos adentramos en el terreno de las

comparaciones. Una vez que comencemos a comparar estaremos perdidos, porque nunca vamos a parar, siempre anhelaremos obtener más de lo que tenemos.

Es fácil aceptar la alabanza. Cuando alabamos a ciertas personas podemos conseguir que hagan cualquier cosa que deseemos, la alabanza es para ellas su alimento. Pero si las censuramos con la misma vehemencia con la que las alabamos, nos pueden matar. La alabanza y la culpa son percibidas como la felicidad y la tristeza. Debemos encontrar un lugar donde no importen ni la una ni la otra, donde lo único importante sea Su amor por nosotros y nuestro intento de cambiar de vida.

La actitud que asumamos provendrá principalmente de ser positivos o negativos. Tenemos que ponernos en situaciones positivas, mirar las cosas y ver todo lo que sea positivo en ellas. Debemos estar con las cosas, no contra ellas, alejarnos de las que nos pongan negativos y avanzar hacia lo positivo. ¿No es el estar con Dios una alegría, no es estar recordando a los profetas una alegría, no es estar pensando en los maestros de la sabiduría una alegría?

La inmensidad y las maravillas de la creación deben producir inmensa alegría, aunque por alguna razón encontremos dificultades que nos agobian. Debemos aliviarnos nosotros mismos, tenemos que pasar nuestras cargas a alguien. Dios las alejará de nosotros, Él gustoso tomará lo que no queremos, sin pedirnos nada a cambio.

Se nos habla de la importancia de la caridad, atributo que debe ser entendido como el punto de partida de nuestra relación con Él y de la de Él con nosotros, que refleja nuestra relación con los demás. Por ello si esperamos ciertas cosas de Él, debemos mirarnos a nosotros mismos para ver cómo somos. Creamos nuestra relación con Dios a través de las relaciones que establecemos con los demás y debemos entender que su juicio es diferente al del mundo, que recompensa a quienes han acumulado títulos y riquezas. El juicio de Dios gratifica a quienes acumulan el amor.

¿Quiénes somos? ¿Somos más hermosos cuando entramos en una situación o cuando la dejamos? ¿La gente aplaude nuestra entrada o nuestra salida? ¿Las personas se sienten felices de vernos llegar o de vernos marchar? ¿Cuál es la condición de nuestra vida, Cuál es la relación que tenemos con los demás? Recordemos que Dios mismo se ha puesto dentro de cada uno de nosotros. No debemos olvidar lo que significa que cada vez que interactuamos con los demás, lo hacemos con Dios.

Haz a los demás lo que te gustaría que te hicieran a ti, es un principio básico de todas las religiones. ¿Quién eres tú, quienes son los otros, ¿cómo debemos proceder? En primer lugar, ¿cómo actuar con nosotros mismos ¿guardamos el respeto apropiado por ese Dios que vive dentro de nosotros? ¿Adónde vamos, ¿dónde nos quedamos, qué tipo de situaciones vivimos, ¿qué clase de pensamientos tenemos? Una vez que estamos a tono con Dios en nuestro interior, lo aceptamos en otras personas, podemos ser testigos de lo que está dentro de ellos, podemos mirar a sus ojos como nos miramos a nosotros mismos y vernos a también en los demás? ¿Estamos separados por el color de la piel o integrados de la mejor manera posible; podríamos vivir en la piel de los demás? ¿Cuándo hay un momento en que estamos cerca sentimos que no hay separación, que somos uno y que Él se ha unido a la fiesta? ¿Él ha venido e morar entre nosotros porque somos uno con los demás, completamente juntos ¿ Y cuando no estamos separados unos de otros, Él no se separa de nosotros.

No debemos separarnos de Él, ni de los demás. Cuando nos reunimos en pequeños grupos, cuando sólo estamos unos pocos podemos mirarnos el uno al otro y desarrollar la capacidad de preocuparnos el uno por el otro. Dios es a la vez íntimo con cada uno y con todos nosotros. Tenemos que recordar que Él no lo es más conmigo que con el otro, que es una intimidad compartida y absoluta, más allá de la imaginación en su gloria para ti y para mí.

Si yo creo que Dios es más íntimo conmigo, que es más glorioso para mí que para ti, me he retirado de ti y de Él, porque esas no son las condiciones bajo las que Él actúa, puesto que lo hace de la misma manera con todos. Cuando todos somos uno, estamos con Él. Tenemos que entender esta verdad, orar para encontrarlo a Él en los demás y hallarlo a Él en los regalos que nos hacemos los unos a los otros. El mejor regalo que podemos ofrendar a los demás es donarles al Dios que existe dentro de nosotros, que desea llegar a todos a través de nosotros, lo que les permite ver nuestra verdad en él. El gran

misterio, del hombre y de Dios es la verdad que existe en cada uno de nosotros. Todos caminamos por la vida con ese misterio, somos tan importantes como cualquiera otra persona. Si creemos que Dios nos separa, ¿qué posibilidades habrá de que viva dentro de nosotros?

Cada religión, en su tiempo, se ha movido desde y hacia la comprensión de la unicidad, pero cuando se vuelve más institucionalizada y restrictiva, comienza a separar a la gente, pero aún existe un camino de amor que abre las puertas más allá de la comprensión. Porque Dios está lejos de ella. Si tratamos de pensar en Él será una tentativa de limitarlo a Él y eso no debemos podemos hacerlo. Debemos dejar de pensar y permitirle que se nos muestre, que nos revele Su gloria para que nuestros ojos l o puedan ver y nuestro cuerpo sentirlo. Esto sucede cuando dejamos de interferir, cuando dejamos de imaginar, cuando dejamos de suponer y aprendemos a recorrer su camino, sin expectativas o condiciones.

Las expectativas nos impiden el movimiento. Si queremos algo, si nos esforzamos para ello y no lo obtenemos estaremos decepcionados, con una decepción que se vuelve energía negativa. Si no la sentimos no llegaremos a estar decepcionados. Tenemos que aprender a vivir sin ellas y saber lo que tenemos que hacer, tratando este lugar como una escuela, como una prueba para nosotros, una prueba para aprender a conocer a Dios cuyos resultados no están en nuestras manos sino en las de Él. Basta que el diga "Se" y será, mientras luchemos por hacer que algo suceda. Creemos que podemos forzar alguna cosa hacia la existencia y cuando no lo logramos estaremos decepcionados, pero si sucede estaremos felices. No es el resultado de la prueba que Dios nos pone, sino la forma en que avanzamos en nuestra vida.

Dicen que no se trata de ganar o perder, se trata de la forma como realizamos nuestro juego. Esta es también una de las reglas de Dios, nuestra vida no vale por lo que acumulamos, no es acerca de lo que acumulamos, no se trata de los títulos que recibimos sino de la forma como vivimos. ¿Qué cosas hacemos a medida que avanzamos a través de nuestra existencia, cómo es nuestra relación con las otras personas, cuánto amor podemos llevar de un lugar a otro?

Esta es la razón de la existencia de los grandes maestros que vinieron a enseñarnos el estado del ser, a darnos un ejemplo de alguien que no está sujeto al ir y venir ni al estatus ni a los títulos de este mundo. En su presencia sentimos una alegría que no podemos comprender lejos de ellos, lejos del temor que existe en los maestros. Pensemos en él, en que es tan abrumador que cerramos el pensamiento a todo lo que está pasando en nuestra vida, porque el ser que está frente a nosotros es tan increíble, tan lejos de nuestra comprensión, que casi cierra nuestra mente por completo.

En el camino hacia la eternidad hay un número infinito de umbrales para cruzar. Cada uno nos llama a casa; sin embargo, si decidimos permanecer en uno de ellos, dejaremos de ser peregrinos y nos convertiremos en defensores de los umbrales. ¿Qué quiere decir esto? Que cada vez que llegamos a un nuevo nivel y echamos un vistazo a la gracia y pensamos que ya lo tenemos todo, nos hemos detenido. Tenemos que tener la humildad inquebrantable que nos recuerde que el camino es largo, que el viaje continúa, que no hay tiempo para detenernos y que es necesario seguir adelante.

El fuego del amor es interesante. Ese fuego no consume nuestras características, más quema aquellos deseos que no pueden sobrevivir a la luz del amor. Cuando exponemos los animales al fuego corren; los animales que moran en nuestro interior también huyen despavoridos cuando el fuego del amor estalla cerca de ellos, se asustan de las cosas malas que han hecho y se avergüenzan cuando el verdadero amor está ahí y corren; sólo la parte de nosotros que tolera la luz permanece incólume. Encendamos un gran fuego de amor para acercarnos a él, y entonces cuando sintamos la urgencia de correr, vamos a estar quietos. Los animales en el interior huirán, pero esa parte de nosotros que está unificada con la luz se mantendrá. ¿Podemos conocer ese lugar interior que acepta la luz de la realidad y que es uno con esa luz. Que esta luz ilumine nuestras vidas

¡Que tengamos el coraje de permanecer en esa luz!

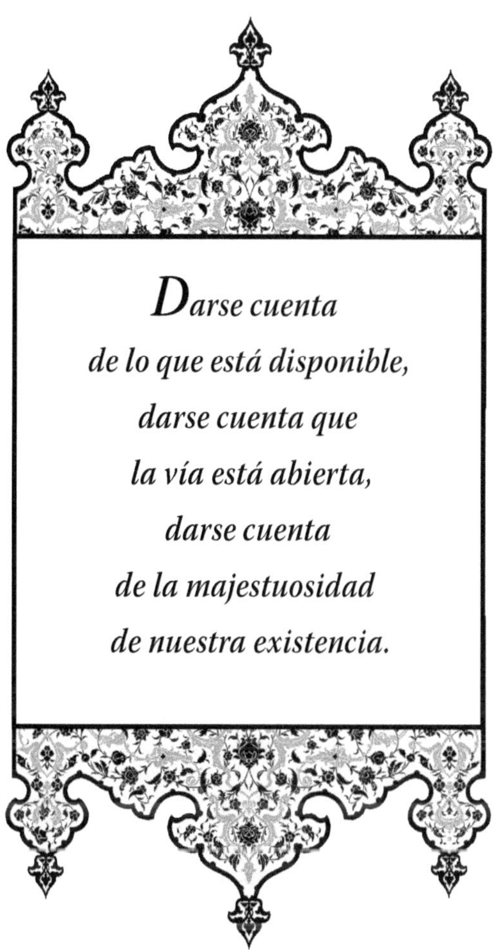

Darse cuenta
de lo que está disponible,
darse cuenta que
la vía está abierta,
darse cuenta
de la majestuosidad
de nuestra existencia.

CAPITULO TREINTA Y OCHO

Más Allá de lo Accesorio

Dios está más allá de lo accesorio, más allá de proceso de pensamiento, más allá de nuestra capacidad de comprender, más allá de lo que vemos o escuchamos. Dios es más grande que nuestra imaginación, más amplio que nuestra visión, está mucho más allá de nuestros sentidos. Él está más allá de lo que tocamos, sentimos, vemos, oímos, olemos o gustamos. Dios no es nada de eso. Y si existimos dentro de este tipo de cosas, estaremos separados de Él y deberemos pedirle a Dios que nos ayude a apartarnos de todo aquello que nos separe de Él, pedir que nos separe de nuestro inclinación a escuchar, a ver, a nuestro sentido del olfato y del tacto, para alejarnos de todo lo que nos separa de Él. Debemos apartarnos de las imágenes irreales, de cualquier proceso de pensamiento que nos aleje de Él.

Esta oración debe ser recitada desde lo más profundo de nosotros, debe ser genuina y del más elevado y puro nivel, llamado sinceridad. Es difícil llegar ese estado de sinceridad cuando estamos apegados a las cosas exteriores. El apego niega nuestra sinceridad, introduce un motivo que nos separa de la intención de unirnos a Dios, de entender la diferencia. Tenemos que encontrar tiempo cada día para separarnos de la existencia mundana de manera tan profunda que pueda eliminar las distracciones externas y superficiales.

Cuando nos fijamos en el océano vemos un movimiento constante, incluso turbulencias. Todo lo que pasa sobre el océano afecta la superficie, pero por debajo, bien en lo profundo, hay quietud, una tranquilidad muy diferente de lo que ocurre en la superficie. La mayoría de personas en el mundo son superficiales, pero nuestra conciencia debe funcionar bajo la superficie de la ilusión. Tenemos que bucear de manera profunda donde lo accesorio y las separaciones del mundo que nos lo permitan. Tenemos que encontrar ese espacio dentro de nosotros, aceptar que existe y al mismo tiempo comprender que vivimos en el mundo.

El delfín que vive en el océano debe llegar a la superficie para respirar y sin embargo, tiene que bucear para poder comer. Para descubrir nuestro verdadero sustento tenemos que aprender a bucear, para dejar la superficie y encontrar ese lugar que no es la superficie. Cuando vivimos allí, cada motivo conectado a la individualidad trata de manipularnos, pase lo que pase, buscando la gratificación de los instintos animales y del ego.

Hay cosas que necesitamos solo para mantener la existencia; alimento y refugio, elementos esenciales de los que tenemos que ocuparnos. Tenemos familia y las responsabilidades que demandan un esfuerzo, en la superficie. A medida que nos esforzamos estaremos sujetos a las fascinaciones, a los impulsos, a las fijaciones y a las influencias de las cosas superficiales. Tenemos que ser conscientes de ello mientras recordamos que hay un lugar más allá de la superficie del mundo, el mundo de la sinceridad, de la verdad y de la realidad. Tenemos un pie en cada uno de esos mundos.

Tenemos que encontrar el camino hacia ese otro espacio y depende de nosotros abrir la puerta; aprender cómo llegar a ella, seguir las instrucciones y aprender a franquear esa puerta. Comenzar pidiendo con sinceridad que la ruta se abra para nosotros y que nos demos cuenta cuando lo está. Los grandes maestros dicen que no hay que tocar puertas que ya estén abiertas. Darse cuenta de lo que está disponible, entender que la vía está abierta, y darse cuenta da acceso a la majestuosidad de nuestra existencia. Descartar esa idea de que somos indignos y menos que lo majestuoso y no Sus hijos, entendiendo la gloria del ser humano, como la más grande de las creaciones de Dios. Al contemplar lo majestuoso de la creación de Dios, reconocemos la majestad de su Creador comprendemos que somos seres dependientes de Él, de nuestro Creador.

Vivimos nuestra vida sin esfuerzos aparentes. Él nos ha dado la capacidad de movimiento y el uso de nuestras manos, la capacidad de abrir nuestros ojos y ver, es decir Él nos lo ha dado todo. Dios nos muestra lo que puede hacer cuando Él quiere algo, pero perdemos de vista sus dones. Parecen cosas elementales porque todo el mundo las tiene y están a nuestra disposición, tal como Dios lo está. Sin apreciar Su disponibilidad para nosotros, no lo vamos a entender.

Para acceder a ese estado de sinceridad debemos tener un entendimiento profundo de nosotros mismos y no sólo estar separados de aquello que nos separa de Dios; también tenemos que estar retirados todo lo que nos aleje de los demás seres humanos. Una vez que estemos divorciados de nuestro sentido de las diferencias, de esa urgencia de ser distintos, podremos avanzar dar paso siguiente hacia la unión a un nivel de sinceridad y de amor.

Se dice que el amor viene en primer término y después Dios. Hay una tradición que nos dice que la mitad de nuestra religión descansa sobre nuestro matrimonio. Entendamos lo que eso significa: el matrimonio es la unión entre dos personas, el lugar para entender la unicidad, para evitar la separación, un lugar fértil para que esta comprensión crezca. La comprensión también debe propagarse a través del mundo, y estar disponible para él. Tenemos que acabar con el resentimiento, los celos, y la paranoia y cualquier sentido de diferencia; todo eso debe ser eliminado porque es el reflejo de los accesorios superficiales que nos afectan, si no estamos en el plano de la sinceridad, si no estamos en comunión con la realidad. Esas emociones sólo pueden surgir cuando estamos separados de la realidad.

Una parte de nosotros existe en la realidad y la otra no. Cuando vivimos en la superficie, que no pertenece a la realidad, esta se hace dominante, pero cuando vamos a lo profundo de nosotros, la separación desaparece y la verdad de lo que somos se revela, poco a poco. Y como se va vislumbrando cada vez más, nos iremos sintiendo más cómodos y empezaremos a entender, a fundimos en ella, a convertirnos en seres unitarios; así desaparece la dualidad de esa existencia superficial, tal como nosotros desaparecemos. Este camino puede llevarnos a una especie de locura o a la verdad, según cómo lo manejemos, y de acuerdo con lo profundo de nuestra sinceridad y según la firmeza con la que adoptemos una conducta apropiada. No podemos ser sinceros si nuestra conducta no es correcta y solo es tan fingida e hipócrita que elimina la sinceridad. Entonces determinamos cuan cerca vamos a llegar a la verdad y sabremos cuan profunda es nuestra sinceridad. Reconocemos nuestros resentimientos, nuestros celos y sabemos cuándo estamos de mal humor, paranoicos o enojados, rencorosos, apresurados fuera de control. Si no sabemos cómo recuperar el control, debemos aprender a hacerlo.

Cuando un tren va a cien millas por hora en dirección este y se requiere que se dirija al oeste, lo primero que tiene que hacer es detenerse porque no podrá cambiar de dirección porque va con demasiado impulso. Un objeto en movimiento tiende a permanecer en movimiento. Hay algo que se asimila a ese principio físico: la adicción. Solemos ser adictos a nuestra forma de ir por la vida. Cuando empezamos a marchar en una dirección, pensamos que no podemos detenernos. Esa regla de la física no tiene por qué ser válida para nosotros, pero a menudo la aceptamos. Tenemos que aprender a aplicar los frenos. Pero si un tren frena cuando va muy rápido vuelan chispas por todas partes, hay un ruido terrible, es un algo muy difícil, los vagones podrían volcarse. Sin embargo, se detiene si los frenos funcionan bien. Dios no nos ha dado una carga que no podemos manejar. Todo ese ímpetu acumulado, de formas inadecuadas, con nuestra inapropiada adicción tiene que ser detenido.

Tenemos que ir a un lugar donde tales cosas no son importantes, donde no tienen mérito, porque no nos hacen felices, no dan satisfacciones ni una sensación de paz. Debemos reconocer el lugar donde radica la verdadera paz, verlo, ser testigos de que ella existe.; robustecer la certeza de que ella está disponible. Y si por cualquier circunstancia nos salimos de ella, necesitaremos conocer el camino de vuelta, memorizar sus coordenadas, tener siempre a la mano el mapa que trazamos, un poco diferente para cada uno de nosotros. Hemos tenido diferentes padres, educación diferente nivel de educación y distintos modelos de formación, al igual que tipos de adicción que también requieren tratamientos diversos.

Hay maneras de lidiar con las cosas que nos atan a la superficie. Una vez que las reconocemos es necesario pedir perdón para empezar a hacer el trabajo. Expiar y compensar nuestros errores y arrepentirnos de haberlos cometido. ¿Pero en que consiste el acto del arrepentimiento? En la fusión, para convertirnos en uno, dejando ir los apegos que nos atan. Expiación o arrepentimiento significa poner fin a la separación, para darnos cuenta de que lo más importante es el apego a Dios, no al mundo, porque en éste último la existencia ilusoria. Nuestro apego a Dios es la verdad y la claridad de la existencia; sin él sólo existe lo ilusorio.

Si pensamos de nuevo sobre nuestras vidas y sobre la sucesión de traumas y apegos, uno tras otro, podríamos ver nuestra vida como una sucesión de ciertas situaciones nuevas que sustituyen a las viejas que se han ido marchitando. Cuando una cosa se va, otra aparece para ocupar su lugar. La mente almacena un número ilimitado de archivos que nos obsesionan. Debemos liberarnos de las obsesiones, liberarnos de las ataduras mundanas que nos hacen creer que la realidad existe en ese océano ilusorio al que llamamos mente. Debemos renunciar a lo que nos haga creer que obtenemos algo progresando en el mundo. Necesitamos un conjunto nuevo de valores, prioridades nuevas, centradas muy dentro de nosotros, profundas, sinceras, sin temerle a lo que ocurre en el exterior. Y ser capaces de hacer lo correcto y apropiado y además cumplir con nuestros deberes.

Hay una historia divertida sobre una cabra de tres patas. Un hombre va a visitar a un amigo en una granja en Iowa, al que no había visto durante más de veinte años. Cuando estan sentados alrededor de la mesa de la cocina, recordando los viejos tiempos, una cabra con tres patas entra corriendo. El amigo pregunta al agricultor, "¿Por qué tienes una cabra que vive en tu casa y tiene sólo tres patas?"

"Bueno, hace un año, cuando mi esposa y yo estábamos durmiendo sentí algo lamiéndome el dedo del pie. Me desperté y vi a esta cabra; perturbada, inquieta, nerviosa. S upe que algo andaba mal y salí detrás de ella porque entendí que era lo que el animal quería; con gran sorpresa me di cuenta que el silo se estaba incendiando y que la casa corría también peligro y existía el riesgo de que todos muriéramos.

Dos semanas más tarde sucedió algo similar. Yo estaba dormido cuando sentí otra vez algo lamiendo mi dedo del pie. Me desperté, vi la cabra, y como sabía que este animal es muy inteligente llamé a la policía para decirle que teníamos una emergencia, aunque no sabía lo que era. La cabra me condujo hasta la puerta de la bodega, y cuando la policía llegó le dije que algo estaba pasando en el sótano, y no sabía quera pero que estaba seguro de que algo sucedía allí; al revisar encontraron a dos hombres que se ocultaban porque acababan de asesinar a una familia a pocas millas de distancia. Fue entonces cuando decidí que la cabra viniera a vivir en nuestra casa"

El amigo replicó: "Si, eso explica por qué ella vive en la casa, pero ¿por qué tiene tan sólo tres patas?"

El agricultor explicó: "Bueno, una cabra tan valiosa no se la va a comer uno toda de una vez!

"El mundo nos va a devorar si somos buenos, lo hará despacio pero lo hará de todas maneras. Hasta que nos demos cuenta de esto y lo entendamos en profundidad, no anhelaremos ir a ir a otro lugar. Una vez que veamos que podremos ser comidos, vamos a comprender que existe un lugar mejor, más allá de la ilusión, para salvar nuestras piernas, nuestros brazos, nuestra alma.

Tenemos que desarrollar la sinceridad y la determinación de hacerlo, de anhelar la realidad, como si deseáramos un vaso de agua helada en un desierto caliente y seco. Debemos identificar esa sed por nuestro Señor y saber que solo Él puede saciarla. Dios es misericordioso,

! Que Él nos conceda la misericordia de que nuestra sed sea apagada por Él!

CAPITULO TREINTA Y NUEVE

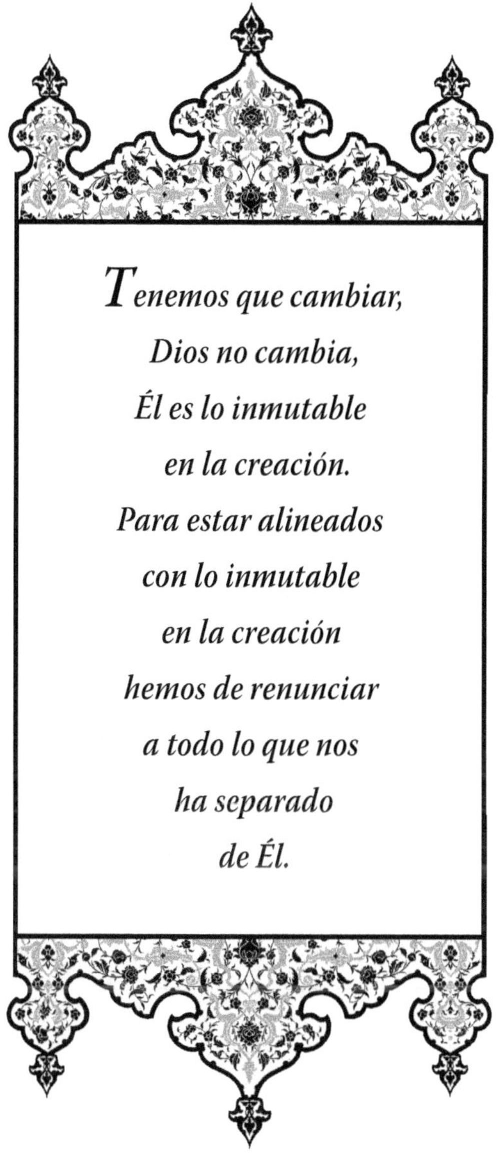

Tenemos que cambiar,
Dios no cambia,
Él es lo inmutable
en la creación.
Para estar alineados
con lo inmutable
en la creación
hemos de renunciar
a todo lo que nos
ha separado
de Él.

CAPITULO TREINTA Y NUEVE

La Historia de Dios, Nuestra Historia

Cuando leemos un periódico o vemos las noticias en la televisión, nos presentan muchas historias de importancia nacional. A veces registran algunas informaciones individuales, pero por lo general versan sobre problemas del ámbito nacional o acerca de los conflictos y dificultades entre naciones, sobre guerras entre países, o guerras civiles, migraciones de los pueblos etc. y dificultades de regiones como Sudán, Irak, Cambodia, Ruanda. Esta es una despersonalización de los hechos, que los hace más fáciles de soportar. Si nos hablaran de historias a nivel individual, de cada persona afectada, no soportaríamos contemplarlas. Sin embargo las historias nacionales involucran a millones de historias individuales y nosotros somos parte de esas historias. Cada uno tiene una historia, una situación, un problema que podría arrancarle lágrimas a alguien; pero hay una diferencia entre la historia individual y la historia de Dios que nos da la oportunidad de entender nuestra existencia y comprender el mundo, en un contexto más amplio. Cuando leemos los informes de crisis nacionales, vemos que no sólo omiten lo individual, sino que dejan de lado su historia; ellos no hablan de Dios, de lo más importante, de mayor contexto; nunca dicen que cuando la vida termina hay un nuevo capítulo que seguir. Se refieren a las naciones como si fueran corporaciones. Las empresas se crean para mantener los negocios. Van más allá de la vida y de la muerte de sus dueños o ejecutores. De la misma manera, las naciones son independientes de la vida y de la muerte de los individuos y las naciones no pueden morir porque no son reales.

Hay un chiste acerca de un grupo de generales, de pie alrededor de un mapa, que dicen: ignoremos esas fronteras porque este es un mapa muy antiguo. Así es el mundo, fraccionado en rebanadas como un pastel; si nos fijamos en un mapa antiguo vemos que las fracciones son diferentes. Imaginamos cómo son las cosas e inventamos diversas historias para justificarlas. Todos tenemos historias sobre el mundo, que podemos contar de acuerdo con nuestra propia historia, algo que a menudo hacemos cuando nos conocemos alguna persona.

Nuestras historias tienen importancia, de acuerdo según cómo hayamos llegado a ellas y de las cosas que experimentamos que nos traigan a ese momento. Pero tenemos que contemplar dónde estamos, que es en verdad lo que tenemos, entendiendo que la mente es incapaz de diferenciar el pasado del futuro. Mientras nos mantengamos dentro de sus confines, aun pensando profunda y atentamente sobre lo que está pasando, hemos omitido dejar atrás la historia que deberíamos borrar, y seguimos viviendo en ella. Dejarla es es difícil porque también vivimos en la irrealidad que nos permite afrontar el día a día. Si no recordamos lo que sucedió ayer, nuestro contexto para mañana se habrá roto. Ese es el contexto de la ilusión, que hemos llamado historia y la hemos escrito, la que entra en nuestros libros; todo el mundo se identifica con este contexto ilusorio. Es la forma como la mente trabaja, como se ocupa de las cosas en un contexto familiar.

Una vez que reconocemos que existen otros tipos de libros, obras místicas y personas místicas, cuya función descansa fuera del tiempo y de lugar, podemos saber que hay una historia más allá de lo que el mundo nos cuenta y que hemos de entender que necesitamos perder el apego por nuestra historia personal. Cuanto menos significado tenga nuestra historia más nos separamos de ella y mejor entenderemos nuestra historia verdadera, Su historia. Cuanto más entendemos que Su historia y la nuestra están conectadas, que son una, y cuanto más entendemos la historia del mundo, más sabremos que la del mundo no es la verdadera. Los místicos nos dicen es causa de gozo para nuestro Señor que encontremos nuestra felicidad con Dios, y que nos mantengamos en estado de alabanza a Él. Si estamos muy involucrados en la historia del mundo, es difícil aferrarnos a la alegría y a la alabanza. La ilusión niega la omnipresencia de Dios, Su santidad, trayendo dudas con sus preguntas. Si Dios es misericordioso, ¿por qué hay guerras, si Dios es misericordioso, ¿por qué mueren los bebés, ¿si Dios es misericordioso ¿por qué he experimentado el terror en mi vida?

Todos hemos tenido dificultades para entender a Dios, para entender que la creación es una manifestación temporal. En una película pasan imágenes parpadeantes en la pantalla. Tan pronto como las luces se encienden, desaparecen. Los parpadeos que vemos en nuestra vida también desaparecen; sin embargo, nuestra pantalla interior no las deja ir, las conserva rondando por ahí y nos identificamos con ellas, en una pantalla dentro de nuestra cabeza. Cuando vamos al cine y el espectáculo ha terminado las luces se encienden y las imágenes se esfuman. Las que vemos no son nuestra vida, no tenemos que estar buscando otras cuando las luces se encienden, ni pasar la vida buscando unas nuevas para apegarnos a ellas y hacerlas parte de nuestra vida, para crear nuestras emoción, nuestra alegrías, nuestras tristezas. Cuando la luz se enciende tenemos la oportunidad de ir más allá de ellas, para estar con la luz. Tenemos que entrar en ese espacio en el que las imágenes desaparecen y aparece la luz, ¿qué pasa entonces cuando cerramos los ojos al mundo, cuando sabemos que no es real, cuando no nos aferramos a él y que quien nos mueve es Dios? Seremos uno con Él, desaparecemos y sólo Él existe

Tenemos que funcionar puesto que somos de carne y hueso y se nos han dado reglas para actuar de manera apropiada. Se nos ha dicho qué hacer, cómo hacerlo, cómo actuar, cómo ser amables, cómo comportarnos. El hecho de que lo entendamos no significa que los demás lo hayan entendido y estén dispuestos a cumplirlo. En situaciones en las que otras personas se comportan mal, se nos ha dicho que hacer: dejar que continúen su camino, mientras nosotros seguimos el nuestro. No debemos involucrarnos con aquellos que se portan de manera inapropiada, aprendiendo a ser independientes de la forma como actúan y piensan. Somos responsables de nosotros mismos. Cuando estamos integrados, como seres interiores, es más fácil ser felices en nuestro Señor.

Esta es una historia familiar acerca de dos califas, Omar Ibn Al-Jattab y Abu Bakr as-Siddiq. Cuando el profeta Mahoma les pidió que hicieran la caridad, Omar dio la mitad de todo lo que tenía. Cuando Mahoma le preguntó cuánto habia donado Omar dijo: "Di la mitad"

Entonces él preguntó: "¿Qué pasó con el resto"?

Omar respondió: "El resto es para cuidar de mi familia y de mis hijos.'

Enseguida Mahoma le preguntó a Abu Bakr que podía dar. Él respondió: "Voy a dar todo lo que tengo: 'El profeta Mahoma agregó "¿Qué pasa con tu familia y tus niños?" Abu Bakr respondió: "Mi profeta y mi Señor cuidarán de mi familia y de mis hijos."

Como Abu Bakr as-Siddiq no tenía nada, ya que todo lo entregó, se ausentó del grupo que rodeaba a Mahoma, durante los días siguientes. Preocupado por él, Mahoma envió a Omar a buscarlo. Este le dijo: "Mahoma no te ha visto por unos días, Dónde has estado?"

Abu Bakr respondió: "Cuando Mahoma pidió caridad, di todo lo que tenía; fui a casa y regalé las últimas cosas que poseía. Conservamos sólo dos pequeñas piezas de ropa en la casa para hacer nuestras oraciones y mi esposa y yo las compartimos, pero no puedo salir en público sin la vestimenta apropiada".

Omar entonces le dijo Abu Bakr, "Mahoma me ha enviado por ti, debes venir.

Abu Bakr fue a su patio trasero, tomó unas hojas de palma datilera, hizo un sayo de hojas y se dirigió a la casa de Mahoma. En el camino se encontró con el Ángel Gabriel quien extrañamente vestido iba en camino a ver al profeta Mahoma e iba vestido también con un sayo de hojas de palma.

Mahoma le inquirió "¿Por qué estás vestido con un sayo de hojas de palma?" Gabriel contestó: "Yo no soy el único, todos los ángeles del cielo estamos vestidos de esta manera en honor a Abu Bakr. Tengo un mensaje para él, dile que si él está complacido con su Señor, su Señor está complacido con él.

Cuando Abu Bakr llegó con su sayo de hojas de palma, el profeta le dio el mensaje. La respuesta de Abu Bakr fue: "Estoy muy contento con mi Señor, y dando la vuelta y giró y giró con alegría .Se dice que esa fue la primera Sema, la primera instancia del torbellino para invocar la presencia divina.

El profundo significado de esta historia no debe entenderse en un enfoque mundano, porque incluye acontecimientos de otro mundo; existen lugares y personajes, tanto en este mundo como en el otro. Estamos en este mundo y en el otro; debemos vivir sabiendo que no somos sólo de este. A medida que nos convertimos en mejores personas y nos integramos al lado espiritual de nuestra existencia, el lado de Dios, conscientes de nuestra existencia, nuestra historia individual comienza a desaparecer. Comenzamos a sanar, para convertirnos en algo distinto de lo que fuimos. Es un camino de transformación, es el cambio de nuestra historia a Su historia. Nosotros no somos, sólo Dios existe, no existe más nuestra historia, existe su historia. No existimos, sólo Dios existe. La repetición de estas palabras constituye un nuevo y constante examen de comprobación

de nuestra conexión con Dios, una reorientación constante de esa conexión, un nuevo examen para evitar estar perdidos en la historia del mundo.

Todo lo que se necesita para alejarnos de Dios es cierta preocupación por lo que sucede en el mundo y el fuerte apego a una idea, a una persona o a un acontecimiento. Cuando esa fijación es más fuerte que nuestra conexión con Él, creemos tener bajo control la situación y juzgamos que si cambiamos lo que sucede en el exterior podremos cambiar lo que sucede en el interior. Pero el interior no se cambia desde el exterior; el trabajo ha de ser íntimo, interno, no de la mente, sino del corazón. Hay gran diferencia entre el trabajo de la mente y el trabajo del corazón. ¿Cómo distinguimos las respuestas de la mente de las del corazón, ¿cómo sabemos si una respuesta es mundana o si proviene de la sabiduría del corazón? La mente da respuestas que van y vienen, presentando dudas, pero si es el corazón el que habla, la respuesta es directa y clara, como si siempre la hubiéramos sabido. Tendremos momentos de claridad, en los que llegamos a estar menos interesados en la historia del mundo, a medida que la dejamos ir.

El drama del mundo es adictivo; algunas personas tienen continuos dramas personales de violencia y hay quienes hacen algo contra otra persona causando la reacción de esta y la de sus familiares y sus asociados. Hay culturas que se basan en las relaciones tribales y familiares y en las diferencias entre ellos y su necesidad de mantener el estatus. Tales consideraciones tienen que ver con lo que pensamos, lo que somos, dónde estamos, cómo permanecer en la posición donde estamos. Si estos pensamientos son supremos en nuestra perspectiva, nos resulta difícil entregarnos a Dios. Si nos concentramos en permanecer como somos, en dónde estamos, en mantener el statu quo no podremos entrar en Su existencia. Tenemos que cambiar; Dios no va a cambiar porque Él es la constante en la creación. Para alinearnos con la constante en la creación tenemos que renunciar a todo lo que nos ha separado de Él.

¿Sabemos a qué tenemos que renunciar y seremos capaces de hacerlo? ¿Nos gusta cómo somos, tanto que pensamos que es correcta nuestra forma de ser y que siempre seremos así? Necesitamos honestidad personal y un examen detallado de la capacidad de

mirarnos a nosotros mismos y de la forma como manejamos lo que vemos. Se nos ha engañado durante toda nuestra vida; pensábamos que sabíamos la verdad y que engañábamos a otros, siendo doloroso reconocerlo.

Si pensamos que evitar el dolor es importante, no miramos esto, sino que damos a la vuelta y echamos a correr. La transformación llega hasta cuando se presente alguna dificultad, cuando nos digan que es hora de parar, que basta de intentarlo, que encendamos la televisión, tomemos una copa y que evitemos el paso siguiente. Estamos contentos de estar aquí, detenidos en este punto. Los que están felices de no avanzar pueden llegar a ser farisaicos, beligerantes, incluso llegar a originar guerras religiosas. Algunos dicen que Jesús fue el último profeta, que Jesús era el hijo de Dios. Otros dicen que Mahoma fue el último profeta, y que no hay más seres santificados en el mundo capaces de guiarnos. Que hay que leer la palabra y aceptar nuestra interpretación del mundo. A menos que este de acuerdo con nuestra interpretación estará en desacuerdo con Mahoma, con Jesús, con Moisés y entonces harán erupción el fundamentalismo y el fanatismo y lanzando tanto chispas como problemas sobre mundo.

Aun podemos ser tan fundamentalistas y fanáticos sobre nuestra propia vida, sobre la conservación del estatus, que lo consideramos parte integral de nuestra existencia. Tenemos que dejarlo ir, dejar que todo desaparezca, aceptar un nuevo tipo de pensamiento y la paradoja de tener dos puntos de vista, en apariencia opuestos, sin ningún problema. El Corán ofrece una serie de paradojas. El profeta Mahoma recitó versos de este libro que hemos de aceptar, pero el mismo libro nos dice que quienes tienen el suyo propio poseen también la verdad y la integridad para seguirlo y encontrar su camino hasta Dios. Hay otros libros disponibles, aunque muy pocos los interpretan de manera correcta.

Existe otro ejemplo de paradojas en el segundo capítulo del Corán y tiene que ver con el cambio de dirección adonde se debe dirigir el rostro durante la oración. Se les ha dicho a los fieles que deben hacerlo hacia la Meca, no hacia Jerusalén. Pero la explicación del Corán dice que no se trata de mirar hacia el este o el oeste, que cuando oramos lo importante es tratar de ayudar a los huérfanos, de hacer la caridad, de velar por nuestra familia. Ya fuera hacia al este o al oeste, la oración llegó a ser tan importante en la época de Mahoma que muchos de sus seguidores la dejaron, aunque se les dijo que no importaba si al orar miraban al este o el oeste sino que la importancia estaba en quienes eran, qué eran y en que se iban a convertir. Todo en el mundo desaparecerá, pero el alma permanece.

Un alma corroída, aferrada al mundo, no puede dejar esta tierra para ascender, tan sólo un alma pura lo hará. Todo lo que tomamos del mundo nos corroe, todo aquello del mundo a lo cual nos aferremos nos corromperá. Si queremos ser puros, libres para ascender, tenemos que renunciar a lo que nos corroe o corrompe.

! Que seamos claros acerca de estas cosas, que podamos ser deshacernos de ellas y ser atraídos por la luz!

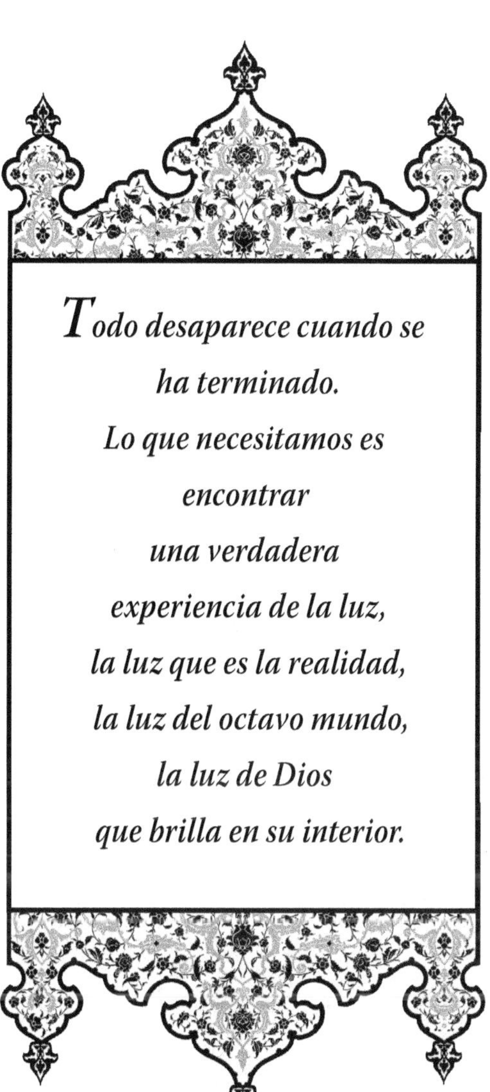

Todo desaparece cuando se
ha terminado.
Lo que necesitamos es
encontrar
una verdadera
experiencia de la luz,
la luz que es la realidad,
la luz del octavo mundo,
la luz de Dios
que brilla en su interior.

CAPITULO CUARENTA

El Octavo Mundo

Cuando se estudia la química en la escuela secundaria, una de las primeras cosas que nos enseñan es la tabla periódica de los elementos que componen la materia. Ella nos dice todo lo que hay que saber sobre la combinación de ellos. Una tradición más antigua los reducía a cinco: tierra, aire, fuego, agua y éte. Todo lo que vemos con nuestros ojos físicos está hecho de estos elementos, sea animal, vegetal o mineral e incluso las personas. Los cinco elementos, en efecto, constituyen cinco mundos,: el mundo de la tierra, del aire, del fuego, del agua, y del éter. Hay dos mundos adicionales dentro de los animales y dentro de nosotros mismos y ellos son el de la mente y el del deseo; además existe un octavo mundo que nos separa de los animales: el mundo de la luz. No es un mundo exterior, es el mundo de la luz interior, que existe dentro y mucho más allá de lo que los ojo físicos pueden ver y que hace a un ser humano el delegado de Dios. Debemos llegar a conocer este octavo mundo, el mundo de la luz; debemos trascender los de la tierra, el aire, el fuego, el agua, el éter, la mente y el deseo.

Tenemos que mirar dentro de este mundo de luz, investigar y llegar a conocerlo; o de lo contrario vamos a vivir la vida de alguien que existe en la superficie solo. Nuestra vida consistirá en lo que vemos, lo que escuchamos, tocamos, lo que identifican nuestras percepciones sensoriales. Nada más profundo que eso. Es como mirar la superficie del océano y decir que lo que vemos es el océano sin profundizar. Nadie que haya buceado o ha estado en un submarino, o debajo de la superficie del océano, reconoce que hay más cosas en el fondo que arriba. Porque de tanto mirar la superficie creemos que eso es todo lo que existe y que es suficiente para mantenernos ocupados, muy ocupados. En este mundo superficial, que vemos con nuestros ojos físicos, hay millones de ilusiones brillantes, millones de cosas fascinantes que nos fascinan y nos mantienen ocupados. Al mirar libros cuyos autores han tardado años para escribir, como por ejemplo un estudio detallado sobre las mariposas. Algunos pueden gastar sus vidas estudiando mariposas u otros insectos, minucias del mundo físico donde hay tema suficiente para estudiar, pero que obtendremos si miramos solo esas cosas externas? Nunca llegaremos a saber lo que somos, lo que pasa dentro de nosotros si estamos tan ocupados reaccionando ante las cosas exteriores, ante mundo de la mente, del deseo, de la tierra, del fuego, del aire, del agua y del éter.

Tenemos que romper con lo exterior de manera deliberada y consciente. ¿Qué logrará producirnos ese anhelo de realizar tal rompimiento? A veces el pensamiento, pero será suficiente? A veces cuando perseguimos al mundo somos como el perro que ladra mientras persigue un autobús, y cuando lo alcanza, qué? Cuando tenemos esa experiencia hay oportunidad de trascender la mente y el deseo, pero esto sólo se presenta de vez en cuando y podrían pasar años hasta que vuelva a suceder. Las fascinaciones del mundo nos mantienen detenidos en un lugar durante largos períodos. Pensemos en el cine; estamos extasiados, a continuación, las luces se encienden y nos marchamos. ¿Continúa la película de una manera diferente, y en lugar de mirar la imagen en una pantalla creemos verla en la realidad, o pensamos que era una ilusión y que lo que ahora vemos es ahora la realidad? Lo que vemos no es en una pantalla, podemos caminar hasta ello, podemos tocarlo, ¿eso lo hace real? Al igual que la película que desaparece cuando llega al a final, todo lo que vemos también desaparecerá, todo lo que conocemos va a desaparecer. Todo desaparece cuando se ha termina. Lo que tenemos que encontrar es una verdadera experiencia de la luz, de esa luz que es la realidad, la luz del octavo mundo, la luz de Dios que brilla en su interior.

¿Cómo nos conectamos con ello? Primero tenemos que pasar por alto todos los anzuelos tendidos por esos otros mundos, ganchos de púas que actúan como anzuelos. Cuanto más tiremos para zafarnos de ellos, mayor será el dolor que nos cause su salida. Cada anzuelo que nos extraemos produce el dolor del arrepentimiento, el dolor de haber permitido que nos confundiera y creído en él durante tanto tiempo, lamentando además habernos dejado engañar y haber engañado a otros sintiendo la pena de reconocer que nos fuimos a la vez mentirosos y víctimas de sus mentiras. Tenemos que pasar por el dolor del arrepentimiento por cada error o cosa engañosa que hemos hecho; es el anzuelo punzante que tiene que salir. Si no podemos aceptar ese dolor y enfrentarnos a la realidad de los errores cometidos, sobre todo en nombre de la verdad, antes de que supiéramos realmente qué es la verdad; si no podemos enfrentar las falsas ilusiones que ayudamos a difundir, no seremos ser capaces de sacar ese insidioso gancho. Si no tiramos de él, el

anzuelo nos arrastrará muy lejos de los momentos cuando podemos la verdad, y nos llevará de vuelta al lugar donde estábamos.

Hemos pasado gran parte de nuestra vida en la ilusión, pero ahora que hemos visto un espejo de la realidad que tenemos que desconectarnos. Este camino es la comprensión de que hemos vivido en la ilusión, en los mundos de la mente y el deseo, que en realidad no existen. Hay un océano en el mundo de la mente, donde un ego parece existir, donde un hombre parece existir, pero no hay hombre; donde parece existir una mujer, pero no hay ninguna mujer, donde parecen existir elementos refulgentes pero no existen. Lo único que existe es el océano, y ese océano es la ilusión. Cuando reconocemos que hemos vivido nuestra vida inmersos en un océano donde nada existe, excepto la oscuridad del mundo, eso puede conducirnos a la depresión, a la tristeza, a la ansiedad o puede ayudarnos a tirar todo lo preexistente, tal como lo hacemos con la cadena del retrete, para eliminar los desperdicios. Sabemos cuan inadecuada ha sido nuestra vida, ahora tenemos que aprender a actuar de otra manera. Si tenemos la fortuna de encontrarnos con una persona que nos puede mostrar el camino hacia adelante, si somos afortunados de que sea alguien que nos ama, que nos ayude, que prometa recogernos si caemos, que nos guíe y nos señale la dirección correcta; un jeque, o un profesor dispuesto a compartir con nosotros su vida para que nuestra existencia llegue a ser correcta. Alguien que nos críe como si fuéramos sus propios hijos, que nos lleve al estado de verdaderos seres humanos. En este proceso tenemos que creer, tener la confianza de que hay una manera de salir de la ilusión. El amor de un jeque es el medio que permite el progreso y nos ayude a madurar para para crecer.

La madurez crece en el amor, no en aquellas condiciones como la prisa, los celos o la ira. Esta última hace que las reacciones airadas nos lleven de vuelta a la tierra, al aire, al fuego, al agua, al éter, a la mente y al deseo. Mientras funcionemos con ellas nos harán pensar que necesitamos protegernos, razón por lo cual caeremos de nuevo en la ilusión que nos hace sentir víctimas, sentirnos pisoteados, y pensar que las cosas las cosas malas que nos han hecho tienen que ser rectificadas, enderezadas y de pronto regresamos de a sentir la ilusión. Pero esa ilusión no puede ser corregida, enderezada, sino reemplazada con amor. En el amor tenemos la oportunidad de recuperarnos para que nuestro corazón se derrita; la oportunidad de acallar a la mente y al deseo.

A medida que las cosas se alejan de nosotros, que el corazón se funda, una apertura hacia la luz de la realidad nos es revelada, pero tenemos que estar en un lugar seguro para ello. .Hasta que no tengamos la certeza de morar en ese lugar seguro, necesitamos a alguien que nos lo recuerde, que nos ayude a creer que estamos allí, que siempre hemos estado en ese lugar seguro. Son lo sólo la mente y el deseo los que nos asustan, los que nos hacen creer que no estamos a salvo. Durante la Segunda Guerra Mundial el presidente Roosevelt dijo que a la única cosa que tenemos que temerle es al miedo mismo. La perfección existe siempre, el problema radica en nuestra incapacidad para verla, para entenderla. Necesitamos a alguien que nos la señale, que nos muestre cuan perfecta es, como es de correcta y que no hay nada que temer.

Tenemos que desarrollar nuestra certeza, nuestra fe; tenemos que creer en lo que los seres santos dicen, no en lo que pregonan los políticos. Debemos creer en los que nada esperan de nosotros ni esperan algo a cambio de su hermosa tarea y no en los que buscan el poder, el dinero, nuestra devoción y admiración, nuestro amor y que además esperan que les rindamos tributo. Solo debemos escuchar a los que nada piden y solo quieren compartir con nosotros su luz, porque nada necesitan, porque todo lo tienen y están deseosos de compartirlo.

El camino hacia ese entendimiento secreto es lo que se encuentra en el octavo mundo, no en los otros siete. Debemos estudiar el Octavo Mundo, estudiar la compasión la misericordia, la paciencia, es la alegría, estudiar el amor intrínseco no el extrínseco. Rumi nos aconsejó no enamorarnos de nombres, sino de la verdad. Todos hemos caído en el error de enamorarnos de nombres como el Cristianismo, el Judaísmo y el Islam, pero sin ingresar en el amor a Dios. Tenemos que caer en el amor a Dios y sus cualidades. Este es el octavo del mundo, un camino hacia el cielo. Para llegar a los cielos tenemos que conquistar el mundo de la tierra, del fuego, del agua, del aire, del éter, de la mente y del deseo. Una vez que reconozcamos que nos hemos pasado la vida estudiando esos falsos mundos podremos renunciar a ellos, dejar de estudiarlos y empezar a estudiar a Dios.

! Que Dios nos ayude en esta intención, que abra nuestros ojos internos a su luz y nos acerque a Él!

www.ingramcontent.com/pod-product-compliance
Lightning Source LLC
LaVergne TN
LVHW020658110826
845149LV00012B/2036

* 9 7 8 0 9 9 6 5 6 5 5 7 8 *